二十一世纪"双一流"建设系列精品规划教材

当代西方经济学流派
（第四版）

DANGDAI XIFANG
JINGJIXUE LIUPAI

主编 杨海涛 缪一德

西南财经大学出版社
Southwestern University of Finance & Economics Press

中国·成都

图书在版编目（CIP）数据

当代西方经济学流派/杨海涛,缪一德主编.—4版.—成都:西南财经大学出版社,2023.12
ISBN 978-7-5504-6055-3

Ⅰ.①当…　Ⅱ.①杨…②缪…　Ⅲ.①西方经济学—经济学派—现代
Ⅳ.①F091.3

中国版本图书馆 CIP 数据核字（2023）第 250633 号

当代西方经济学流派（第四版）

主编　杨海涛　缪一德

责任编辑:张　岚
责任校对:廖　韧
封面设计:何东琳设计工作室
责任印制:朱曼丽

出版发行	西南财经大学出版社(四川省成都市光华村街55号)
网　址	http://cbs.swufe.edu.cn
电子邮件	bookcj@swufe.edu.cn
邮政编码	610074
电　话	028-87353785
照　排	四川胜翔数码印务设计有限公司
印　刷	郫县犀浦印刷厂
成品尺寸	185mm×260mm
印　张	15.5
字　数	376 千字
版　次	2023 年 12 月第 4 版
印　次	2023 年 12 月第 1 次印刷
书　号	ISBN 978-7-5504-6055-3
定　价	49.80 元

目 录

4

当/代/西/方/经/济/学/流/派

绪　论

一、当代西方经济学的历史渊源

当代西方经济学指的是20世纪30年代以后在西方国家形成和发展起来的经济学说，它们并不是在20世纪30年代以后才出现的，其理论渊源可以追溯到很久以前西方古代经济思想和学说。为了更好地认识当代西方经济学流派的发展演变，我们有必要将目光投射到久远的历史空间，了解一下古代和近代欧洲经济学的发展概况。

（一）古代和中世纪西方国家的经济学说（公元前4世纪—15世纪）

经济学的思想最早产生于古希腊。在公元前4世纪—11世纪，在古希腊和古罗马奴隶制庄园经济逐渐发展起来，出现了简单和少量的商品交换。一些学者出于奴隶主阶级利益的现实需要，开始对经济问题进行研究，提出了最早的经济学概念和思想，其研究范围主要为商品的价值和使用价值、农业和手工业的发展、货币的功能等问题。

12世纪—15世纪，欧洲处于封建社会的中世纪时代，其经济特征是封建的庄园经济和领地经济占主导地位，其思想政治特征是封建王权的等级统治和基督教神学结合在一起。在对基督教教义进行世俗解释时，神学家（如扎马斯·阿奎纳）以基督教的观点分析了封建经济和少量商品交换中的一些问题。

当然，经济思想的发展必须以客观的社会经济实践为基础，它反映了社会实践活动的规律。近现代的西方经济思想是以商品经济和市场经济为基础的，在古代和中世纪的欧洲尚未出现普遍性的商品经济和市场经济的条件下，古代和中世纪的经济思想只能作为近现代西方经济思想的先驱，而不能成为近现代西方经济学说的直接先导。只有伴随着近代资本主义商品经济和市场经济发展起来的重商主义经济学说，才能担当"直接先导"的角色。

（二）近代西方经济理论的形成和发展（16世纪—19世纪60年代）

近代西方经济理论主要是指资产阶级古典经济学，在此之前曾经有过一个重商主义经济学说的形成和发展时期。重商主义经济学说的主要特点是：围绕国家财富的增长问题进行探讨，并在注重发展对外贸易的条件下，主张政府对经济活动进行积极保护和干预。但当时的重商主义经济学说毕竟显得较为肤浅，其理论体系的发展只能依靠古典经济学来完成。

资产阶级古典经济学主要产生和发展于资本主义社会的初级阶段，这一时期是指17世纪—19世纪中期。在该时期内，西方国家的社会经济在资产阶级革命的推动和配合下，实现了迅猛发展，克服重商主义经济理论缺陷的客观条件已经具备。资产阶级古典经济学的经济学说与重商主义形成了鲜明对照，其主要特点是主张实行自由放任的经济自由主义。这意味着，个人可以在摆脱封建经济制度残余和重商主义政府干预的情况下，实行自由经营；政府应当在保证社会基本经济制度的前提下对经济活动采取自由放任的态度，让市场机制自动地调节经济活动，实现资源的优化配置。

古典经济学的主要代表人物是英国经济学家亚当·斯密、大卫·李嘉图和约翰·斯图亚特·穆勒。古典经济学的主要成就是提出了以劳动价值论为理论基础的一整套经济理论体系。它包括：以劳动价值论为主，涉及其他理论观点的价值论；在价值论基础上建立的生产理论、资本理论、分配理论和交换理论，与商品经济和市场经济密切相关的货币理论，对外贸易理论，等等。在政策倾向上，古典经济学主张政府应当对经济活动采取自由放任的态度，尽量减少对社会经济活动的干预。

当然，古典经济学的理论观点存在着一定的片面性。例如，在关注点上，古典经济学家往往对经济活动的生产和供给较为重视，而对消费和需求方面缺乏关注；在分析方法上，古典经济学家也显得不够精细。此外，劳动价值论更强调工人利益，而对资本家不利，这就促使维护资本家利益的一些经济学家进行新的理论研究。

（三）现代西方经济学体系的产生和发展（19世纪70年代—20世纪30年代）

1871—1874年，经济学界发生了著名的"边际革命"，这个重要事件成为新古典经济学发展的起点。1871年，英国经济学家威廉·斯坦利·杰文斯和奥地利经济学家卡尔·门格尔分别独立出版了他们启动"边际革命"的代表作。1874年，瑞士经济学家莱昂·瓦尔拉斯也独立出版了与杰文斯、门格尔相同理论体系的重要著作。从这三本著作开始，直至19世纪末英国经济学家艾尔弗雷德·马歇尔的代表作《经济学原理》出版，标志着新古典经济学理论体系的完成。

与古典经济学相比，新古典经济学的主要变化是由以劳动价值论为主体的客观价值论转变为主观边际效用价值论，并引进了数学的边际分析方法，由强调供给和生产转变为强调需求和消费。其主要代表人物是英国的阿尔弗雷德·马歇尔和阿瑟·塞西尔·庇古，直到20世纪30年代，新古典经济学一直是西方国家中占统治地位的经济思想和学说，被认为是比古典经济学更为合理和精致的经济理论体系。但在20世纪30年代的世界性经济大萧条中，新古典经济学面对严重的失业和生产过剩问题，显得无能为力。

在新古典经济学发展的过程中，也出现了一些与之不同的经济理论。这些理论后来被认为是宏观经济学的直接理论先驱，它们为后来的凯恩斯宏观经济理论的产生奠定了间接基础。从更广泛的角度来看，这些理论学派的主要代表人物包括瑞典经济学家纳特·威克塞尔、卡尔·冈纳·缪达尔和埃里克·罗伯特·林达尔，挪威经济学家拉格纳·弗里希等人。此外，同时期还出现了奥地利的约瑟夫·熊彼特和美国的欧文·费雪等具有广泛影响的重要经济学家。

（四）现代西方经济学理论体系和流派（20世纪30年代中期以后）

20世纪30年代，西方经济学界发生了著名的"凯恩斯革命"。凯恩斯的经济理论否定了新古典经济学的主要思想倾向，开创了一个新的经济学时代。在这个时代中，历史上曾经出现过的政府干预主义的理论思潮重新复苏，并在经济生活中占据主流地位，自由主义思潮也长期存在。20世纪30年代中期以后，在政府干预主义和自由主义的不断交叉影响下，西方经济学不断发展变化，衍生出许多各具特点的经济学流派，这就是本书将详细介绍的各种当代西方经济学流派。

二、近现代西方经济学发展史上的八次"革命"

（一）第一次"革命"：1776年以《国富论》为标志的"斯密革命"

1776年，古典经济学的奠基者亚当·斯密出版了他的经典著作《国民财富的性质和原因的研究》（简称《国富论》）。在这部划时代的巨著中，亚当·斯密批判了当时处于主流地位的重商主义经济思想，主张实行经济自由主义，反对政府干预经济活动，第一次创立了较为完整的古典政治经济学理论体系。《国富论》为古典政治经济学从多方面奠定了理论基础，开辟了西方经济学说历史上一个崭新的时代。

（二）第二次"革命"：19世纪70年代的"边际革命"

19世纪70年代初期，新古典经济学的三个主要代表人物——英国经济学家威廉·斯坦利·杰文斯、瑞士经济学家莱昂·瓦尔拉斯和奥地利经济学家卡尔·门格尔，几乎同时提出了主观效用价值论和边际分析方法，从而对古典经济学的劳动价值论和生产费用价值论提出了质疑。新古典经济学以边际分析方法为基本分析工具，以边际效用价值论为基本内容来反对马克思的劳动价值论，认为商品的价值不是取决于商品中所包含的劳动量，而是取决于人们对商品效用的主观评价。

新古典经济学政策主张的基调是自由放任主义，它实质上是古典经济学的延续，但其研究角度转向了消费和需求，其分析工具也是边际分析方法。它以完全竞争作为理论前提，将消费分析和生产分析结合起来，建立了近现代微观经济学的基本框架和内容。这就是西方经济学说史上的"边际革命"，它直接促成了20世纪初期英国新古典经济学大师阿尔弗雷德·马歇尔构建"新古典经济学"体系。从"边际革命"开始，直到20世纪30年代，新古典经济学一直处于主流地位，并成为现代微观经济学进一步发展的理论前提。

（三）第三次"革命"：20世纪30年代的"凯恩斯革命"

1936年英国经济学家约翰·梅纳德·凯恩斯出版了著名的《就业、利息和货币通论》，引发了经济学说史上的"凯恩斯革命"。"凯恩斯革命"在经济学研究的理论、方法和政策三个方面对传统的新古典经济学体系进行了变革。

在理论方面，凯恩斯反对以萨伊定律为核心的新古典经济学理论传统，强调总需求对国民收入决定问题的重要性。他提出，在三大心理规律（边际消费倾向递减、资本边际效率递减和流动性偏好）的作用下，有效需求不足将导致大量失业和生产过剩，市场自动调节的机制将无法发挥有效作用，不能迅速改善社会经济运行失调的局面。

在分析方法方面，凯恩斯复活了重商主义的宏观总量分析方法，克服了传统古典经济学将货币经济和实物经济分开的"二分法"，将货币经济和实物经济纳入统一的分析框架，从而开辟了经济学研究方法的新时代。

在政策主张方面，凯恩斯反对自由放任和无为而治的新古典主义传统，主张通过财政政策和货币政策对经济生活进行积极干预。尤其重要的是，他创造性地提出了功能性的财政预算政策，主张以赤字财政政策来解决严重的经济危机。

凯恩斯经济理论体系的出现使西方经济学的理论体系和政策主张发生了重大变化，直接导致了现代宏观经济学的产生和政府干预主义倾向的复兴，从而成为西方经济学发展历史上的重要里程碑。

（四）第四次"革命"：20 世纪 50 年代的"现代货币主义革命"

20 世纪 50 年代，以美国经济学家米尔顿·弗里德曼为代表的现代货币主义学派发起了对"凯恩斯革命"的"反革命"。弗里德曼认为，资本主义经济体系不稳定的原因主要是货币因素的扰动，因此经济学理论中最重要的内容是货币问题。从政策方面来说，弗里德曼认为，凯恩斯主义的财政政策对经济运行只能起到负面作用，只有适当的货币政策才能稳定经济体系，才能让市场自动调节机制充分发挥作用，从而实现充分就业。

在反对凯恩斯主义经济理论和政策主张的时候，弗里德曼提出了两大思想：其一，货币供应量的增加是通货膨胀的根源；其二，在短期内，货币政策比财政政策具有更大的产量效应。"现代货币主义革命"使得凯恩斯主义在第二次世界大战后的经济学主流地位发生了动摇。

（五）第五次"革命"：20 世纪 60 年代的"斯拉法革命"

1960 年，意大利裔的英国经济学家皮罗·斯拉法出版了《用商品生产商品》一书，在西方经济理论界产生了巨大影响。该书篇幅不长，但思想较为深邃；在复兴古典政治经济学思想路线的基础上，提出了生产价格理论，对新古典经济理论体系进行了批判。这本书具有划时代的理论意义，使经济学界对价值问题具有了更为深刻的认识。

（六）第六次"革命"：20 世纪 70 年代初期的"理性预期革命"

在 20 世纪 70 年代反对凯恩斯主义经济学的过程中，理性预期学派逐渐兴起。理性预期学派着重强调了宏观经济学的微观基础问题，强调经济主体是理性的"经济人"，他们都具有使自身利益最大化的行为和动机。因此，人们将采取各种对策来抵消宏观经济政策的政策效应，从而造成政策无效性。基于这种认识，理性预期学派反对凯恩斯主义的各种政府干预措施，主张由市场机制对经济活动进行自行调节，最终使经济运行达到自然率水平。"理性预期革命"的影响延续至今，许多经济学家接受了理性预期概念，并将之贯彻到宏观经济理论模型和政策效果分析中。

（七）第七次"革命"：20 世纪 70 年代中期的"供给经济学革命"

20 世纪 70 年代中期，以美国经济学家马丁·斯图亚特·费尔德斯坦和阿瑟·拉弗等人为代表的供给学派逐渐兴起，其经济理论和政策主张被美国总统里根吸收到宏观经济政策中。自"凯恩斯革命"以来，西方经济学界一直强调总需求分析，在政策主张上也以需求管理政策为主。20 世纪 70 年代中期，滞胀局面的出现迫使经济学家另辟蹊径，力图从总供给方面寻求解决问题的方案，从而逐渐形成了供给学派。供给学派重新捡起了遭到凯恩斯批判的萨伊定律，改进供给管理政策，并将之作为制定新自由主义经济政策的理论依据。同时，他们提出了著名的拉弗曲线，力求从供给管理方面解决税率过高导致的劳动力供给不足和失业率过高问题。

（八）第八次"革命"：20 世纪 80 年代的"新制度革命"

20 世纪 80 年代，世界各国纷纷着手进行社会经济制度改单，制度创新问题引起了人们越来越多的关注。许多西方经济学家的研究领域集中在制度问题上，逐渐形成了新制度经济学派。同时，由于该学派的许多代表人物频频获得诺贝尔经济学奖，该学派在经济理论界和经济实践活动中的影响力也日益增强。

概括而言，西方经济学的每次"革命"和每个经济学流派的产生，都具有特定的历史背景和现实需要。它们在对以前理论进行批判认识的基础上，从特定历史条件和特定视角出发，提出了各具特点的经济理论和政策主张。因此，我们必须结合具体的历史条件来考察当代经济学的各种流派，从而认识各种理论观点的历史暂时性，以更为宽广的历史视野来分析当代西方经济学的发展演变。

三、当代西方经济学的发展趋势

（一）当代西方经济学流派的划分标准

对当代西方经济学的各种流派进行划分，无疑是一项难度系数很高的任务。西方经济学家们对各种经济问题都有着独立判断的意识，他们可能在这个问题上持有属于这个学派的观点，在那个问题上又持有属于另一个学派的观点。事实上，始终坚持某一学派观点的经济学家是很少的，西方经济学家们之间的理论分歧也远远没有我们设想中那么大。

本书中对当代西方经济学流派的划分，既不是依据阶级立场、世界观和政治态度，也不是依据他们研究的重点问题；既不是完全按照理论方法的历史渊源，也不是完全按照历史的时间先后顺序；当然也不是以经济思潮作为划分标准。我们采取了胡代光教授和厉以宁教授在《当代资产阶级经济学主要流派》一书中提出的划分标准："理论观点上基本一致、分析方法上基本一致、政策主张上基本一致"。

这里所说的理论观点，主要指西方经济学家们对资本主义市场经济运行方式的看法，对影响经济活动的各种因素的看法，对某些经济现象和经济问题的产生原因、发展趋势以及影响的看法。这里并不涉及对资本主义制度的基本看法和态度。

这里所说的分析方法，主要指西方经济学家们研究经济问题和分析经济现象时，采用的具体方法和技术性方法，而不是与世界观相联系的方法论。

这里所说的政策主张，主要指西方经济学家们对西方国家某一时期经济政策的基本倾向和看法，以及一些主要的政策建议。

需要特别指出的是，当代西方经济学理论流派的划分标准与当代西方经济学思潮的划分标准是不同的。后者以西方经济学家们对经济活动的基本指导原则为标准，特别是他们的基本政策倾向是政府干预或者自由放任；前者的划分标准则更为具体些。

（二）当代西方经济学发展的理论传统

当代西方经济学发展主要受到两大理论思潮的影响。凯恩斯主义经济学的干预主义传统和新古典经济学的自由主义传统都深刻影响着各种经济学流派的发展演变。具体而言，主要有三种情况：

（1）凯恩斯的追随者对凯恩斯经济学说进行不同的解释和补充，形成的各种不同的经济学流派。这些流派主要包括：新古典综合学派、新剑桥学派、凯恩斯经济学、非均衡学派和新凯恩斯主义经济学。

（2）与凯恩斯主义经济学说对立的各种理论观点，在20世纪70年代之后逐渐兴起。它们针对滞胀问题和凯恩斯经济理论中的缺陷，试图重新恢复古典经济学的自由主义传统，由此产生了各种经济学流派。这些流派主要包括：货币主义学派、理性预期学派、供给学派、新奥地利学派、伦敦学派、弗莱堡学派、芝加哥学派、公共选择学派、新制度经济学派和新古典宏观经济学。

（3）不同于凯恩斯主义经济学，也不同于反凯恩斯主义经济学的各种非主流经济学派。这些流派主要包括：瑞典学派、约翰·希克斯的经济理论体系、熊彼特的经济理论体系、罗斯托的经济成长阶段论、新制度学派和激进政治经济学派。

（三）当代西方经济学流派的发展趋势

当代西方经济学流派的发展趋势是：①分析方法越来越呈现出多样化和综合性。②运用数量分析方法的经济学家们越来越趋于采用更高深的数学工具，建立越来越复杂的数学模型来说明自己的观点。③各种理论流派的相互渗透日益加剧。政府干预主义思潮和自由主义思潮之间的差异将会逐渐缩小，但不会消失；特定理论思潮下的各种西方经济学流派则出现越来越大的差异，其时期特点和区域特点也更加明显。④经济学的"帝国主义"倾向日益严重，经济学的社会学化和政治学化日益明显。西方经济学家们越来越多地运用经济学分析方法去研究社会学、政治学、教育学、心理学等问题，这突出表现在新制度经济学派和公共选择学派的理论观点上。⑤经济理论研究中的人本主义趋势日益明显。

当代西方经济学流派发展的意义是：①反映了西方国家中现实经济问题的要求和矛盾；②反映了西方国家经济发展中不同利益集团的要求；③反映出西方经济学界的理论认识不断深化；④提高了我们学习和借鉴西方经济学的辨别能力。

思考题

1. 当代西方经济学的历史渊源是什么？
2. 西方经济学说发展史上的八次"革命"具有哪些重要含义？
3. 如何划分当代西方经济学流派？
4. 当代西方经济学流派的发展趋势是什么？

第一章
凯恩斯经济学

当代西方经济学起始于凯恩斯经济学，凯恩斯经济学（the economics of Keynes）主要指凯恩斯在《就业、利息和货币通论》一书中的经济理论，不包括凯恩斯的追随者补充和发展了的凯恩斯主义经济学（Keynes economics）[①]。

第一节 "凯恩斯革命"

凯恩斯的早期经济思想属于英国剑桥学派，以研究货币理论和货币政策著称。20 世纪 30 年代的经济大危机使他的经济思想和政策主张发生了根本性变化，他在著名的《就业、利息和货币通论》中，否定了源于英国剑桥学派的新古典经济学信条，认为资本主义市场经济无法自动实现充分就业均衡，提出了有效需求理论，主张通过政府干预来消除失业和摆脱经济萧条。这些理论观点和政策主张被视为对以马歇尔和庇古为代表的新古典经济学自由放任思想的"革命"，它们导致了西方经济学历史上的"凯恩斯革命"。

一、"凯恩斯革命"产生的历史背景

"凯恩斯革命"产生于 20 世纪 30 年代，其历史背景主要包括三方面：一是 30 年代的西方国家经济大萧条；二是新古典经济学的解释效力失灵；三是国家垄断资本主义的发展。

1929—1933 年，资本主义国家出现了普遍性的经济大萧条，产值大幅度下跌，失业急剧增加。经济危机形势最严重的是美国，其次是奥地利、德国、法国、意大利、捷克斯洛伐克和波兰；相对而言，斯堪的纳维亚国家、英国、西班牙、罗马尼亚和荷兰所受影响较小。这场长达 4 年的经济大萧条震撼了整个资本主义世界，"萧条的年月所引起的人们的消沉、不满和怀疑是广泛而深刻的"。在大萧条中，"人们又恢复了对社会主义与共产主义的兴趣。许多人怀疑如果资本主义会这样容

[①] AXEL LEIJONHUFVUD. On keynesian economics and the economics of Keynes ［M］. New York：OUP, 1968.

易地崩溃，那么一个不以利润而以消费为目的进行生产的经济制度，和一个生产资料、运输和财政都不属于私有而属于公有的制度也许会更有意义一些呢？人们把注意力集中到其他国家所做的试验上去。特别是苏联，在那个国家里，失业和萧条都不存在……许多事业受到萧条阻碍的人，都转向'科学社会主义'之父那里去获得鼓舞"①。这种状况使资本主义国家统治阶级及其思想家深感忧虑，凯恩斯也在《就业、利息和货币通论》中表达了对资本主义社会发展前景的担忧。

经济大萧条动摇了资本主义经济学的理论信念。新古典经济学的核心是"萨伊定律"——供给自动创造需求。根据萨伊定律，既然供给能够自动创造相应的需求，就不可能出现普遍的生产过剩问题，也不可能出现大量失业和经济危机。直至20世纪初期，以马歇尔、庇古为代表的新古典经济学，仍然坚信资本主义市场经济的自动调节机制，他们认为充分就业是正常状态，失业是偶然现象。面对20世纪30年代的大萧条局面和流浪街头的几千万失业大军，这套陈腐的理论教条使西方经济学界处于"可怜而又可笑的混乱状态"②。凯恩斯在《就业、利息和货币通论》中开宗明义地指出，新古典经济学"会把人们引入歧途，而且会导致火难性的后果"③。

"凯恩斯革命"是国家垄断资本主义发展的必然产物。国家垄断资本主义产生于第一次世界大战，20世纪30年代的大萧条推动了国家垄断资本主义的迅速发展。在经济大萧条时期，各主要资本主义国家纷纷颁布法律，建立经济管理机构，通过财政和金融手段来全面干预经济。美国是运用国家垄断资本主义来对抗经济危机的典型国家，美国总统罗斯福在1933年入主白宫之后，主张广泛运用政府力量干预经济，并通过了一系列管理和干预经济活动的法案，它们构成了罗斯福新政的主要内容。其具体措施包括：①扩大财政支出，实行赤字财政政策；②增加货币和信贷，实行通货膨胀政策；③兴建公共工程，创造就业机会。

在这样的政治经济背景下，资本主义国家的统治集团迫切需要一种新的经济理论，以提供政治经济政策的理论基础，凯恩斯经济学应运而生。美国经济史学家福克纳提出："凯恩斯……坚信要使经济周期上升，政府必须插足进来用减少失业的方法去维持购买力，从而领导走上恢复商业投资的道路。这会意味着'赤字开支'，但它也会恢复经济的平衡。事实上，这就是'新政'已经在做的事，而凯恩斯用高度的技巧和理论的根据在他的名著《就业、利息和货币通论》一书里加以阐述。这部书成了'新政'经济学家们的'圣经'。"④

二、凯恩斯经济学的学术渊源

凯恩斯经济学批判了新古典经济学的传统教条，特别是推翻了萨伊定律，但它

① 福克纳. 美国经济史：下册 [M]. 北京：商务印书馆，1989：373-374.
② 罗宾逊. 经济理论的第二次危机 [M]//现代外国经济学论文选：第一辑. 北京：商务印书馆，1979.
③ 凯恩斯. 就业、利息和货币通论 [M]. 北京：商务印书馆，1999.
④ 福克纳. 美国经济史：下册 [M]. 北京：商务印书馆，1989：375.

也是在继承前人学术研究成果的基础上逐渐发展起来的。具体而言，凯恩斯经济学的学术渊源主要包括：重商主义的国家干预主义、马尔萨斯的有效需求不足理论、孟德维尔的高消费促进繁荣的寓言和霍布森的过度储蓄导致经济萧条的学说。

（1）重商主义从流通流域对资本主义生产方式进行了最初的理论考察，提出了资本原始积累时期代表商业资产阶级利益的经济思想和政策主张。重商主义者认为，利润只在流通领域中产生，只有对外贸易才是财富的真正源泉，因而主张国家干预经济和垄断对外贸易的经济政策。凯恩斯认为，重商主义有科学成分，重商主义的国家干预政策比新古典经济学的自由放任政策高明。

（2）托马斯·马尔萨斯（1766—1834年）是英国经济学家，他在研究人口理论的过程中承认了商品生产过剩和经济危机的可能性，并指出生产过剩的原因是有效需求不足。凯恩斯在论著中大量引证了马尔萨斯的理论观点。

（3）贝尔纳德·孟德维尔（1670—1733年）是英国作家和经济学家。他在《蜜蜂的寓言》中提出了高消费促进繁荣的经济思想。这个寓言表明，一群蜜蜂在高消费和生活奢侈时，社会富裕而繁荣；在高储蓄和生活节俭时，社会则走向贫穷和衰弱。

（4）约翰·霍布森（1858—1940年）是英国经济学家，以研究帝国主义和提出有效需求学说而闻名。霍布森认为，经济萧条的原因是有效需求不足：人人储蓄造成储蓄过度，储蓄过度造成消费不足，结果导致经济萧条。因此，他反对新古典经济学颂扬节俭的理论信条。

正是在继承这些学术思想的基础上，凯恩斯揭露了新古典经济学的理论缺陷；也正是在发展这些理论观点的基础上，凯恩斯建立了有效需求理论，并针对现实世界发生的经济萧条提出了新的理论见解和政策主张。

三、"凯恩斯革命"的主要内容

1936年，凯恩斯发表了著名的《就业、利息和货币通论》，在经济学界、政界和实业界引起了巨大反响。该书从假设前提开始对古典经济学进行批判，重新建立了现代宏观经济学的理论体系，凯恩斯也因此有了"宏观经济学之父"的称誉。"凯恩斯革命"的主要内容表现在三方面：

（一）研究方法上的"革命"

凯恩斯经济学的研究方法具有两大特点：

（1）强调总量分析。马歇尔在《经济学原理》中写道："经济学家研究个人，主要是将他当作社会组织中的一分子。"[①] 新古典经济学主要分析单个消费者行为和单个生产者行为，探讨这两类行为的相互关系和相互影响，并进一步分析不同市场结构和不同产业组织结构中的消费者行为和生产者行为。针对这种微观的个量分析

---

① 马歇尔. 经济学原理：上册 [M]. 朱志泰，译. 北京：商务印书馆，1983：48.

方法，凯恩斯复活了重商主义的宏观总量分析方法，创立了一套衡量宏观经济活动的指标体系，分析了国民经济的总量关系变动。

（2）将经济学明确划分为微观经济学和宏观经济学。传统经济学的二分法将经济理论分为两部分：一是经济学原理，主要包括价值理论和分配理论；二是货币学原理，主要包括货币理论和价格理论。凯恩斯认为，将两大部分割裂的研究方法是不恰当的，正确的二分法应该是：一方面是研究单个行业或厂商的理论，分析既定数量资源在不同用途上的分配和报酬理论；另一方面是整个社会的产量和就业。简言之，凯恩斯实际上将经济学划分为微观经济学和宏观经济学，从而强调了建立宏观经济学的必要性。

（二）经济理论上的"革命"

新古典经济学的假设前提是充分就业均衡，《就业、利息和货币通论》的出发点则是非充分就业。凯恩斯认为，新古典经济学的假设条件只适用于特殊情况，而不适用于一般情况；新古典学派所假设的情况是各种可能的均衡状态中的一个极端点。更为重要的是，新古典学派所假设的特殊情况恰恰不能代表凯恩斯时代的经济社会属性。

新古典经济学认为市场价格机制是完全刚性的，凯恩斯则认为价格、货币工资率和利率具有向下刚性或黏性。因此，在价格机制的调整过程中，新古典学派强调价格效应，凯恩斯则强调收入效应。

新古典学派认为货币只充当交易媒介，它不影响产出和就业，因此货币在经济体系中的作用是中性的。凯恩斯则试图把货币理论变成一种总产量理论，货币不仅是一种交易媒介，更是一种能够带来实际经济效应的资产，因此货币是非中性的；在货币供给量一定的条件下，人们的货币需求变化会影响利率，进而影响投资，最终影响到就业和产量。在凯恩斯看来，"使用货币的经济制度基本上是这样一个制度，在其中，对将来看法的改变不仅可以影响就业的方向，而且可以影响就业的数量"①。

（三）政策主张上的"革命"

新古典经济理论认为，市场机制能够自发实现经济的均衡发展，从而主张自由放任和无为而治的经济政策，反对政府对社会经济活动的干预。凯恩斯则提出了有效需求理论，主张政府的干预行为，运用财政政策和货币政策对经济活动进行积极调节。凯恩斯特别强调，扩张性财政政策在经济萧条时期具有积极作用，主张运用赤字财政政策来解决经济萧条和失业问题。凯恩斯一方面主张通过发行国债来增加政府财政资金；另一方面主张扩大政府购买和政府投资，特别是大力兴办公共工程，通过扩大政府支出来提高总需求，进而弥补私人部门有效需求不足，推动经济体系逐渐走出经济萧条的困境。

① 凯恩斯. 就业、利息和货币通论［M］. 北京：商务印书馆，1963：35.

第二节　凯恩斯的就业理论

凯恩斯经济学的主要内容是研究失业的原因和提出解决失业问题的对策。失业对应就业，所以他在代表作《就业、利息和货币通论》中把就业放在首位。凯恩斯的就业理论也被认为是凯恩斯经济学中最具特色的部分。

一、充分就业

西方经济学中的"充分就业"概念，并不仅仅指劳动力的完全就业，还意味着资源的充分利用。在某一货币工资水平下，当所有愿意工作的人都实现就业的时候，劳动力资源就得到了充分利用，也意味着达到了充分就业状态。

在凯恩斯之前，基于19世纪法国经济学家让·巴蒂斯特·萨伊提出的萨伊定律，新古典经济学认为充分就业是"交换经济"的常态，市场机制能够自动实现充分就业均衡，从而否定了普遍性失业的可能性。对于经济大萧条时期普遍存在的失业现象，传统经济学给出的解释是"摩擦性失业"和"自愿性失业"，认为它们都不是"真正的失业"。①"摩擦性失业"指由于劳动力市场出现暂时或偶然的供需失衡而产生的失业。这种失业的具体原因是生产的季节性变化、劳动者的迁徙或职业变换、产业结构调整等。它被认为是劳动力市场的正常波动，而不是由劳动力需求不足造成的真正失业。②"自愿性失业"指有工作能力的工人不愿意接受现行的工资水平和工作条件而产生的失业。这种失业被认为是工人自愿选择的结果，因而也不是真正意义上的失业。

凯恩斯虽然接受了传统经济学的这两种失业概念，但认为它们不足以完全解释经济大萧条时期的严重失业现象。凯恩斯提出了第三种失业概念，即"非自愿失业"。所谓"非自愿失业"，就是指工人愿意接受现行的工资水平和工作条件，但仍然找不到工作。凯恩斯认为，只要消灭了"非自愿失业"，即使存在着"摩擦性失业"和"自愿性失业"，也可以视为实现了"充分就业"。换言之，只有"非自愿失业"才是真正意义上的失业，充分就业状态就是没有"非自愿失业"的状态。

二、有效需求原理

有效需求原理是凯恩斯经济学的核心内容，其基本思路是：社会就业水平取决于社会总需求，非充分就业状态意味着社会上的有效需求不足，有效需求不足主要是受三大心理规律的影响。

（一）有效需求

按照凯恩斯的观点，"有效需求"概念指总需求价格和总供给价格达到均衡时的社会总需求水平。这个概念具有三层含义：①它是市场上有支付能力或购买力的需求，表现为各种支出，包括消费需求和投资需求；②它是社会总需求，不是单个消费者或厂商的需求，由此展开的经济分析是宏观的总量分析；③它是总需求价格和总供给价格相等时的社会需求总量。所谓总需求价格，就是投资者预期购买各种社会商品愿意支付的价格。所谓总供给价格，就是投资者对现有就业水平下所生产的全部商品预定索取的价格，即最低的预期收益。换言之，有效需求必须是使投资者有利可图的需求。

在《就业、利息和货币通论》中，凯恩斯是通过总供给函数（总供给曲线）和总需求函数（总需求曲线）的交点来说明有效需求的。他认为，某一特定的总供给都是相对于某一特定的总就业量而言的；随着总就业量的变化，总供给价格也会变化。因此，总供给价格和总就业量之间是一种函数关系，即总供给函数。如以 Z 代表总供给价格，以 N 代表总就业量，则总供给函数为：$Z=\varphi(N)$。同样，总需求价格和总就业量之间也是一种函数关系，如以 D 表示总需求价格，以 N 表示总就业量，则总需求函数为：$D=f(N)$。

凯恩斯认为总供给价格和总需求价格并不是在任何时候都是相等的，所以，"今设当 N 取某特定值时预期收益大于总供给价格，即 D 大于 Z，则雇主们是有利可图，必欲加雇工人，必要时不惜抬高价格，竞价生产要素直至 N 之值，使 Z 与 D 相等而后止。故总就业量决定于总需求函数与总供给函数相交之点，盖在此点，雇主们之预期利润达到最大量。D 在总供给函数与总需求函数相交点之值，称为有效需求"①。如图 1-1 所示：

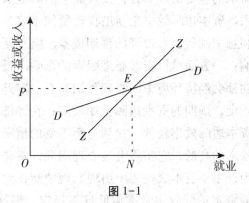

图 1-1

图 1-1 中，DD 为总供给曲线，ZZ 为总需求曲线，DD 与 ZZ 相交于 E 点，相对的就业差为 N，交点 E 表示有效需求。在此点上，雇主们预期利润达到最大量。

凯恩斯认为，在短期内，资本家愿意供给的产量不会有大的变动，故总供给可视为常量，从而就业量实际上取决于总需求；而总需求包括对消费品的需求和对生产资料的需求，即有效需求是由消费需求和投资需求构成的。

① 凯恩斯. 就业、利息和货币通论 ［M］. 北京：商务印书馆，1963：28.

（二）三大心理规律

根据萧条时期的社会心态和预期因素，凯恩斯提出了三大心理规律，以此解释有效需求不足和经济萧条。这三大心理规律分别是：

1. 边际消费倾向递减

凯恩斯认为："无论从先验的人性来看，还是从经验中的具体事实来看，有一个基本心理规律，我们可以确信不疑。一般而论，当收入增加时，人们将增加其消费，但消费的增加，不如其收入增加之甚。"[①] 换言之，边际消费倾向递减规律表明，随着收入的增加，消费也增加，但在增加的收入中，用来消费的部分所占的比例越来越小，用来储蓄的部分所占的比例越来越大。由于社会习惯、收入分配、税收制度等因素的影响，萧条时期的边际消费倾向呈现出逐渐递减的趋势，导致了消费不足。

根据边际消费倾向递减规律，凯恩斯得出结论：①随着收入的增加，消费需求相对来说越来越不足，从而消费部门的生产和就业都会受到阻碍；②随着收入的增加，在收入和消费之间就会出现一个越来越大的缺口，这时如果不相应地增加投资量来填补这个缺口，有效需求总量就会降低，从而使得企业家不得不缩减生产，解雇工人，使社会产生"非自愿失业"。因此，越是发达的资本主义国家，就越需要扩大新投资来填补这个缺口，否则将导致失业率越来越高。

2. 资本边际效率递减

投资需求是有效需求的重要组成部分，投资需求的高低取决于资本边际效率与利息率之间的相对关系。资本边际效率是新增投资所能带来的预期利润率，它代表着投资的预期收益；利息率则代表着投资的预期成本。凯恩斯认为，资本边际效率受到两方面因素的影响：一方面是投资者心理因素的影响。投资者的心理因素与预期判断密切相关，不同社会经济环境中的心理预期具有一定差异性。在经济繁荣时期，人们的判断较为乐观，预期的资本边际效率较高；在经济衰退时期，人们的判断较为悲观，预期的资本边际效率较低。在利息率不变的情况下，社会投资需求的高低取决于资本边际效率的高低，它实质上是心理问题，意味着投资者对经济形势的信心。而凯恩斯认为，由于资本家现实中出现悲观情绪，对未来的预期投资前途缺乏信心，他们预期的资本边际效率常常偏低且不稳定。根据凯恩斯的理论观点，从长期看资本边际效率呈现递减趋势，随着投资的增加，资本品供给价格会提高，从而使其成本提高。而相应的生产量的资本品数量增加会使其价格下降。这就导致预期的资本边际效率逐渐降低。

由于资本边际效率递减规律的作用，整个社会的投资需求不足，进而有效需求也将不足，使经济体系逐渐陷入衰退。如果希望增加投资需求，就必须积极创造一种能够使投资者保持乐观情绪和信心的社会经济环境。这在萧条时期是相当困难的。

---

① 凯恩斯. 就业、利息和货币通论 [M]. 北京：商务印书馆，1963：84—85.

3. 心理上的流动偏好

凯恩斯认为，人们在心理上更喜欢持有流动性较强的财富，从而倾向于以现金形式来保存自己的收入和财富，这种行为偏好被称为"流动偏好"。所谓"流动性"，是指一种资产在不损害原有价值的条件下，转换为现金的难易程度。资产在转换过程中需要付出一定代价，资产的流动性越低，这种代价就越大，转换为现金的难度就越大。显然，现金是流动性最强的资产。

根据凯恩斯的分析，人们在心理上存在着流动偏好，主要基于三种动机：①交易动机。为应付业务需要和日常生活开支，人们手中需要保持一定数量的现金。②谨慎动机。人们出于防止生老病死等意外情况的需要，认为应当持有一部分现金。③投机动机。人们出于投机获利的考虑，需要持有一定数量的现金应对投机行情变动。

凯恩斯进一步指出，交易动机和谨慎动机产生的货币需求，将随着国民收入的增长而增加，投机动机则取决于人们对利率变化的敏感程度。一般情况下，利率上升将削弱投机动机，利率下降将增强投机动机。当利率下降到一定程度的时候，流动偏好将使得人们只愿意持有现金，从而出现"流动性陷阱"。从有效需求的角度来看，心理上的流动偏好规律使得利率水平必须保持一定高度，而资本边际效率是不断递减的。这就必然会影响投资者投资信心，导致投资需求的不足。

（三）有效需求原理

正是由于三大心理规律的作用，凯恩斯认为，萧条时期的消费需求不足和投资需求不足，直接导致了社会总需求不足，这是经济萧条的主要原因。也正是在三大心理规律的基础上，凯恩斯提出了"有效需求理论"，分析了有效需求不足的原因和后果。"有效需求原理"表明，就业水平的高低意味着均衡国民收入的高低，它取决于整个社会有效需求的大小。有效需求包括消费需求和投资需求，它们受到三大心理规律的支配。由于萧条时期三大心理规律的影响，人们的收入往往不能全部转化为有效需求，结果造成社会有效需求不足，进而导致整个社会出现周期性的经济衰退。凯恩斯运用有效需求原理，对 20 世纪 30 年代的经济大萧条给出了较为合理的解释，从而构建了宏观经济学的基本框架。

三、乘数理论

乘数概念是凯恩斯的学生 R. F. 卡恩最早在《国内投资与失业的关系》一文中提出来的。卡恩认为，就业量的变化是投资量净变化的函数，当净投资增加时，总就业量是初始就业量的一个倍数。初始就业增量与总就业增量之间的比例系数，被称为"就业乘数"。

凯恩斯接受了卡恩的乘数概念，并且明确提出了"投资乘数"概念，用以表示投资增量与收入增量之间的关系。凯恩斯写道："在特定情况下，我们可以在所得与投资之间，确定一个一定的比例，称之为乘数。"[①] 根据凯恩斯的投资乘数概念，

---

① 凯恩斯. 就业、利息和货币通论 [M]. 北京：商务印书馆，1963：97.

当总投资增加时，收入增量将是投资增量的一个倍数。投资乘数建立在消费倾向基础上，投资乘数的大小取决于边际消费倾向的大小，边际消费倾向越大，则投资乘数也越大。

乘数具有双重效应，当投资增加时，它会带来成倍的收入增量；当投资减少时，它会引起收入的成倍减少。凯恩斯认为，根据乘数原理，投资减少会引起产出和就业成倍减少，从而导致经济体系陷入萧条。摆脱这种困境的办法是利用政府支出弥补私人部门的需求不足，在乘数效应的作用下，如果能够扩大政府支出和增加公共工程，或者刺激私人部门投资，甚至增加非生产性支出，就会提高社会总需求，从而逐渐实现"充分就业"。

第三节　凯恩斯的经济政策主张

边际消费倾向递减会导致消费不足，资本边际效率递减和流动偏好会导致投资不足，消费不足和投资不足的共同作用会导致社会总需求不足。正是由于社会有效需求不足，资本主义社会必然陷入经济萧条，产量和就业水平很低。凯恩斯认为，应该"从我们实际生活在其中的经济体系中找出几个度数，由政府当局来加以控制和管理"①。事实上，凯恩斯经济学通过对消费倾向、资本边际效率和利率等因素的考察，引申出了一套以政府干预为特征的政策主张。

一、赤字财政政策

凯恩斯否定了古典经济学关于财政预算平衡的观点，主张采取赤字财政政策。所谓赤字财政政策，就是通过增加政府支出，提高产量和就业水平，增加个人收入，促进经济增长。凯恩斯认为，增加政府支出的直接目标是提高全社会的消费需求和投资需求，弥补私人部门有效需求不足的缺口，从而推动经济体系逐渐走出萧条陷阱。只要这些政策目标能够有效实现，即使出现财政赤字，也无关紧要。

在消费需求方面，增加政府支出的影响表现在：①政府购买增加，直接增加一部分有效需求，有利于生产发展和经济增长。凯恩斯认为，一个国家如果喜欢奢侈消费，那么这个国家的生产发展和文化发展程度就一定很高。古典经济学的节俭教条，使得人们不愿意进行更多的消费，结果难逃失业和萧条的痛苦。②政府购买提高了部分社会公众的收入，这些公众将扩大消费需求，从而引起全社会的消费需求增加。这种引致效应如此强烈，以至于凯恩斯认为"虽然举债支出'浪费'，但结果倒可以使社会财富增加"②。

---

①　杨培雷. 当代西方经济学流派 [M]. 上海：上海财经大学出版社，2003：89.

②　凯恩斯. 就业、利息和货币通论 [M]. 北京：商务印书馆，1963：109.

在投资需求方面，增加政府投资能够弥补私人投资需求的不足。投资需求取决于资本边际效率和利率的比较。在萧条时期，资本边际效率很低，即使利率下降到最低限度，私人部门也可能不愿意借钱投资。针对这种情况，凯恩斯提出："仅仅依赖银行政策对利率之影响，似乎不足以达到最适度的投资量……要达到离充分就业不远的境地，唯一的办法是把投资这件事情由社会来总揽。"①

凯恩斯所说的"由社会来总揽"主要指依靠政府投资。政府投资的主要领域不是竞争性生产领域，因为这将对现有市场经济主体构成威胁和冲击，加速生产过剩危机；它也不是福利事业领域，因为这涉及收入分配问题。合理的政府投资领域是公共工程，它一方面增加基础设施，为未来的经济增长创造了条件；另一方面增加社会公众的收入，提高了有效需求。通过乘数作用，政府投资能够带来成倍的产出增加，减少失业，摆脱经济萧条。

同时，凯恩斯主张调整税赋制度，降低税率，刺激投资；实行累进所得税，增加穷人的货币收入和财富水平，从而提高全社会的平均消费倾向。综合这两方面来看，税赋制度改革使政府收入减少，财政扩张又使得政府支出增加，因此政府面临着赤字财政的问题。凯恩斯在以有效需求理论为基础提出赤字财政政策的同时，也提出了对付财政赤字的策略：①短期而言，发行公债，暂时弥补政府亏空；等到经济形势好转的时候，再以政府资金来偿还国债。②长期而言，财政具有"内在稳定器"的效应。经济形势较好时，财政收入增加，政府可以控制需求，导致财政盈余；经济萧条时期，政府以减税和增加政府支出来刺激经济，导致财政赤字。两种缺口将会相互弥补，最终实现财政平衡。事实上，即使财政赤字长期存在，政府发行公债也不会构成实质上的债务负担。公债的债权人是社会公众，债务人是政府，政府是公众利益的代理人，实质上的债务人还是社会公众。

二、适度通货膨胀政策

赤字财政政策必然引起通货膨胀，凯恩斯在早期著作中承认通货膨胀的危害，但在《就业、利息和货币通论》中提出，适度的通货膨胀有助于降低实际工资以增加利润，有助于压低利率以刺激投资。因此，他把适度通货膨胀政策视为防止和缓和经济危机的重要手段。

适度通货膨胀政策是凯恩斯货币政策主张的重要内容。凯恩斯认为，政府可以通过扩大货币供给规模，在温和通货膨胀的经济环境中，增加产量和就业水平。调整货币供给规模的政策工具主要有中央银行的再贴现率政策、公开市场业务政策和法定准备金率政策。货币政策的内在机理是通过调整货币供给规模，改变利率水平，影响投资需求，最终影响社会总需求和产出水平。由此可见，这种货币刺激的效果主要取决于三个因素：利率对货币供给规模扩大的反应程度、投资水平对利率下降

---

① 凯恩斯. 就业、利息和货币通论［M］. 北京：商务印书馆，1963：109.

的反应程度、投资增加导致的产出增加程度。凯恩斯特别强调，虽然在货币供给规模适度扩张的过程中，社会经济将出现温和的通货膨胀，但其负面效应远远小于增加产量和就业水平的正面效应。

在财政政策和货币政策的政策选择上，凯恩斯更倾向于财政政策。他认为，货币政策通过利率影响投资，间接地作用于现实经济，财政政策则更为直接有力。单纯依靠货币政策难以解决经济危机和失业问题，政府干预手段应当以财政政策为主、以货币政策为辅。根据经济形势的不同，选择不同的政策：在经济衰退的时候，政府实行扩张性的财政政策和货币政策，以扩大社会需求；在经济高涨的时候，政府实行紧缩性的财政政策和货币政策，以抑制社会需求。凯恩斯在写作《就业、利息和货币通论》时面临着世界性的经济大萧条，所以他在研究过程中把赤字财政政策作为财政政策的主要内容，把适度通货膨胀政策作为货币政策的主要内容。

三、对外经济政策

凯恩斯以封闭经济为背景建立了整个宏观经济学体系，但他在《就业、利息和货币通论》的第二十三章也讨论了国际经济问题。凯恩斯认为，在政府不能有效增加国内需求的情况下，应当增加对外商品输出和资本输出，从而扩大整个经济体系的有效需求，刺激生产和增加国民收入。通过扩大对外商品输出，国际贸易将出现顺差，增加的国外消费需求将弥补国内需求不足的缺口；同时，由于国际贸易顺差，大量国外资金将注入国内经济体系，从而迫使中央银行降低利率，这必然刺激国内投资。基于这种认识，凯恩斯主张通过政府干预来扩大出口和限制进口。

当然，凯恩斯也指出这种贸易顺差政策是一种"以邻为壑"和"损人利己"的政策。他说："要维持国内就业量，所以不能不限制进口，竭力向国外推销本国商品。这种办法即使成功，也不过是把失业问题转嫁给邻邦，使得邻邦之情况恶化而已。"由于"一国由贸易顺差得到的好处往往就是他国蒙受的损失"，所以，"假定这种政策推行过头，会引起毫无意义的国际竞争"[1]。

简要评论

20 世纪 30 年代，凯恩斯的《就业、利息和货币通论》的出版标志着凯恩斯经济学的产生。凯恩斯经济学适应了当时西方国家的政治经济需要，也对西方经济学界产生了深远影响。美国经济学家约翰·卡·加尔布雷思认为，《就业、利息和货币通论》是"一本对社会经济政策最有影响的书"[2]。凯恩斯经济学的产生，使得西

---

① 凯恩斯. 就业、利息和货币通论 [M]. 北京：商务印书馆，1963：325.
② 加尔布雷思. 凯恩斯主义为何来到美国 [M]//萨缪尔森. 经济学文选. 剑桥：麻省理工学院出版社，1973：91.

方经济学发生了"革命性"的转变，在理论体系和政策主张上提出了完全不同于古典经济学的观点。

1. 凯恩斯经济学的理论特点

凯恩斯经济学在理论体系上突破了传统古典经济学的理论教条，提出了一系列具有革命性的理论观点和分析方法。它引起了西方经济学的重大变革，并且直接导致了宏观经济学的产生。凯恩斯经济学的理论特点主要表现为：

（1）重视制度因素和不确定性因素对社会经济行为的决定性影响，抛弃了古典经济学的充分就业假定，强调经济体系的常态是非充分就业；

（2）重视短期分析，注重国民收入和就业的决定问题，而不再强调古典经济学中的长期分析和资源最优配置问题；

（3）强调有效需求的决定性作用，通过分析消费需求和投资需求，提出增加有效需求和产量的政策主张；

（4）主张将实物经济和货币经济统一起来，构建完整的经济理论体系，否定古典经济学的"二分法"，将价值理论、分配理论、货币理论和价格理论都置于统一的理论框架之中，实现理论体系的连贯性和完整性；

（5）主张政府干预的必要性和重要性，否认经济体系具有自动调节的有效机制，强调政府进行财政政策和货币政策的合理搭配，有效调整经济运行状态。

2. 凯恩斯经济学的历史影响

凯恩斯经济学的崛起是西方经济学发展史上的重要事件，它产生于20世纪30年代资本主义世界的背景下，从理论方面和实践方面深刻影响着西方世界的发展。

在理论意义方面，凯恩斯经济学开创了宏观经济分析方法，拓展了经济理论体系的研究范围。在"凯恩斯革命"之前，经济学中占主导的是微观经济学和个量分析方法，缺乏宏观经济学理论体系和总量的经济分析方法。凯恩斯经济学的出现，使得经济学的理论大厦更加完整，将经济学的研究范围扩展到宏观经济领域，从而为政府决策提供了更多的政策选择，丰富了理论基础和分析工具。

在实践意义方面，凯恩斯经济学产生于20世纪30年代的经济大危机时期，它迎合了西方各国政府的现实需要。第二次世界大战结束之后，西方各国面临着迅速崛起的重要任务，它们纷纷将凯恩斯经济学作为制定"国策"的基本依据。凯恩斯经济学为国家垄断资本主义提供了新的理论基础，使资本主义世界逐渐形成了一种新的运行机制，其理论学派也在长达30年的时间里占据着西方经济学的主流地位。古典经济学强调市场机制的"看不见的手"对经济活动的自动调节；凯恩斯经济学则强调政府机制的"看得见的手"和市场机制的"看不见的手"要结合起来，共同调节整个市场经济，从而有效调整资本主义的社会关系和阶级关系，使社会基本矛盾和阶级矛盾在一定程度上得到缓和。从这个意义上说，凯恩斯经济学在社会主义道路和纯粹市场经济道路之外，找到了一条拯救资本主义经济的"第三条道路"，使西方资本主义经济在战后获得了迅速发展，出现了资本主义经济发展史上的"第二个黄金时期"。正因为这个原因，凯恩斯的追随者将战后的这段时期称之为"凯恩斯时代"，把凯恩斯奉为"资本主义的救星"和"战后繁荣之父"。

3. 凯恩斯经济学的局限性

虽然凯恩斯经济学对西方资本主义世界的发展起着重要的推动作用，但是我们也不得不正视它在理论和方法上的局限性。主要表现在以下三方面：

（1）凯恩斯经济学片面强调了宏观经济分析方法，忽视了微观经济分析方法的重要作用。在完整的经济学理论中，片面地强调宏观经济分析或者微观经济分析都是不恰当的。宏观经济分析必须建立在科学的微观分析基础上，否则宏观经济变量将缺乏微观行为分析的支撑，理论分析也将缺乏坚实的现实根基。

（2）凯恩斯经济学片面强调了需求管理政策，忽视了供给管理政策。在宏观经济分析中，凯恩斯主要采用了比较静态和短期分析方法。根据分析方法的特性，宏观经济的总供给在短期内较为稳定，宏观经济分析的焦点集中在需求方面。从这个意义上讲，凯恩斯经济学的短期分析和需求管理政策保持了逻辑上的一致性。但是从宏观经济的长期发展来看，总供给方面的因素将影响社会经济体系的持续发展能力，因此宏观经济政策必须同时重视需求管理和供给管理。

（3）凯恩斯经济学反映了凯恩斯本人的阶级立场，他的研究出发点是将资本主义经济体系从经济危机和社会矛盾中挽救出来，调整资本主义国家的社会经济制度，使之摆脱理论和实践上的双重危机。虽然凯恩斯提出了福利经济的思想，但这仅仅是治标的策略。资本主义经济危机的根源在于生产资料私有制和生产社会化之间的基本矛盾，这个基本矛盾的彻底解决必须依赖于社会经济制度的根本变革，这恰恰是凯恩斯不愿见到的。

总之，凯恩斯经济学的出现，标志着西方经济学发展到了一个新的阶段，它终结了传统的经济自由放任主义，揭开了国家干预主义的序幕。自此以后，众多的经济学家围绕凯恩斯经济学展开了激烈的争论，赞成者有之，反对者亦有之。即使在凯恩斯主义学派内部，经济学家也存在着一定的理论分歧，逐渐形成了新古典综合学派和新剑桥学派。

本章基本概念

1. "凯恩斯革命"
2. 萨伊定律
3. 充分就业
4. 有效需求原理
5. 乘数
6. 赤字财政政策
7. 适度通货膨胀政策

本章思考题

1. "凯恩斯革命"的历史背景是什么？
2. "凯恩斯革命"的学术渊源有哪些？
3. "凯恩斯革命"的主要内容是什么？
4. 有效需求的基本含义是什么？
5. 乘数理论的基本思想是什么？
6. 为什么凯恩斯主张赤字财政政策？
7. 为什么凯恩斯主张适度通货膨胀政策？
8. 凯恩斯经济学的理论特点有哪些？
9. 凯恩斯经济学的历史影响表现在哪些方面？

第二章
新古典综合学派

第一节 新古典综合学派概论

一、新古典综合学派的形成

新古典综合学派是当代凯恩斯经济学的一个重要分支，也是当代西方经济学的主要流派。新古典综合学派的基本理论观点产生于 20 世纪 30 年代末，但作为一种系统的理论体系，却是在第二次世界大战后的美国形成的。它将凯恩斯的收入决定理论和新古典学派的价值论、分配论综合起来，故得名为"新古典综合学派"。

20 世纪 30 年代，凯恩斯经济学受到西方经济学家们的极力推崇和赞誉，一些学者转而信奉凯恩斯主义，并对其理论进行诠释、补充和发展：①在经济理论方面，美国经济学家阿尔文·汉森在 1938 年提出了停滞学说；英国经济学家 R. 哈罗德在 1939 年提出了哈罗德增长模型；英国经济学家希克斯在 1937 年提出了 IS-LM 模型分析框架；美国经济学家保罗·萨缪尔森在 1939 年提出了乘数—加速数原理。②在经济政策方面，凯恩斯的追随者根据《就业、利息和货币通论》中的基本理论原则，提出了对付经济衰退的各种具体政策措施。例如，汉森主张政府采取积极的财政政策和货币政策，通过"乘数—加速"效应，解决短期内的失业问题，推动资本主义经济的充分就业和长期稳定增长。

虽然上述理论观点都是源自凯恩斯经济学，但尚未形成完整的经济理论体系。直到 20 世纪 50 年代初，新古典综合学派的主要代表人物萨缪尔森才宣称完成了对新古典派理论与凯恩斯理论的综合，他在 1955 年出版的《经济学》第 3 版贯彻了这个"新古典综合"体系，这标志着新古典综合学派的正式形成。然而，由于新剑桥学派等对该理论体系的不断抨击，同时资本主义经济在 20 世纪 70 年代陷入了滞胀困境，萨缪尔森在 1973 年出版的《经济学》第 9 版中改称其体系为"后凯恩斯主流经济学"，以标榜其正统的凯恩斯主义色彩。

新古典综合学派形成于美国，这与特定的社会历史背景有关：
1929—1933 年资本主义特大经济危机率先在美国爆发，对美国经济的打击特别沉重。为解决失业问题而提出的凯恩斯主义政策主张，自然受到美国统治集团和经济学家的特别青睐。美国国会在 1946 年通过《就业法案》，规定政府有责任采用一切手段"促进最大限度的就业、生产和购买力"，以实现充分就业和消灭危机。这就奠定了凯恩斯主义政策主张的国策地位，也推动了新古典综合学派的形成和发展。

第二次世界大战后世界形势发生了巨大变化，一批社会主义国家相继建立，各殖民地、半殖民地国家和地区争取民族解放和国家独立的斗争风起云涌。与之相对，除美国以外，主要资本主义国家的经济体系遭到战争的严重破坏，战后初期盲目扩大的生产能力与国内外相对缩小的有效需求之间出现日益尖锐的矛盾，从而在 1948 年引发了战后第一次经济危机，并重新开始周期性危机过程。国内和国际矛盾的不断加深，迫使资产阶级经济学家提供为资本主义制度辩护的新理论。他们认为，凯恩斯理论对资本主义经济制度"长期维护充分就业的能力已抱悲观态度"，因此"很容易夸大（或误解）为对现行经济制度的全面攻击"①；新古典理论宣扬资本主义经济能自动实现充分就业和稳定增长，具有一定"合理性"，能够补充凯恩斯宏观理论的缺陷。

第二次世界大战后，美国等主要资本主义国家采取了扩张性的政府干预措施来对付经济危机和促进经济增长，改变了凯恩斯经济理论的适用条件。尽管战后资本主义国家的垄断利润增长超过了工资增长，使劳动者的相对贫困程度加深，但它们的整体宏观经济运行状况都得到了有效改善。例如，美国从 20 世纪 50 年代到 60 年代，工业生产总值的年平均增长速度达到 5.4%。西方经济学家们认为，资本主义经济正进入长期稳定增长的"黄金时代"，而"'妊娠'在不景气时期"和"正值资源不能充分利用之际"的凯恩斯经济学基本上是一种"不景气经济学"，它已经不能完全适应和解释资本主义经济发展的新形势和新问题。特别是应当将短期比较静态分析发展为长期动态分析，以补充经济增长理论。

二、新古典综合学派对凯恩斯理论的补充和发展

如前述，新古典综合学派经济学家认为，凯恩斯经济学在理论观点、研究方法、政策主张等方面都带有"不景气经济学"的特征，已经不能适应战后变化了的社会经济环境。因此，他们在坚持凯恩斯基本理论观点的前提下，对凯恩斯理论做了全面的补充和发展。

凯恩斯在《就业、利息和货币通论》中曾经提到"国家权威与私人策动力相互合作"的问题，但并未将其提到资本主义经济基本特征的高度；新古典综合学派则对此大加发挥，提出了混合经济论并将其作为其理论体系的思想基础。他们认为，现代资本主义国家的经济从 19 世纪末期以后，就不再是单一的纯粹的私人资本主义经济，而是同时存在着"社会化"的公共经济，因而成为公私"混合经济"。汉森

---

① 罗尔. 经济思想史［M］. 北京：商务印书馆，1981：505.

指出，这种混合经济具有双重的意义，即在生产上包括国有企业和私人企业；在收入和消费上包括个人收入、社会福利保障。而萨缪尔森进一步系统论证了混合经济制度。他指出，在20世纪30年代以后，发达资本主义国家中"纯粹的资本主义已经逐渐演变成为保持公私两个方面主动性和控制权的混合经济"①。这种混合经济使西方国家的经济制度发生了本质变化，"大规模的萧条实际上已经成为过去"，主要资本主义国家已经成为人道主义的"福利国家"。

新古典综合学派认为，混合经济制度已经消灭了"富裕中的贫困""有效需求不足"和"非自愿失业"，因此新古典理论所描绘的资本主义经济"最优状态"不应该被完全否定。他们认为，凯恩斯本人提出"要补充经典学派理论的缺点，不是把曼彻斯特体系一笔抹杀，而是指出须有何种环境，然后经济政策之自由运用才能把生产潜力充分发挥出来"②。据此，他们认为"在混合经济能够进行管理的宏观经济学中，许多古典学派原有的微观经济学原理仍然适用。然而，它们之所以能够适用，原因在于宏观经济学已经使它们的充分需求这一前提得以实现"③。换言之，他们强调新古典学派对资本主义经济活动机制的微观分析仍然是正确的，从而为宏观分析和微观分析的结合提供了理论基础。新古典综合学派的这种思想具体表现在三方面：

（1）在现代资本主义混合经济中，公共经济的目标是"公正"和"平等"，私有经济的目标是"自由"和"效率"。因此，要同时兼顾这两方面目标，就必须把新古典学派的微观经济分析与凯恩斯的宏观经济分析"综合"起来。

（2）凯恩斯经济理论产生于需求普遍不足的20世纪30年代，其理论分析重点是需求方面和宏观分析。但在现代资本主义条件下，许多宏观经济问题的根源应该从供给方面和微观分析中去寻找。例如，对通货膨胀和失业问题的研究，就必须以生产要素的供给分析作为对需求分析的有效补充。

（3）凯恩斯经济理论否认资本主义经济的自行调节机制，因此本质上是一种非均衡体系。新古典综合学派则以马歇尔和瓦尔拉斯的微观均衡分析对其进行改造。希克斯—汉森的IS-LM模型分析，率先把凯恩斯理论诠释为宏观的一般均衡体系。萨缪尔森也提出，资本主义经济是一种"一般均衡的制度"，应该从微观价格和产量决定的均衡分析推导出国民收入决定的宏观均衡，建立起新古典综合学派的完整均衡理论体系。

新古典综合学派认为，凯恩斯的宏观经济分析只是一种"短期比较静态分析"。所谓比较静态分析，指在某些已知条件发生变化的情况下，研究从一个均衡状态向另一个均衡状态的改变，它不涉及变化时间和过程。所谓短期，指凯恩斯理论假定资本设备的数量和质量、劳动力的数量和技巧、生产技术、消费者的嗜好和习惯、

① 萨缪尔森. 经济学：下册［M］. 北京：商务印书馆，1982：331.
② 凯恩斯. 就业、利息和货币通论［M］. 北京：商务印书馆，1971：323.
③ 萨缪尔森. 经济学：上册［M］. 北京：商务印书馆，1979：490.

竞争程度、社会结构等都是固定不变的。

新古典综合学派认为，短期比较静态分析方法具有很大局限性，有必要从长期和动态的角度发展凯恩斯理论。例如，哈罗德—多马增长模型和新古典增长模型对凯恩斯投资理论进行长期化和动态化发展，萨缪尔森运用乘数—加速数原理解释资本主义经济周期波动，"边际消费倾向相对稳定"的结论也是新古典综合学派对消费函数长期分析的结果。他们认为，对凯恩斯理论进行长期化和动态化发展，更符合混合经济的实际情况，而消除了凯恩斯理论的"阴暗面"。

新古典综合学派承袭了凯恩斯收入决定理论，但提出了不同的理论解释。凯恩斯认为，根据收入—支出理论，总收入等于消费和储蓄之和，总支出等于消费和投资之和；当总供给与总需求达到均衡时，总供给和总需求都等于国民收入。凯恩斯继续指出，由于"三大心理规律"的作用，社会经济运行的常态是"小于充分就业均衡"；只有通过政府的财政政策和货币政策调节总需求，才能达到"充分就业均衡"。

（1）储蓄和投资关系的问题，凯恩斯认为，储蓄和投资取决于不同因素，投资依赖于企业家对未来利润的预期，储蓄则依赖于收入和边际消费倾向。只有增加投资才能增加收入，从而使储蓄增加到与投资相等的水平，这意味着投资支配储蓄。新古典综合学派则认为，企业可以通过对产量和就业量的调整，使投资与储蓄达到均衡，并相应地决定国民收入水平[①]。只要政府采取恰当的财政货币政策，就能够实现充分就业水平的国民收入和产量，这就意味着储蓄支配投资。他们进一步指出，只要政府干预能够有效调整公众收入和储蓄，就能够消除以"生产缺口"为特征的"富裕中的贫困"，从而实现混合经济下的充分就业均衡。

（2）边际消费倾向理论，按照凯恩斯理论，有效需求不足包括消费需求不足和投资需求不足，前者是根本性原因，提高消费需求是消除有效需求不足的根本途径；但由于边际消费倾向递减规律的作用，"消费之增加，不若其收入增加之甚"。因此，伴随着国民收入的增加，消费与收入之间的差距将日益扩大，这种困境使凯恩斯经济理论被称为"不景气经济学"。而在新古典综合学派看来，凯恩斯强调消费的短期变动而忽略长期趋势分析。他们将凯恩斯所依据的"先验的人性"改为长期的统计数字，在分析大量统计资料的基础上，得出了长期消费倾向趋于稳定的结论。此外，美国经济学家杜森贝提出的相对收入假定拓展了凯恩斯的消费理论，强调消费水平与收入等级之间的稳定关系。毫无疑问，新古典综合学派拒绝了凯恩斯的"不幸所得愈大，则所得与消费之差距愈大，设无新奇策略，问题将无法解决"[②] 的结论，消除了凯恩斯理论的悲观色彩。

凯恩斯强调财政政策在实现充分就业均衡过程中的作用，而认为货币政策的调

25

①　萨缪尔森. 经济学：上册［M］. 北京：商务印书馆，1979：317.

②　凯恩斯. 就业、利息和货币通论［M］. 北京：商务印书馆，1971：91.

节效果不如财政政策直接有效。新古典综合学派则主张财政政策和货币政策的综合运用，"强调货币成分和财政成分可以依据不同比例混合在一起，以达到所要求的宏观经济效果"①。20世纪40年代，汉森提出了补偿性原理；70年代，新古典综合学派经济学家又提出了收入政策和人力政策，对凯恩斯主义的宏观经济政策进行补充。

三、新古典综合学派的主要代表人物

新古典综合学派的主要代表人物是美国经济学家汉森、萨缪尔森、托宾、索洛、奥肯、杜森贝等人。对他们的简要介绍如下：

1. 阿尔文·汉森

阿尔文·汉森（1887—1975年），美国凯恩斯学派的创始人和最著名的凯恩斯主义者。他出生于美国南达科他州，1915年获博士学位，以后长期在美国各大学任教直至1956年退休；1938年被选为美国经济学会会长，担任过罗斯福政府的经济顾问、美国国务院经济专家、美国联邦储备局经济顾问等职位。他在1937年担任哈佛大学教授之后，培养了萨缪尔森、托宾、海勒、索洛、奥肯等人，他们后来都成为美国凯恩斯学派的重要代表人物。

在理论贡献方面：①汉森的《凯恩斯学说指南》一书，成为对凯恩斯理论的权威性诠释；②他与英国著名经济学家希克斯对《就业、利息和货币通论》的解释，发展成为"希克斯—汉森模型"，被称为对凯恩斯理论的标准解释；③他与萨缪尔森合作，提出了乘数—加速数原理，建立了汉森—萨缪尔森模型以解释经济波动和经济增长，并提出了混合经济论和福利国家论；④他提出了补偿性财政政策，主张赤字财政预算，使之成为第二次世界大战后美国历届政府的财政政策依据。

汉森的主要著作有《充分就业还是停滞》《财政政策和经济周期》《经济政策和充分就业》《货币理论和财政政策》《凯恩斯学说指南》《美国经济》《二十世纪六十年代的经济问题》等。

2. 保罗·萨缪尔森

保罗·萨缪尔森（1915—2009年），美国著名经济学家，美国凯恩斯学派的主要代表人物。他1935年毕业于芝加哥大学，1936年和1941年分别获哈佛大学硕士、博士学位。1940年以来，他担任过麻省理工学院经济学教授、战时生产局顾问、美国总统经济顾问等政府职务；历任经济计量学会会长、美国经济学会会长、国际经济学会会长；并获1970年诺贝尔经济学奖。

在理论贡献方面：①萨缪尔森建立了"新古典综合"的完整理论体系；②他与汉森共同建立了汉森—萨缪尔森模型；③他编写的《经济学》成为西方经济学的标准教科书；④他在福利经济理论和国际经济方面也有所建树。

---

① 托宾. 十年来的新经济学 [M]. 北京：商务印书馆，1980：14.

萨缪尔森的主要著作包括《经济分析的基础》《经济学：初步分析》和《线性规划与经济分析》，他撰写的重要论文有《乘数分析和加速原理的联合作用》《国际贸易和生产价格的均等》《资本理论的语言和现实性：代用的生产函数》《处于困境的自由主义者》等。

3. 詹姆斯·托宾

詹姆斯·托宾（1918—2002 年），美国著名经济学家。他 1939 年毕业于哈佛大学，1947 年获经济学博士学位；从 20 世纪 50 年代开始，他任教于耶鲁大学，1954年任副教授，1955 年升为教授。1958 年以来，他担任过美国计量经济学会会长、全美经济学会主席、肯尼迪与约翰逊两届总统的经济顾问，并于 1981 年获诺贝尔经济学奖。

在理论贡献方面：①托宾强调货币因素在长期经济增长中的重要作用，深入分析了货币政策和财政政策对投资活动的影响；②他细致分析了资本主义社会滞胀的原因，提出物价管制、消费指导、收入政策和人力政策等一系列微观经济政策，这些研究被推崇为开创性的研究。

托宾的主要著作有《国民经济政策》《十年来的新经济学》《经济学论文集》《资产积累与经济活动》《对当代货币主义的反革命的评价》等。其重要论义有《论货币工资问题》《通货膨胀与失业》《当代宏观经济二十题研究》等。

4. 罗伯特·索洛、亚瑟·奥肯、詹姆斯·S. 杜森贝

罗伯特·索洛、亚瑟·奥肯、詹姆斯·S. 杜森贝都是美国较为著名的经济学家。索洛的新古典经济增长模型、奥肯对平等和效率问题的分析和奥肯定律、杜森贝的相对收入假定和滞胀研究等，都促进了新古典综合学派理论的形成和发展。

第二节 新古典综合学派的经济理论

一、希克斯—汉森模型

凯恩斯理论考察了商品市场中的储蓄和投资变化，分析了它们对国民收入水平决定的影响。新古典综合学派拓展了这种认识，把商品市场和货币市场结合起来，提出了 IS-LM 模型，也就是由英国经济学家希克斯提出和由美国经济学家汉森推广的希克斯—汉森模型。

商品市场的均衡条件是：$I(i) = S(Y)$，由此得到 IS 曲线。其中，投资 I 与利息 i 呈反向变动关系，储蓄 S 与国民收入 Y 呈正向变动关系。均衡条件的成立取决于利率 i 和国民收入 Y 的关系。

货币市场的均衡条件是：$M = L_1(Y) + L_2(i)$，由此得到 LM 曲线。其中，M 为外生变量，交易需求和谨慎需求之和为 $L_1(Y)$，L_1 与 Y 呈正向变动关系，投机需求

为 L_2 (i)，L_2 与 i 呈反向变动关系。均衡条件的成立也取决于利率 i 和国民收入 Y 的关系。

商品市场和货币市场同时实现均衡，意味着几何图形上 IS 曲线与 LM 曲线的交点 P。除 P 点外，图形中的其他点都不是均衡点，但经济体系具有自动调整恢复均衡的能力，即回到均衡点 P。如图 2-1 所示：

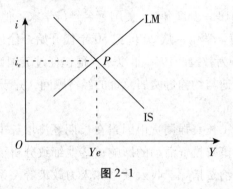

图 2-1

新古典综合学派认为，上述 IS-LM 模型的均衡结果不一定是充分就业均衡，这就需要通过政府的财政政策和货币政策调节，以使两大市场同时达到充分就业均衡。这意味着：①如果政府采取扩张性财政政策，增加开支或降低税率，就会使 IS 曲线向右移动，从而国民收入的增加必然伴随着利息率的上升；②紧缩性财政政策会使 IS 曲线向左移动，从而国民收入的减少必然伴随着利息率的下降；③如果政府采取扩张性货币政策，增加货币供应量，则会使 LM 曲线向下移动，从而导致国民收入上升和利息率下降；④紧缩性货币政策会使 LM 曲线向上移动，从而导致国民收入减少和利息率上升。因此，只有将财政政策和货币政策结合起来，才能达到稳定的充分就业均衡。

萨缪尔森指出，IS-LM 模型表明"货币分析能够很好地和现代收入决定论配合在一起。这样就为两种稳定性政策的结合创造了条件：中央银行的货币政策和政府的财政政策"①。这意味着：①从理论上来看，IS-LM 模型将凯恩斯提出的四个基本概念即消费函数、资本边际效率、流动偏好和货币数量结合在一起分析；将收入决定理论和货币理论结合起来；将瓦尔拉斯一般均衡的微观方法和凯恩斯的宏观理论分析结合起来。新古典综合学派认为，这就为凯恩斯的收入决定论提供了一般化的新诠释，IS-LM 模型也成为新古典综合学派的理论基础。②从经济政策的含义看，IS-LM 模型表明，政府只有通过财政政策和货币政策的配合，适当调节利息率和国民收入，影响投资、储蓄、货币供给、货币需求等变量，才能在保证充分就业和低通货膨胀的条件下，实现充分就业均衡。

---

① 萨缪尔森. 经济学：上册 [M]. 北京：商务印书馆，1979：475.

二、经济周期和经济波动理论

在凯恩斯的理论中，对经济周期和经济波动的解释建立在收入决定的理论基础上，它被认为是短期比较静态结构中的简单分析。因此，新古典综合学派致力于将其对收入变动的分析进行长期化和动态化。

（一）经济周期理论

萨缪尔森认为，经济周期是指世界工业国家的总体经济活动扩张和收缩的交替。这种周期变动通过国民生产总值、工业生产指数、就业、收入等综合经济活动指标的波动显示出来。经济周期分为四个阶段：①繁荣阶段，经济活动不断达到新的高峰；②衰退阶段，经济活动达到一个高峰后保持下降趋势，这是由繁荣到萧条的过渡阶段；③萧条阶段，经济活动从最高点持续下降到最低点；④复苏阶段，经济活动达到最低点后开始恢复上升到先前高度，这是由萧条转为繁荣的过渡阶段。萨缪尔森认为，经济周期的变化是无法预测的，"就其表现形式和缺乏规律性来说，经济活动周期差不多和流行病、天气或疾病儿童的体温一样，是变化无常的"[①]。

西方经济学家们认为，经济周期根据持续时间可以分为：①康德拉契耶夫周期或长周期。这是由苏联经济学家尼古拉·康德拉契耶夫于1925年提出的，其持续时间为54~60年；②库兹涅兹周期或建筑业周期，它是由美国经济学家西蒙·史密斯·库兹涅兹于1930年提出的，其持续时间就是建筑业中的繁荣与不景气交替出现所经历的时间，平均为15~25年；③尤格拉周期或中周期，这是由法国经济学家克莱门·尤格拉于1860年提出的，其持续时间为9~10年；④基钦周期或短周期，它是由美国经济学家约瑟夫·基钦于1923年提出的，其持续时间为40个月。汉森和萨缪尔森都认为，主要经济周期的长度大约为8~10年，次要周期时间为主要周期的一半。因此尤格拉周期又被称为主要周期，基钦周期又被称为次要周期。

根据经济周期的定义，只有当整体经济活动存在着绝对下降，并且持续一段时间，才能认为发生了衰退或收缩，这种经济周期被称为古典经济周期。萨缪尔森认为，在凯恩斯以后的时代，"由于各个混合经济的国家坚决采用财政和货币政策，同一次经济周期在一切国家同时出现的那种老旧的形式已经成为过时的事情。在今天，我们能够提高标准而谈论衰退的到来，衰退不仅是表示经济活动的绝对量已经下降，而且也表示经济的增长速度小于充分就业的增长速度"[②]。他认为现代意义上的衰退是"成长中的衰退"，经济收缩仅仅是增长率的减慢或阻滞，而不必一定是绝对量的减少或倒退。因此，这种经济周期被称为增长周期，以区别于古典周期，近年来这种定义已经被广泛采用。

关于经济周期性波动的原因，西方经济学家们提出了各种解释。萨缪尔森认为，

---

① 萨缪尔森. 经济学：上册 [M]. 北京：商务印书馆，1979：352.
② 萨缪尔森. 经济学：上册 [M]. 北京：商务印书馆，1979：357.

这些理论分为两大类：①外部因素论。这种理论把经济周期的根源归结为"经济制度之外的某些事件的波动"。这些外部因素影响经济但自身并不受经济影响，如太阳黑子、气候、战争、创造发明、人口、偶然事件等。②内部因素论。这种理论"在经济制度本身之内寻找导致经济周期的自我推动机构"，这些内部因素包括利润、投资、货币和信贷、消费、心理等等。

萨缪尔森认为："要说明经济周期的原因，外部因素和内部因素都是重要的。"①他指出，大多数经济学家都承认投资波动在主要经济周期形成中的关键作用。"这种反复无常的波动主要是由于外部的因素……加上把最初的投资变动以积累和乘数的方式加以扩大的内部因素。"② 萨缪尔森进一步指出："一般经济情况也反过来影响投资。如果高额的消费和销售量使得企业家乐观起来……这会导致一笔相当大数量的资本形成（新机器、添增的存货和建筑）。因此，特别是在短时期中，投资在某种程度上既是收入变动的原因，也是它的结果。"③ 这种对销售量和收入增长导致投资需求过程的分析，被称为"加速原理"。萨缪尔森认为，"外部的投资机会变动"通过经济制度内部的乘数和加速原理的相互作用，造成"动态的变化速度和水平"，这是形成经济周期的主要原因。

（二）加速原理

加速原理最早由法国经济学家艾伯特·阿夫塔里昂在 1913 年提出，其后美国经济学家莫里斯·克拉克和英国经济学家罗伊·福布斯·哈罗德都有所论述。它主要说明消费变动将会引起投资数量更剧烈的变动，而且这种"引致投资"的变动不取决于消费变动的绝对量，而取决于其变动比率。萨缪尔森认为："仅仅由于销售量停止快速增长，衰退也可以到来，虽然在这种情况下，销售量并没有绝对地下降，不过是停留在一个高额的水平。"④

加速原理实际上研究消费变动与引致投资之间的相互关系。引致投资是消费的实际变动或预期变动引起的投资。与之对应的概念是自发投资，即受消费水平等现有情况限制的投资，其外部影响因素包括技术、社会、心理和政治等。"加速原理"的含义表明：

（1）消费需求变动会引起投资变动，投资变动的幅度远大于消费需求变动的幅度，消费需求的微小变动就会引起投资的剧烈波动。

（2）只有消费需求以稳定水平保持增长，每个时期的投资才能保持相同的水平，即使消费需求的绝对量增加，但增长速度有所降低，也会引起投资绝对量的下降。

（3）投资变动不取决于消费需求变动的绝对值，而取决于其变动率；换言之，

① 萨缪尔森. 经济学：上册 [M]. 北京：商务印书馆，1979：365.
② 同①.
③ 同①.
④ 萨缪尔森. 经济学：上册 [M]. 北京：商务印书馆，1979：368.

投资不是消费需求的函数，而是其变动率的函数。

（4）当消费需求比上期减少，投资就会更剧烈地减少，这表明加速原理在正反两个方面都发生作用。消费需求的增加（减少）会促使投资加速地增加（减少）。

（三）乘数—加速数原理

加速原理主要说明消费需求变动会引起投资的多倍变动，乘数理论则说明投资变动会引起消费的多倍变动。在现实经济生活中，两者总是同时发生着作用。汉森和萨缪尔森认为，凯恩斯理论只考察了投资乘数的作用，而忽略了加速原理，应当用加速原理来补充乘数论的不足。只有将两者结合起来分析，才能解释经济增长中的周期性波动，即经济活动怎样由于自身的原因，依次通过繁荣、衰退、萧条和复苏阶段，形成周期性的循环。在汉森的经济思想基础上，萨缪尔森提出了乘数—加速数的相互作用，解释了它们对收入水平周期性变动的影响，这被称为"汉森—萨缪尔森模型"。

萨缪尔森认为，经济活动之所以保持持续的周期循环，而不是无限扩张或无限收缩，原因在于"充分就业的最高极限"和"最低极限的收入"。他指出：①收入增长通过加速数作用引致新投资；乘数作用引致投资，又使收入进一步增长，从而使经济体系进入累积性的扩张过程。这种扩张活动"最后也要碰到充分就业的极限"①，因为在充分就业条件下，劳动力和生产资源已经被充分利用，消费需求和资本品需求停止增长。②由于"加速数的作用使得支持繁荣的高额投资不再存在"②，经济体系从扩张转为衰退，投资的下降通过乘数和加速数的作用引起收入或消费需求更猛烈的下降，这种下降又引起投资成倍地减少，经济活动进入累积性的收缩过程。这种收缩过程也不会无限进行下去，因为生产的迅速下降使"厂商的资本设备逐渐被调整到和那个最低极限的收入相适应的水平"③。③一旦消费需求停止下降，由于加速数的作用，投资将自动增长，衰退就转为回升，"一次新的周期重新开始"④。

三、经济增长理论

所谓经济增长，是指一国生产能力的增长，它表现为商品和劳务生产总量的增加，其衡量指标是价格调整后的国民生产总值的年增长率。经济增长理论是在 20 世纪 30 年代末的凯恩斯理论基础上发展起来的，它主要研究实现经济稳定增长的条件、影响经济增长的因素等问题。西方经济学家们一直致力于将凯恩斯理论长期化和动态化，这种最早的尝试就是哈罗德—多马模型。

（1）英国经济学家哈罗德在 1939 年发表的《论动态理论》一文和 1942 年出版的《动态经济学导论》一书中，以凯恩斯的有效需求理论为基础，从储蓄等于投资

---

① 萨缪尔森. 经济学：上册 [M]. 北京：商务印书馆，1979：369.
② 同①。
③ 同①。
④ 同①。

这一等式出发，考察在劳动力、资本量、生产技术变化的情况下，一国生产持续均衡增长所需具备的条件，从而提出了其经济增长模型。20 世纪 40 年代中期，美国经济学家多马也独立提出了相似的增长模型，因此他们的模型被合称为"哈罗德—多马模型"。

哈罗德经济增长模型的基本公式如下：

$$Gw = s/V \text{ 或 } Gw \times V = s$$

其中，三个变量 V、s、Gw 的含义如下：①V 代表资本—产量比率（又称为资本系数或投资系数），如以 K 代表资本存量，以 Y 代表国民收入或产量水平，则 $V = K/Y$；②s 代表储蓄率，如以 S 代表储蓄量，Y 代表国民收入，则 $s = S/Y$；③Gw 代表着有保证的增长率，即在 s 和 V 已知的情况下，为了使储蓄全部转化为投资所需要的产量增长率。

由于 $Gw = \Delta Y/Y$，$V = K/Y = \Delta K/\Delta Y$，$\Delta K = I$，所以 $V = I/\Delta Y$，$s = S/Y$。因此上述基本公式可表示为：$\Delta Y/Y \times I/\Delta Y = S/Y$。故 $I = S$。

这说明实现经济均衡使给定的储蓄全部转化为投资。在这一点上，哈罗德—多马模型没有脱离凯恩斯短期比较静态分析的范围。但哈罗德进一步补充和强调了多马所说的投资的"双重效应"，即需求效应和生产能力效应。凯恩斯理论只说明了投资增加总需求的作用，而没有论述投资还能同时增加生产能力，从而增加下一个时期的产量。因此，从长期和动态的角度考察，资本存量和生产能力是逐年扩大的。哈罗德经济增长模型的含义正在于：要使逐年扩大的生产能力得到充分利用，则产量或收入应按固定的增长率 Gw 逐年增长，这样就能使逐年的储蓄全部转化为投资，实现经济稳定的增长。

在哈罗德—多马模型中，还提出了实际增长率和自然增长率：①实际增长率指任何一年里实际实现的增长率，用 G 表示，它取决于实际的 s/V，即有效需求的大小；②自然增长率指能够实现的最大的增长率，用 Gn 表示，它受人口（劳动力）和劳动生产率增加的限制。

Gw 实际上是一国的期望增长率，它受储蓄（供给）的制约，G 为受需求制约的实际增长率。要实现国民经济的实际均衡增长，则要求 $Gw = G$；Gn 实际上是劳动得到充分利用时的增长率。因此，要实现充分就业的均衡增长，必须 $Gw = G = Gn = s/V$。由于哈罗德—多马模型假定资本—劳动率和资本—产出率不变，对于任一给定的储蓄率 s，有唯一的 Gw 数值；又由于 Gw、G、Gn 取决于不同的因素，所以要实现 $G = Gw = Gn$ 是几乎不可能的，除非出现偶然的巧合。这种实现均衡增长的狭窄途径被美国经济学家索洛形象地称为"刀锋"，他认为这种困境可以通过调整生产中的劳动和资本配合比例来消除。

（2）索洛在 20 世纪 50 年代提出了自己的经济增长模型。英国经济学家 T. W. 斯旺、J. E. 米德、萨缪尔森等都对经济增长提出过相似论点，所以一般把他们的模型称为"新古典增长模型"。

新古典增长模型假定：①全社会只有一种产品；②资本和劳动可以相互替代，故资本—劳动率和资本—产出比率可以调整变化；③规模收益或成本不变，但资本边际生产率和劳动边际生产率递减；④存在完全竞争；⑤不存在技术进步。

新古典增长模型从供给方面出发，认为经济增长的决定因素是资本存量和劳动力的增长。这种思想表达为生产函数 $Y=f(K, L)$，其中 K 代表资本存量，L 代表劳动力，Y 代表收入或产量。

由于 K、L 的增长会导致 Y 的增长，故：$\Delta Y = \text{MPP}_k \times \Delta K + \text{MPP}_l \times \Delta L$，其中 MPP_k 和 MPP_l 分别为资本和劳动的边际物质产品。两边同除以 Y 得：$\Delta Y/Y = \text{MPP}_k/Y \times \Delta K + \text{MPP}_l/Y \times \Delta L$。

又由于资本和劳动力分别得到其边际物质产品，二者总收入为 $\text{MPP}_k \times K + \text{MPP}_l \times L$。在均衡条件下恰好等于总产量，即：$\text{MPP}_k \times K + \text{MPP}_l \times L = Y$。两边同除以 Y 得：$\text{MPP}_k \times K/Y + \text{MPP}_l \times L/Y = Y/Y = 1$。

若以 b 替代 MPP_k，则上述公式表达为：$\Delta Y/Y = b \times (\Delta K/K) + (1-b) \times (\Delta L/L)$。这就是新古典增长模型的基本公式。其中，$b$、$(1-b)$ 分别表示资本、劳动在总产量中所占的份额，或二者对产量（收入）增长所做贡献的相对份额。

（3）新古典增长模型与哈罗德—多马模型的主要不同之点，根据萨缪尔森的观点，主要表现在：

①"不存在储蓄和投资脱节的问题。"[①]

新古典模型是以古典学派的理论为基础，假定一切经济活动都是在完全竞争条件下进行的，市场机制能自动使储蓄转化为投资，使总供给等于总需求，所以经济增长就只依靠资本和劳动的供给。它所考察的是在资本和劳动能自动得到充分利用的条件下，随着二者数量的逐年增长而产生的经济增长途径，故新古典模型无 Gw 和 G 的区分，其充分就业均衡增长的条件为 $Gn = s/V$。由此可见，它体现了新古典综合学派的理论特征。

②"资本—产量之比不是一个不变的常数。"[②]

新古典模型以生产要素的替代性为前提，即资本和劳动可以进行不同组合，资本—产量比率 V 也是不断调整变化的。这样，充分就业的均衡增长可以通过调整 V 来实现，资本主义经济能够自动恢复和保持充分就业的均衡增长。与之相对，哈罗德—多马模型不以完全竞争为假定条件，资本—产出率不变。这样，任何由 s、V 变动引起的 Gw 和 Gn 的背离，都只会引起投资的累积性减少或增加，从而导致经济的累积性收缩或扩张。

对于资本主义国家的经济增长趋势，萨缪尔森认为，由于人口的增长慢于资本数量的增长，"相对稀缺的劳动所获得的竞争工资要上升"[③]。但由于资本相对于劳

① 萨缪尔森. 经济学：下册［M］. 北京：商务印书馆，1982：159.
② 同①。
③ 萨缪尔森. 经济学：下册［M］. 北京：商务印书馆，1982：137.

动的增长会抵消利息率的下降和工资的上升，二者的相对份额大致不变。同时，因为技术改良能够抵消资本相对增长所带来的收益递减倾向，所以利润率和资本—产出比率也大致不变，长期条件下的"国民产品一般每年按大致不变的比例增长"。

四、失业和通货膨胀理论

（一）菲利普斯曲线

1958年，当时在英国伦敦经济学院工作的新西兰工程师菲威廉·利普斯在《经济学丛刊》第25卷上发表了《1861—1957年英国货币工资变化率与失业率之间的关系》。他根据统计资料分析，归纳出一条重要规律，货币工资变化率与失业之间存在着负相关关系。当失业率上升时，货币工资变化率下降；当失业率下降时，货币工资变化率上升。在横轴为失业率、纵轴为货币工资变动率的坐标系中，菲利普斯将上述规律描绘为一条向右下方倾斜的曲线，即原始的菲利普斯曲线。如图2-2所示：

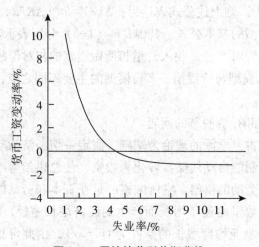

图2-2 原始的菲利普斯曲线

菲利普斯的研究结果否定了新古典经济学关于货币工资变动的传统结论。根据新古典学派的理论分析，劳动供给和劳动需求都是实际工资的函数，如果货币工资与价格的变化方向是相同的，就不会影响实际工资，因此，货币工资变化率与就业量（或失业率）之间就不存在特殊的直接关系。菲利普斯的研究结果则表明，两者之间存在着负相关关系。

菲利普斯对通货膨胀决定因素的定量化进行的开拓性研究，受到了新古典综合学派的重视。1960年，R. G. 利普西在《经济学丛刊》第27卷上发表了《1862—1957年英国货币工资变化率与失业之间的关系：进一步分析》，肯定了菲利普斯研究的正确性，并且指出货币工资变化率会进一步影响通货膨胀率，从而使原始的菲利普斯曲线具有了更一般的意义。在此基础上，萨缪尔森和索洛于1960年在《美国经济评论》第50卷上发表了《达到并维持稳定的价格水平问题：反通货膨胀政策分析》，对"原始的菲利普斯曲线"进行了重要修改和发展，主要表现在以下两方面：

　　原始的菲利普斯曲线表示货币工资变化率与失业率之间的交替关系。萨缪尔森和索洛则将之推广到通货膨胀率与失业率之间的交替关系。他们认为，单位工资成本在单位生产成本中占很大比例，只要货币工资增长率超过劳动生产率的增长率，价格水平就会上升。换言之，根据一般公式：通货膨胀率=货币工资增长率-生产率增长率，他们提出货币工资增长率和通货膨胀率之间存在同向变动关系。根据原始的菲利普斯曲线，货币工资变动率与失业率之间存在此消彼长的反向关系，因此通货膨胀率与失业率之间也存在着反向变动关系，由此得到了现代意义上的菲利普斯曲线。如图 2-3 所示：

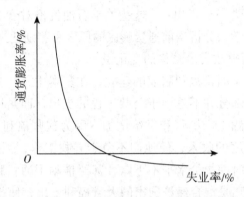

图 2-3　现代意义上的菲利普斯曲线

　　萨缪尔森和索洛使菲利普斯曲线成为影响政府决策的重要工具。萨缪尔森和索洛运用 20 世纪 30 年代大萧条之后的 25 年间美国的经验数据，验证了菲利普斯曲线的正确性，并且提出了关于总供给的重要观点：由于通货膨胀率和失业率之间存在反向变动关系，总产出的增加将使失业率下降，根据菲利普斯曲线，失业率下降将导致货币工资率和价格水平上升。因此，总供给曲线是向右上方倾斜的。他们进一步提出了通货膨胀对换论：一国在进行宏观经济决策时，如果它愿意付出较高的通货膨胀率的代价，就可以得到较低水平的失业率，或者以较高水平的失业率换取较低水平的通货膨胀率。由于菲利普斯曲线提供了政府决策者进行相机抉择的理论工具，决策者面临着"一个在通货膨胀和失业之间进行选择的菜单"。

　　（二）关于滞胀原因的解释

　　整个 20 世纪 60 年代，新古典综合学派对菲利普斯曲线的正确性深信不疑。但是在 20 世纪 70 年代之后，西方资本主义国家普遍面临着滞胀局面，高通货膨胀率和高失业率同时存在，这种现象对凯恩斯主义理论提出了挑战，一些经济学家用菲利普斯曲线的向右移动来解释这种现象；甚至有人认为，此时的菲利普斯曲线是向右上方倾斜的。新古典综合学派的经济学家们发现，菲利普斯曲线和凯恩斯需求理论都不能合理解释滞胀现象。他们试图从微观经济学的角度来重新解释这一宏观经济问题，他们的主要理论有华尔特·海勒的微观经济部门供给的异常变动说、萨缪尔森的微观财政支出结构的变化说和托宾的微观市场结构说。其主要观点为：

1. 华尔特·海勒的微观经济部门供给的异常变动说

海勒认为，滞胀问题不仅涉及总供给和总需求之间的关系，而且涉及各个生产部门的供求关系。根据海勒的解释，个别生产部门的异常变动是引起滞胀的主要原因。例如，20 世纪 70 年代世界性的石油、农产品供应的严重短缺和价格猛涨推动了各国通货膨胀日益严重。但是通货膨胀没有实现生产扩大和解决失业问题，反而使一些与石油、农产品相关的生产部门因成本上升过高而产品销路锐减。这一方面造成了整个社会出现物价的持续和普遍上涨，另一方面造成了生产收缩，大量企业倒闭，失业增加，从而导致社会经济陷入滞胀的困境。这种解释后来被表述为供给曲线的向左移动。海勒进一步指出："这些关于石油价格对宏观经济政策的含义的重要见解，有助于经济学家分析当前通货膨胀的原因和鉴别适当对策。"①

2. 萨缪尔森的微观财政支出结构的变化说

萨缪尔森认为，由于国家福利制度的建立，在资本主义社会的经济活动中，政府的财政支出有相当大部分并不是用于公共工程的支出，而是用于福利支出。这种财政支出结构不利于刺激生产扩张和供给增加。因为这些福利支出（如失业津贴）一方面弥补了低收入家庭的收入，使他们不急于寻找工作，无助于尽快消除失业；另一方面使经济在萧条时期物价水平不下跌，甚至推动了通货膨胀，从而形成停滞膨胀。萨缪尔森指出，正是混合经济国家的大量福利支出，使得"这一制度即使发生了经济停滞的情形，失业也不会像在残酷的资本主义制度下那样产生压低物价水平的力量"。

3. 托宾的微观市场结构说

托宾在 1972 年发表《通货膨胀和失业》一文中提出了关于"劳动力市场上的均衡和失衡"的观点。托宾认为，劳动力市场上的均衡是偶然情况，劳动力市场的常态是失衡状态。"劳工市场上过度供给取失业的形式，过度需求取未能补充的工作空位的形式。无论什么时候，市场在过度的需求或供给中广泛地变化，整体来看，经济显示既有空位又有失业。"②

托宾进一步指出："在任何独自的劳工市场上，货币工资增长率是两种成分的总和，即均衡成分和失衡成分。"③ 这里的"失衡"，就是指劳工市场上出现的过度需求和过度供给，即空位和失业的同时存在。托宾认为，当劳工市场出现失衡状态时，工人将从过度供给的市场转移到过度需求的市场，从低工资市场转移到高工资市场。但是，如果在失衡状态中，失业对货币工资增长速度的减缓作用小于空位对货币工资增长的加速作用，就必然会发生下列情况：

（1）每个连续失业增量在降低通货膨胀方面有着越来越小的作用。这是因为在失业的同时也存在着工作空位，而空位的存在势必抵制货币工资的降低，从而使得

---

① 海勒. 经济学对在哪里 ［M］//现代外国经济学论文选：第一辑. 北京：商务印书馆，1979：471.

② 托宾. 通货膨胀与失业 ［M］//现代国外经济学论文选：第一辑. 北京：商务印书馆，1979：227.

③ 同②。

物价继续上涨。

（2）在整个经济的空位减去失业的已知条件下，过度需求与劳工供给市场之间的变化愈大，工资膨胀将愈显著。因为空位多于失业，这势必加速货币工资的增长。

（3）即使空位总额至多等于失业，由于劳工市场的分散性和市场结构的不断变化，通常的失衡成分实际上也会存在。常见的理论认为，空位等于失业的时候，劳工市场的供求达到一致，经济就会处于充分就业和物价稳定的均衡状态。托宾认为，这种看法不符合实际情况。他说：" 在空位与失业相等的意义上的充分就业是与物价稳定有矛盾的。零通货膨胀需要失业多于空位。" 按照这种看法，如果失业不多于空位，则劳工市场上以过度需求形式出现的空位就会促使货币工资上升，引起物价上升，而不会出现零通货膨胀。

詹姆斯·杜森贝里在托宾的基础上对劳工市场做了进一步分析。他认为，劳工市场是不完全竞争的市场。劳工有不同技术熟练程度的差别，对劳工的供给和劳工的需求还有地区限制，这必然引起失业与空位并存。由于强大的工会力量使工资下降具有刚性，社会上的失业状况不会导致货币工资下降。只要存在工作空位，货币工资就会迅速上升。于是，失业与工作空位并存就转化为失业与货币工资率上升并存。由于货币工资上升会引起物价水平上升，失业与货币工资率上升并存又转化为失业与通货膨胀的并发症。杜生贝里还指出，个别劳工市场上存在工作空位，也会带动所有劳工市场上的货币工资水平的提高，从而推动整个经济出现通货膨胀的情形。

37

第三节　新古典综合学派的经济政策主张

新古典综合学派的经济政策主张的核心是需求管理，即由政府积极地采取财政政策、货币政策和收入政策，对社会总需求进行适时和适度的调节，以保证经济稳定增长。需求管理的主要对象是投资、储蓄、消费、政府支出、税收、进口和出口等。其主要目标是充分就业、价格稳定、经济增长和国际收支平衡。

一、20 世纪 50 年代的 "补偿性" 政策

20 世纪 50 年代，新古典综合学派认为，针对经济大危机的扩张性财政货币政策已经过时，应当根据经济繁荣与经济萧条的交替状况，实施相应的紧缩和扩张政策，即补偿性财政政策和货币政策。所谓补偿性财政政策，就是在经济繁荣时期，压缩政府财政支出，提高税率，增加税收，抑制社会总需求；在经济萧条时期，增加政府支出，降低税率，减少税收，增加社会总需求。所谓补偿性货币政策，就是中央银行在萧条时期放松信用条件，增加货币供给量，降低利率，以刺激投资和社会总需求的增加；在经济繁荣时期则紧缩信用，减少货币供给量，提高利率，以抑

制投资和社会总需求的增加。概括而言，补偿性财政货币政策，就是要"逆经济风向行事"，在萧条时期，设法使经济繁荣，以消灭失业；在繁荣时期，抑制过度繁荣，控制通货膨胀。汉森认为，只要事先根据经济情况的变化，有意识地安排好各项反周期措施，就可以消除经济周期波动，从而实现经济长期稳定增长。

二、20 世纪 60 年代的"增长性"政策

20 世纪 60 年代，美国出现了"艾森豪威尔停滞"，新古典综合学派的托宾和奥肯等人提出了"增长性"政策。他们打破了传统的平衡预算原则，提出财政政策的长期目标应该建立在潜在国民生产总值和充分就业预算的基础上。奥肯认为，这两个新概念意味着一种新策略，它"不是以经济是否在扩张，而是以经济是否已充分发挥出它的潜力，作为判断经济表现的标准"。

奥肯提出了后来被经济学界称为"奥肯定律"的著名观点，即失业率每超过自然失业率1%，实际产出水平就会相对于潜在产出下降2%。托宾也认为，政府的财政政策和货币政策应该立足于使"奥肯缺口"等于零，即使为此付出财政赤字的代价也在所不惜。

托宾和奥肯的观点推动了美国肯尼迪政府的新经济学主张，它以钉住充分就业的政策目标替代了凯恩斯主义的扩张性经济政策。新经济学政策的实施使得当时美国的生产和就业都得到了恢复和增长，部分经济学家认为它指明了达到充分就业的经济增长路径。

三、20 世纪 70 年代的"多样化"政策

20 世纪 70 年代，面对越来越严重的滞胀局面，新古典综合学派提出，运用多种政策工具实现多种经济目标，以同时加速经济增长和治疗扩张性政策的负效应。

（一）财政政策和货币政策的"松紧搭配"

"松"意味着膨胀性政策，"紧"意味着收缩性政策。补偿性财政货币政策对这两种政策在时间上分开使用，即对付经济萧条宜松，对付经济过热宜紧。20 世纪 70 年代的新古典综合学派则采取了新的"松紧搭配"方式：一是以松的财政政策和紧的货币政策相配合，即在财政政策上用投资优惠、减税、扩大政府支出来增加总需求；同时在货币政策上通过中央银行控制货币供给规模，防止因投资需求过旺而加剧通货膨胀。二是以松的货币政策和紧的财政政策相配合，即在货币政策上用扩大银行信贷和降低利率等方法来增加总需求；同时在财政政策上缩小政府支出规模，以减轻总需求对市场的压力，稳定物价。

（二）财政政策和货币政策的微观化

所谓"微观化"，是指政府针对个别市场和个别部门的具体情况来制定区别对待的财政货币政策，主要包括：①财政支出政策的微观化，即通过财政支出来促进部门结构的变动，使某些有利于经济增长的部门优先增长；②财政收入政策的微观

化，即通过税收结构的变动和征税范围、税率的调整，使税收政策促使资源的有效利用；③货币政策的微观化，即通过局部调整不同部门和不同类型信贷的放贷限额、信贷条件和利率，规定各类从事放款业务银行的法定准备金率等，以增加资本的流动性，调剂资本的供给和需求，促进某些部门的经济增长而又不至于影响物价水平的整体升降。

（三）收入政策

所谓收入政策，是指限制各种生产要素的收入增长率，使之与劳动生产率的增长相适应，从而限制物价上涨的政策。其主要措施有：①工资—物价管制，即政府颁布法令，管制工资和物价，严格限制工资和物价上涨；②工资—物价指导线，即根据长期劳动生产率状态，由政府规定工资和物价的增长标准，将之限制在劳动生产率平均增长幅度之内；③企业和工会签订工资—物价协议，即在政府指导下，企业和工会共同遵守协议，相互制约；④税收控制工资和物价，即以增税作为惩罚和以减税作为奖励，来限制工资和物价上涨。

（四）人力政策

所谓人力政策，是指针对劳动力市场的不完全性，解决失业和职位空缺并存的矛盾，从而增加就业机会的政策。其主要措施有：①对劳动力进行再培训，使非熟练劳动者能够符合劳动需求条件，使技术过时的劳动者能够掌握新技术；②发展职业中介产业，提供劳动力市场信息，促进企业和工人之间的双向选择；③增加劳动力流动性，促进劳动力和企业的地区间转移；④发展劳动密集型企业和部门，为劳动者创造更多的就业机会。

除此之外，新古典综合学派还提出了浮动汇率政策、对外贸易管制和外汇管制政策、消费指导政策、能源政策、人口政策、农业政策等。20 世纪 70 年代以来，新古典综合学派不断修正自身理论和综合反对派观点，以弥补自身理论的不足。但在 80 年代之后，随着新凯恩斯主义经济学派的逐渐兴起，新古典综合学派便相形见绌了。

简要评论

美国的新古典综合学派作为一个主要的凯恩斯主义经济学派，对于凯恩斯主义经济学思想在世界上的广泛传播和深入发展，对于美国经济在第二次世界大战后的高速发展，无疑发挥了重要作用。但是，该学派对凯恩斯经济思想的片面理解和实用主义态度，导致了指导美国经济政策时发生了严重的通货膨胀问题。新古典综合学派在无法解释经济滞胀问题，导致了理论上的困境和该学派走下坡路的开端。

新古典综合学派将凯恩斯的《就业、利息和货币通论》视为新古典一般均衡理论的特例，认为只要抛弃刚性货币工资的假定，就可以达到充分就业的均衡而不是低于充分就业的均衡。正因为如此，新古典综合学派将凯恩斯的宏观经济学理论与新古典的微观经济学理论结合起来，变成了一个相互矛盾的奇怪的理论混合体，以便为自己提出的"混合经济"提供理论支持。同时，他们把凯恩斯的短期经济理论变成了一种可以适用于任何时期和任何背景的普遍性理论，把解决经济波动问题的经济理论变成了同时可以解决经济增长问题的广泛性理论，把特定情况下适用的政策主张变成了正常情况下的"微调"的经济理论。这些都与凯恩斯本人的理论不一致，在理论体系上也存在逻辑矛盾。

对此，西方经济学家也评论说："新古典综合学派在数量决策和价格行为之间所做的分离可能经常使人误解，并且这个研究在很大程度上仍是推测性的，并很难使其结合起来。一个新的最佳状态的综合还远远未能出现。"正因为如此，"自1975年以来，新古典综合学派一直在为生存而战斗"。

本章基本概念

1. 新古典综合学派
2. 富裕中的贫困
3. 有效需求不足
4. 一般均衡
5. 乘数—加速数原理
6. 哈罗德—多马模型
7. 滞胀

本章思考题

1. 新古典综合学派是怎样产生的？其主要特点是什么？
2. 新古典综合学派的经济增长理论包括哪些主要内容？
3. 新古典综合学派的经济周期理论包括哪些主要内容？
4. 乘数—加速数原理的主要含义是什么？
5. 新古典综合学派如何解释失业与通货膨胀并存的现象？
6. 新古典综合学派的主要政策主张有哪些？

第三章
新剑桥学派

新剑桥学派,又被称为"凯恩斯左派""英国凯恩斯主义",它是凯恩斯主义经济学在英国发展的重要分支。该学派的主要代表人物有琼·罗宾逊、尼古拉斯·卡尔多、皮罗·斯拉法、卢伊季·帕西内蒂、约翰·伊特韦尔等人,他们大多任教于英国剑桥大学,其理论又以叛离剑桥学派(以马歇尔为代表的新古典学派)为特征,故该学派得名为"新剑桥学派"。又因为斯拉法、帕西内蒂等人的原籍属丁意大利,所以该学派又被称为"英国—意大利学派"。

1936 年凯恩斯的《就业、利息和货币通论》出版之后,引发了西方经济学界的"凯恩斯革命"。在凯恩斯主义的发展过程中,逐渐形成了新古典综合学派和新剑桥学派。这两大学派都认为自己是凯恩斯经济理论的继承者,但他们对凯恩斯理论的理解和发展存在着重大分歧,由此引发了著名的"两个剑桥之争"。新剑桥学派正是在论战过程中产生和逐渐发展起来。

第一节 新剑桥学派的形成

凯恩斯经济学主要是为了解决 20 世纪 30 年代资本主义世界的严重经济危机和大量失业而产生的,这种特定历史背景使之具有一定局限性。例如:过分注重短期分析和比较静态的分析方法,没有讨论长期经济增长问题,缺乏对经济波动的动态分析;没有讨论价值问题和收入分配,缺乏对微观经济的研究。为了弥补凯恩斯经济理论的缺陷和不足,一些美国经济学家如汉森、萨缪尔森、索洛等人直接把新古典学派的传统微观经济理论和凯恩斯主义的宏观经济理论结合起来进行分析,逐渐形成了新古典综合学派。

新古典综合学派的这种尝试遭到了罗宾逊、卡尔多、斯拉法等人的严厉批评。新剑桥学派认为,新古典综合学派的这种做法是对凯恩斯经济思想本意的曲解,是向传统的新古典经济理论的倒退,是"冒牌的凯恩斯主义"。作为凯恩斯的同事和合作者,罗宾逊等人认为自己是凯恩斯经济思想的共同开拓者,因而是正宗的凯恩斯主义者。他们认为,凯恩斯的《就业、利息和货币通论》是努力从新古典经济学传统束缚中摆脱出来的产物，但是凯恩斯做得并不彻底；新剑桥学派就是要纠正新古典综合学派对凯恩斯理论的歪曲，在凯恩斯理论的基础上进行"经济学的第二次革命"。

一、新剑桥学派的理论渊源

（一）"两个剑桥之争"

1953 年，罗宾逊发表了《生产函数和资本理论》一文，对新古典综合学派进行了猛烈的抨击。这是新剑桥学派对新古典综合学派的第一次进攻，从此开始了两个学派之间的争论。争论的一方是以罗宾逊为首的英国剑桥大学的一些经济学家，另一方是以萨缪尔森为首的美国马萨诸塞州剑桥市（坎布里奇市）附近的麻省理工学院的一些经济学家，争论由此得名为"两个剑桥之争"。争论焦点从资本测量问题开始，涉及价值理论、分配理论和经济增长理论等一系列广泛的问题。在这场争论中，新剑桥学派对新古典综合学派进行了全面攻击，包括分析方法、动态和静态、宏观和微观、意识形态、经济理论与实践等问题。争论的最终结果是新剑桥学派揭露和批判了新古典综合学派理论体系中的一些逻辑错误，在一定程度上动摇了新古典综合学派作为西方经济学界主流学派的地位。

新剑桥学派批判新古典综合学派的目的是为自己的新学说开辟道路。1956 年，罗宾逊出版了《资本积累论》一书，卡尔多发表了《可供选择的收入分配理论》一文。两人都从收入分配的角度阐述了经济增长理论，这两个文献也标志着新剑桥学派的正式诞生。1956 年 5 月 11 日卡尔多曾经到我国访问，在北京大学做了题为"从凯恩斯经济学看资本主义的演进"的讲演，第一次向中国经济学界阐述了他的新剑桥学派经济思想。

20 世纪 60 年代以后，琼·罗宾逊等人又对新古典综合学派发起了第二次进攻，重点攻击新古典综合学派将凯恩斯理论体系归纳为宏观一般均衡模型的做法。1962 年，琼·罗宾逊率先批评新古典综合学派阐述的凯恩斯理论模型是"冒牌的凯恩斯模型"，声称新古典综合学派对滞胀现象的无能为力是西方经济学理论发展中的"第二次危机"。

（二）新剑桥学派的理论渊源

新剑桥学派的理论渊源主要有三个方面：

1. 凯恩斯的《就业、利息和货币通论》

新剑桥学派继承了凯恩斯的投资—储蓄分析，强调投资对就业量和国民收入水平的决定作用。新剑桥学派特别强调，凯恩斯经济理论的基本要点是《就业、利息和货币通论》第 24 章中关于社会哲学的论述，即论述资本主义社会财富和收入分配的不均，以及推论资本主义社会必然走向没有食利阶层的文明生活新阶段的观点。

2. 卡莱茨基的经济理论

波兰经济学家米哈尔·卡莱茨基在 1933 年发表了《经济周期理论大纲》一文，提出了几乎与凯恩斯的有效需求理论相同的关于资本主义经济周期波动的理论，并把不完全竞争、垄断价格等因素的作用引进国民收入决定理论，强调投资对国民收入分配的作用和影响。罗宾逊对此十分赞赏和推崇。她认为，卡莱茨基理论比凯恩斯理论"更富于逻辑上的一贯性"①，是"真正的'通论'"②。

3. 斯拉法的理论

1960 年斯拉法发表了他近 30 年的研究成果《用商品生产商品》。在这本小册子中，斯拉法以精炼的文字和严谨的逻辑重新阐述了李嘉图的价值理论和分配理论，为新剑桥学派提供了理论基础和批判新古典经济学的武器。新剑桥学派宣称要通过斯拉法的理论返回李嘉图的古典经济学传统，"重建政治经济学"。所以该学派也往往被称为"新李嘉图主义者"。

二、新剑桥学派对新古典综合学派的批判

新剑桥学派认为，新古典综合学派的经济理论是对凯恩斯经济理论原意的曲解。它对新古典综合学派的批判集中表现在两个方面：方法论和理论分析前提。

（一）方法论

经济学的方法论反映了经济学家对他所处世界的整体看法，新剑桥学派的方法论有两个显著的特点：一是坚决主张抛弃均衡概念，树立历史的时间观念；二是强调社会制度和阶级分析的方法。

凯恩斯以前的新古典经济学家从经济人的理性行为出发，认为市场经济主体会理性地追求自己的最大利益，市场的自动调节机制将使经济达到最佳的均衡状态。新剑桥学派的经济学家认为，"凯恩斯革命"的重大突破之一就是"从均衡观转向历史观"，这就打破了新古典经济学均衡观对经济分析的束缚，考虑到了现实经济生活的特点，注意到了不同时间下经济的区别，强调时间是一个历史过程。新剑桥学派认为，过去是无法改变和不可逆转的，未来是不可确知的。明天发生的事情受到今天行为的影响，而今天的行为又受过去的历史和对明天的预测支配。由于未来不可知，人们只能依据过去的经验去推测未来，而严格的理性行为是不可能存在的。所以，经济现象是历史的过程。

罗宾逊指出："一旦我们承认经济是存在于时间中的，历史是从一去不返的过去向着未卜的将来前进的，那么以钟摆在空间来回摆动的机械比喻为基础的均衡观就站不住脚了。整个传统经济学就需要重新考虑。"③ 基于这种历史观，罗宾逊非常

①　罗宾逊，伊特韦尔. 现代经济学导论 [M]. 北京：商务印书馆，1982：62.

②　罗宾逊. 经济理论的第二次危机 [M] //外国经济学说研究会. 现代国外经济学论文选：第一辑. 北京：商务印书馆，1979：7.

③　罗宾逊. 凯恩斯革命的结果怎样 [M] //罗宾逊. 凯恩斯以后. 北京：商务印书馆，1985：8.

强调不确定性在资本主义社会经济分析中的重要作用；她认为："凯恩斯所论证的问题的真正本质是不确定性。"① 例如，对有效需求、生产就业和收入水平起主要影响作用的投资规模之所以容易发生波动，就因为投资是联系现在经济与未来经济的纽带，它涉及对未来的预期和不确定性问题。

新剑桥学派认为，新古典综合学派在综合凯恩斯主义的宏观经济理论和新古典的微观经济理论的过程中，承袭了马歇尔的局部均衡论和瓦尔拉斯的一般均衡理论，并把这些已经被凯恩斯革命破除了的均衡概念重新恢复起来，移植到凯恩斯理论中，这完全是一种理论上的倒退。罗宾逊认为："就一个始终处在均衡状态的世界而言，将来与过去之间是没有区别的，没有历史，也不需要凯恩斯。"② 这实际上就是指责新古典综合学派丢掉了凯恩斯经济理论的精神实质。

新古典综合学派认为，只要实行以凯恩斯理论为依据的宏观经济政策，使资本主义经济达到充分就业均衡，新古典的微观理论就仍然是适用的。所以他们继承了新古典经济学的传统，把资源最优配置作为经济学的主题；他们的整个经济分析仍旧以个人为出发点，不考虑社会制度和社会经济关系，或把这些因素看作分析中的外生变量，集中分析经济活动中人与物的关系、物与物的关系。

新剑桥学派对这种忽视社会制度和社会经济关系的分析方法持严厉的批判态度。他们认为，无论在过去、现在还是将来，社会制度和社会经济关系（尤其是阶级之间的经济关系）等因素在经济活动中都起着重大作用。罗宾逊和伊特韦尔认为："要包括在任何一种分析中的最根本因素是表明它要进行分析的社会制度的性质。经济关系是人们之间的关系。人类同物质世界的技术关系规定了人们过着的经济生活的条件，虽然人类社会的技术发展水平对社会中的各种关系有着重大影响，但技术条件并不能完全决定人类社会的各种关系。"因此，他们指出："人类关系和工艺关系的相互作用是经济分析的论题。"③这种强调社会制度和经济关系的分析方法，尤其突出地表现在新剑桥学派的收入分配理论中。正是在这一点上，新剑桥学派的经济学家认为，他们恢复了李嘉图的古典经济学，并与马克思的理论衔接了起来。

（二）理论分析前提

在经济分析的理论前提方面，新剑桥学派与新古典综合学派的主要分歧反映在两个问题上，即如何看待萨伊定律和如何认识投资、储蓄之间的关系。

凯恩斯以前的新古典经济学家完全信奉萨伊定律，认为在自由竞争条件下，市场自发调节可以使总供给总是等于总需求，经济总是会处于充分就业的均衡状态。凯恩斯在他的《就业、利息和货币通论》中否定了这些信条，但他也确实说过，

---

① 罗宾逊. 经济理论的第二次危机 ［M］//外国经济学说研究会. 现代国外经济学论文选: 第一辑. 北京: 商务印书馆, 1979: 6.
② 罗宾逊. 凯恩斯革命的结果怎样 ［M］//罗宾逊. 凯恩斯以后. 北京: 商务印书馆, 1985: 9.
③ 罗宾逊, 伊特韦尔. 现代经济学导论 ［M］. 北京: 商务印书馆, 1982: 71.

"实行管理之后，总产量与充分就业下之产量相差不远，则从这点开始，经典学派理论还是对的"①。新古典综合学派就以这点作为依据，认为通过财政政策和货币政策使资本主义的经济达到充分就业之后，新古典的经济理论就可以继续适用。罗宾逊对凯恩斯的这一论断持否定看法，认为这是凯恩斯"考虑不充分的、完全与他的主要论点相反的意见"②。她指出，新古典综合学派在把凯恩斯经济理论与新古典经济学综合起来的过程中，使"萨伊定律被矫揉造作地恢复了，并在它的掩护下，所有旧学说都偷偷地又恢复过来了"③。

在投资与储蓄的分析中，新剑桥学派认为："正统观念是以萨伊定律的说法为依据的，根据萨伊定律，储蓄量决定投资率。"④ 新古典学派正是持有这种观点，认为在任何时候，储蓄总是一定的，只要通过利息率的调节，储蓄总是可以完全转化为投资的，因而投资是由储蓄决定的。凯恩斯的观点恰恰相反，他认为投资和储蓄是由不同的人、出于不同的目的进行的。投资是由公司和企业家决定的，储蓄则由居民行为决定。居民储蓄的增加，意味着消费需求的减少，从而减少了有效需求，减少了就业。只有增加投资，才能增加收入和就业，从而使储蓄和投资在新的国民收入水平上达到相等。

新剑桥学派认为，根据凯恩斯的观点，个是储蓄决定投资，而是"储蓄不能不受投资量（增添设备和原材料的支出）的支配。储蓄水平随收入而变化。在工人失业和生产设备利用不足的时候，投资支出的增加会提高收入，从而增加消费支出，又增加储蓄"⑤。新古典综合学派则认为，只要根据居民的储蓄倾向算出充分就业时所能达到的国民收入中的储蓄量，然后通过政府的财政政策和货币政策安排足够的投资来吸收这笔储蓄，经济就可以实现充分就业均衡了。新剑桥学派指出，这种观点实际上抛弃了凯恩斯"投资支配储蓄"的基本论点，"回到了储蓄支配投资这种均衡世界，而微观理论也就可以再滑进老槽了"⑥。

总之，在新剑桥学派看来，新古典综合学派在经济学方法论和理论分析前提方面，都背离了凯恩斯经济理论。罗宾逊认为，"在北美以及由北美向世界传播的占统治地位的经济理论，我称之为冒牌的凯恩斯主义"⑦，"曲解凯恩斯理论的冒牌凯

① 凯恩斯. 就业、利息和货币通论 [M]. 北京：商务印书馆，1981：322.
② 罗宾逊. 经济增长的年代 [M]//外国经济学说研究会. 现代国外经济学论文选：第一辑. 北京：商务印书馆，1979：38.
③ 罗宾逊. 经济增长的年代 [M]//外国经济学说研究会. 现代国外经济学论文选：第一辑. 北京：商务印书馆，1979：31.
④ 罗宾逊，伊特韦尔. 现代经济学导论 [M]. 北京：商务印书馆，1982：65.
⑤ 同④。
⑥ 罗宾逊. 经济理论的第二次危机 [M]//外国经济学说研究会. 现代国外经济学论文选：第一辑. 北京：商务印书馆，1979：7.
⑦ 罗宾逊. 经济增长的年代 [M]//外国经济学说研究会. 现代国外经济学论文选：第一辑. 北京：商务印书馆，1979：30.

恩斯主义，实际上助长了与失业、通货膨胀交织在一起的无计划的增长局面"①，从而产生了经济学的"第二次危机"。

第二节　新剑桥学派的经济理论

新剑桥学派的经济理论主要包括价值论和分配论、经济增长理论、停滞膨胀理论。以下分别进行详细介绍。

一、价值论和分配论

新剑桥学派认为，分配论是价值论的引申，价值则应该具有"客观的"和"物质的"基础。这个问题既没有在凯恩斯经济理论中展开分析，也被新古典综合学派所忽略。为了建立客观的价值理论，就必须批判新古典经济学的以边际效用为核心的主观价值论，回到古典经济学的传统，特别是从李嘉图的劳动价值论出发进行研究。罗宾逊认为，斯拉法的《用商品生产商品》一书为新剑桥学派的收入分配理论提供了一个价值论基础。

（一）价值论

英国古典经济学家李嘉图的经济理论是以分配问题为中心的。但是，他混淆了价值和生产价格，无法解释劳动时间决定商品价值量的法则与等量资本得到等量利润规律之间的矛盾。为了解决这个理论难题，李嘉图用毕生的精力试图寻找一种"不变的价值尺度"。新剑桥学派认为，斯拉法在《用商品生产商品》一书中，通过建立一套由"合成商品"组成的"标准体系"和"剩余"的核心概念，恢复了李嘉图和马克思的经济分析方法，解决了李嘉图留下的理论难题。

1. 斯拉法的价格决定理论

价格决定理论主要探讨价格的决定因素。斯拉法建立了多种价格决定体系，包括没有剩余的价格决定体系、土地和自然资源参与生产的价格决定体系、标准体系等。斯拉法认为，生产价格（价值）主要取决于生产技术条件，而不受需求条件的影响，从而否定了均衡价格论；分配则主要取决于社会条件，而不受生产技术条件的支配，从而否定了边际价值论。

2. 斯拉法的"标准商品"

斯拉法认为："任何特殊的价格变动，究竟是由于被计量的商品的特殊性，还是由于计量标准的特殊性，无法说定。"所以必须找到一种"不变的价值尺度"，其关键是找到一种按照准确比例使用劳动和生产资料的生产部门。在这个部门中，

① 罗宾逊. 经济增长的年代［M］//外国经济学说研究会. 现代国外经济学论文选：第一辑. 北京：商务印书馆，1979：29.

"劳动对生产资料有一种'临界比例',它称为'赤字'和'剩余'生产部门之间的分水岭"①。因此,无论工资怎样变化,在原来的价格基础上都会表现出工资和利润恰好平衡。

斯拉法进一步指出,虽然这种生产部门很难找到,但是一种"合成商品"同样可用,由此可以推导出"标准商品",以此作为不变的价值尺度。与标准商品对应的是"标准体系",即各种商品产出之间的比例与它们作为生产资料投入之间的比例相等;每种商品的剩余产品与生产中投入的该商品总量之比都相等,并且等于剩余总额与生产资料总额之比。这种"标准商品"和"标准体系",就是李嘉图苦苦寻找的能够测量一切商品价值的不变价值尺度。

（二）分配论

为了进一步研究收入分配问题,斯拉法建立了一个"为维持生存的生产的经济模型",亦即简单再生产模型。由该模型引申出来的"标准体系"表明,国民收入在工资和利润之间的分配,不会影响到商品价值的变化。在全部国民收入对全部生产投入量的比率（R）既定的条件下,利润率（r）和工资率（w）的关系为：$r - R (1-w)$。

根据斯拉法的这个分配关系公式,新剑桥学派提出了他们的分配理论,其主要内容是：

（1）作为纯产品的国民收入分为利润和工资两部分,在既定的收入水平条件下,二者份额的大小取决于利润率水平的高低。根据分配关系公式,一定的利润份额必然有相应的利润率,而利润率是由长期竞争的市场制度外生决定的,所以工资和利润在国民收入中相对份额的大小就直接取决于利润率的高低。利润率越高,利润在国民收入中所占份额就越大,工资所占份额就越小。

（2）利润率的高低与生产技术条件、投资水平、经济增长速度密切相关。在分配关系公式中,w 和 R 都代表着生产技术水平,它们与利润率发生直接联系。利润率的大小取决于技术水平对 w 和 R 的影响不同,若技术水平变化使得 R 下降幅度大于 w 下降幅度,利润率就会下降;若技术水平使得 w 下降幅度大于 R 下降幅度,利润率就会上升;若技术水平对 R 和 w 的影响幅度相同,那么利润率就会保持不变。

（3）现实的收入分配格局具有客观物质基础,它是社会制度以及其他外生的历史条件共同作用的结果。在探讨收入分配时,新剑桥学派特别强调制度因素和历史因素,特别是财产所有权形式和历史上已经形成的劳资关系。新剑桥学派认为,从实际工资和货币工资两方面来看,资本主义现存的收入分配格局都是不公平、不合理的,这必然引起资源配置的失调及经济运行机制的混乱,带来一系列经济问题,如通货膨胀和失业等。因此,资本主义制度的"症结"是收入分配的不合理,而摆脱困境的主要出路就在于改革不合理的分配格局。

① 斯拉法. 用商品生产商品 [M]. 北京：商务印书馆, 1979：19.

二、经济增长理论

新剑桥学派的经济增长理论是对凯恩斯经济理论进行长期化和动态化扩展的结果。新剑桥学派的经济增长模型是在哈罗德——多马模型基础上发展起来的，其主要倡导者是罗宾逊、卡尔多、帕西内蒂。新剑桥学派的经济增长理论的最重要特点是把经济增长和收入分配问题结合起来考察，既关注如何通过收入分配的变化来实现经济的稳定增长，又说明在经济增长过程中总收入分配的变化趋势。

作为讨论经济增长问题的理论准备，资本问题也是不容忽视的问题。新剑桥学派和新古典综合学派对此存在不同看法，特别集中在两个具体问题上：①资本有无延展性；②实际资本和金融资本之间是否存在着重要的差别。新剑桥学派认为，实际资本没有延展性，金融资本和实际资本之间存在着差别，新古典综合学派则持有相反意见。

（一）卡尔多的经济增长模型

在卡尔多的经济增长模型中，经济增长速度和收入分配具有内在联系。他认为：一方面，社会收入是在各个阶级之间分配的，各阶级都有相对稳定的储蓄倾向，因此收入分配中利润和工资的比例关系就直接影响着整个社会的储蓄水平，从而决定了积累率和经济增长速度；另一方面，要达到一定的经济增长速度，必须具备一定的积累率，因此要有相应的收入分配的比例关系，从而经济增长速度和积累率也是影响国民收入分配的重要因素。

上述关系可以表达为：$P/Y = 1/(Sp-Sw) \times I/Y - Sw/(Sp-Sw)$。其中，$Y$ 为国民收入，P 为利润总额，Sp 为利润总额中储蓄所占的比例，Sw 为工资总额中储蓄所占的比例，I 为投资总量。在该模型中，收入分配和资本积累是直接相关的。当 Sp 和 Sw 既定时，资本积累率（I/Y）直接影响着利润在国民收入中的份额（P/Y）。卡尔多运用该模型阐述了经济增长理论中的两个基本问题：经济均衡增长的条件和决定经济增长率的主要因素。

关于经济均衡增长的条件，卡尔多认为，只要将 Sp>Sw 作为收入分配机制运用到经济增长模型中，就能够导致稳定的经济均衡增长。在经济增长过程中，S 与 I 的任何偏离都会引起国民收入分配的变化，以使 S 适应于 I。具体而言，在充分就业条件下增加投资并导致社会总需求的普遍增加，将会导致价格上涨超过工资增长速度，进而增加利润和降低工资在国民收入中的份额；在 Sp>Sw 的条件下，总社会储蓄量将会增加，从而使 S 与 I 恢复均衡。如果情况相反，投资与社会总需求趋于全面缩减，则价格下跌将会快于工资下降速度，总社会收入中的利润份额将下降，工资份额将上升；又由于 Sp>Sw，总社会储蓄量将会减少，从而使 S 和 I 恢复均衡。这种通过国民收入分配变化来调整储蓄，使之适应于投资的分配机制作用，通常被称为"卡尔多效应"。卡尔多也由此断言，国民收入分配是投资、总需求、相对价格变动的函数。

关于经济增长率的决定因素，卡尔多强调了国民收入分配的作用。在 Sp 和 Sw 既定的条件下，积累率上升将导致利润在国民收入中的份额增大。卡尔多将关系式中的 1/(Sp-Sw) 称为"收入分配的灵敏度系数"，它表明了积累率变化对利润在国民收入中所占比重的影响。(Sp-Sw) 之间的差额越大，积累率变化对利润份额的影响就越小。在积累率既定的条件下，收入分配的变化将取决于资本家和劳动者的储蓄倾向，当 Sw 不变时，Sp 越小，P/Y 的数值就越大。也就是说，资本所有者的储蓄越少，消费越多，则利润在国民收入中的份额越大。这也证明了新剑桥学派所信奉的卡莱茨基的名言，"工人花费他所挣到的，而资本家挣到他所花费的"。

（二）帕西内蒂的经济增长模型

帕西内蒂扩展了卡尔多的经济增长模型，说明在经济稳定增长过程中，资本收益率正向地取决于劳动力增长率，反向地取决于利润所得者的储蓄倾向。由于部分利润所得者是将储蓄转化为投资的"工人"，他们的储蓄率比资本家的储蓄率小一些。这些"工人"用利润或者利息形式将收入储蓄起来，与他们的工资收入储蓄率是一样的，不会因为工资比例变动而变动。因此，帕西内蒂认为，经济稳定增长过程中的长期均衡"利润率"，完全不受"工人"储蓄倾向的影响；"工人收入"不再等于"工资收入"，"利润收入"也不再等于"资本家收入"。然而，这只是影响"工人收入"与"资本家收入"的相对份额，不会影响"工资收入"与"利润收入"的相对份额①。帕西内蒂认为，充分就业的实现途径是刺激投资需求。

（三）罗宾逊的经济增长模型

罗宾逊在《资本积累论》中建立了一个经济增长模型，将古典的价值—分配论与凯恩斯的储蓄—投资理论结合起来。她假定存在一个自由放任的封闭经济，经济体系中只有资本家和工人两个阶级，劳动供给较为充裕，资本家可以按照自己的需要雇用工人，技术进步是中性的。在该模型中，罗宾逊把生产部门分为投资品和消费品两大部类，把总收入分为利润和工资两大部分，工人将所有收入（工资总额 W）用于消费（C），资本家将所有收入（利润总额 P）用于投资（I）。

由此得到关系式：$\pi = P/K = 1/K \times I/Sp = g/Sp$。其中 π 为利润率，g 为资本积累率，P 为利润总额，K 为资本存量，Sp 为资本家的储蓄倾向。在技术进步中性的假定下，资本价值对产量的比例保持不变，资本增长率（积累率 I/K）也就等于经济增长率（g）。

根据上述公式的含义，在资本家的储蓄倾向既定的条件下，利润率和积累率有一种相互制约的关系，两者呈正向关系变动。按照罗宾逊的经济增长理论，资本主义经济要实现稳定均衡发展，就必须满足下列条件：技术进步稳定且没有偏向，市场竞争机制充分发挥作用，积累率与劳动人口增长率以相同的比例稳定增长，利润率长期稳定，实际工资水平随人均产量上升而提高，资本家对投资的未来收益有足

49

① 克雷格尔. 政治经济学的重建：后凯恩斯经济学导论 [M]. 伦敦：麦克米伦出版社，1973：195-196.

够信心，投资以每年相同比率增加。在这种情况下，年产量（国民收入）同新增资本量（投资）以一种适当的比率同时增长。罗宾逊认为，满足上述条件的经济增长状态是"黄金时代"①。

与卡尔多不同，罗宾逊认为："稳定增长模型不过是用简单形式说明论点的一个便当方法。在现实中，增长绝不是稳定的。"② 她认为，"劳动与财产的分离"是造成资本主义社会经济中各种矛盾和冲突的重要原因。如果资本家的高利润不是高积累率的结果，而是垄断的结果，那么，工资将不会得到相应提高，社会消费需求的增加受到抑制，从而制约投资需求，形成在高利润水平下的投资缩减和经济停滞趋势。这个时候，必须通过改变国民收入分配状况来提高工资，以解决资本主义经济增长过程中的矛盾。由此可见，罗宾逊经济增长模型的基本结论是，只要政府采取一定的经济干预措施，特别是抑制垄断势力的增长和使国民收入分配趋于均等化，资本主义经济就可以保持一定的增长速度。

三、新剑桥学派对"停滞膨胀"的解释

新剑桥学派在解释滞胀现象的原因时指出，必须抛弃物价水平仅仅取决于货币数量的传统理论，应当回到凯恩斯关于物价水平主要受货币工资率支配的论断。他们从区分经济部门类别着手，结合价格形成过程中的垄断因素、货币工资谈判中的阶级冲突因素，来说明通货膨胀的原因，进而解释停滞膨胀现象。

卡尔多将经济部门分为三类：①初级部门，为工业提供必要的基本供应品，如食品、燃料、基本原料；②第二级部门，加工部门，提供投资品或消费品；③第三级部门，提供辅助服务（如运输、销售、各种专门技术）、欣赏性服务。卡尔多认为，第三级部门一般不会发生重大问题，但初级部门和第二级部门都可能成为通货膨胀的根源。原因在于"持续和稳定的经济发展要求这两个部门的产量增加应符合必要的相互关系。这就是说，可出售的农矿产品产量的增加，应该和需求增加相一致。这种需求的增加又是反映第二级（以及第三级）部门的增长的"③。然而，"从技术观点看，不能保证由节约土地的革新所推动的初级生产的增长率，正好符合第二级和第三级部门的生产和收入的增加所要求的增长率"④。由此可见，卡尔多主要强调的是生产部门之间的比例失调所引起的通货膨胀。

卡尔多进一步指出，不同类型生产部门的产品价格决定是通过不同的经济机制进行的：

在初级生产领域中，对个别生产者和消费者而言，市场价格是既定的，价格是

① 罗宾逊. 资本积累论 [M]. 北京：商务印书馆，1963.
② 罗宾逊，伊特韦尔. 现代经济学导论 [M]. 北京：商务印书馆，1982：245.
③ 卡尔多. 世界经济中的通货膨胀和衰退 [M] //外国经济学说研究会. 现代国外经济学论文选：第一辑. 北京：商务印书馆，1979：322.
④ 卡尔多. 世界经济中的通货膨胀和衰退 [M] //外国经济学说研究会. 现代国外经济学论文选：第一辑. 北京：商务印书馆，1979：322.

以亚当·斯密所描述的传统方式，直接响应市场供求关系的压力而变化的，价格变动是调节未来生产和消费的"信号"。

在工业部门中，至少是在大部分生产集中在大公司手中的现代工业社会中，制造品的价格是被"管理"的，也就是说由生产者自己确定的；生产对需求变动的调节是通过库存调节机制进行的，与价格无关；商品积压时就减少生产，库存减少时就增加生产。工业制造品的这种"管理"价格，不是由市场而是由生产成本决定的，其决策依据是"完全成本原则"和"垄断程度原则"。具体而言，"管理"价格是在直接劳动和原料成本的基础上，加上按工厂的标准开工率测算的一般管理费和折旧费，再加上纯利润。按照这种方式决定的价格，对需求的反应不是很灵敏，但对成本变化（如工资和原料的价格）却能做出迅速反应。

根据上述观点，卡尔多得出了一个"基本命题"，从世界范围看，"农矿产品价格的任何巨大变动——不论它对初级生产者是有利还是不利——对工业活动往往起抑制作用"[①]。其原因在于：

初级部门的农矿产品价格下降时，虽然可能刺激工业部门吸收更多的初级产品，但食品价格的下降会使工人实际工资有所提高，从而有可能增加对工业制成品的需求。同时，由于贸易条件（初级产品和制造品两类价格的比率）在农矿产品价格下降时对初级部门生产者极为不利，所以初级部门生产者对工业制成品的有效需求就将减少，势必抵消农矿产品价格下降所带来的对工业制成品的需求而有余，造成一种灾害性的后果——经济大萧条。卡尔多认为，20 世纪 30 年代的资本主义经济大危机就是由此而引起的。

当农矿产品的价格上涨时，它对工业品成本具有强有力的通货膨胀影响。这是因为这些产品在投入产出环节中处于上游位置，其价格上涨将会逐渐进入下游产品的成本，从而推动工业制成品价格的上升，这将有利于利润而不利于工资在国民收入中的份额。在这种情况下，工会将要求提高工资，通货膨胀也会缩小对工业制成品的有效需求：一方面，初级部门生产者的利润增加和成本增加不对称；另一方面，大多数国家的政府可能会采取财政金融措施来对付国内的通货膨胀，紧缩性的经济政策将会减少消费者的需求，并抑制工业部门的投资。于是，农矿产品价格上涨很可能在工业部门引起工资—物价螺旋式上升的通货膨胀，同时使工业部门的活动受到紧缩性经济政策的限制。

卡尔多认为，美国 1972—1973 年的通货膨胀就是起因于农矿产品的价格上涨（同时工资随着生产费用的上升而上涨）。此时政府采用了强有力的抑制性货币政策来对抗通货膨胀，从而造成了一次相当严重的经济衰退[②]。

---

① 卡尔多. 世界经济中的通货膨胀和衰退［M］//外国经济学说研究会. 现代国外经济学论文选：第一辑. 北京：商务印书馆，1979：324.

② 卡尔多. 世界经济中的通货膨胀和衰退［M］//外国经济学说研究会. 现代国外经济学论文选：第一辑. 北京：商务印书馆，1979：325-326.

（3）在卡尔多的分析基础上，罗宾逊分析了各种类型市场和操纵价格，从货币和资本主义经济的"不确定性"因素角度来解释停滞膨胀问题。她认为，资本主义经济是货币经济，货币是交易媒介和价值储藏手段，这种性质使货币成为"现在"和"不确定的未来"之间的联系环节。货币信用制度使资本家投资很方便且不太受限制。当社会投资率较高时，资源会向投资品生产倾斜，造成消费品产量的减少和工人工资的实际份额下降。这必然造成"通货膨胀障碍"，即通过通货膨胀来制止利润的提高和实际工资的下降。换言之，投资率上升引起实际工资下降，将会促使工人通过工会提出提高货币工资的要求，从而导致工资—物价螺旋式上升的通货膨胀，最终造成经济停止增长和大量失业，出现停滞膨胀局面。

此外，罗宾逊在分析停滞膨胀问题时，以卡莱茨基的理论为基础，讨论了"政治方面的商业循环"问题。罗宾逊在分析资本主义国家的政治生活对经济周期的影响时指出，当政府面临选举压力的时候，政府可能会采取减少失业的经济政策；选举之后，政府又可能屈服于大企业和食利者阶层的压力而采取扩张性的经济政策，这样就使经济处于停停走走的"政治方面商业循环"的状态中。罗宾逊指出："卡莱茨基在1943年曾经预言，战后，我们将战胜经济方面商业循环，我们将生活在政治方面商业循环的制度下。现在，政治方面商业循环似乎正在采取一个比以前任何时候更为激烈的方式。"①

总之，新剑桥学派认为，正是新古典综合学派的冒牌的凯恩斯主义经济政策造成了停滞膨胀局面。所以，他们反对新古典综合学派用调节总需求和实行工资—物价管制的方法来解决滞胀问题，而积极主张从收入分配方面着手解决上述问题。

第三节　新剑桥学派的经济政策主张

新剑桥学派反对新古典综合学派的政策主张，也反对现代货币主义减少国家干预的主张。他们认为，新古典综合学派的经济政策主张被实践证明是无效的，而现代货币主义的经济政策主张则是一种倒退。他们也主张政府干预，不主张实行自由放任政策，但主要干预方向不是增加总需求，而是调节收入分配，理顺阶级关系，创造社会稳定的经济环境来推动经济增长。

新剑桥学派认为，资本主义社会的症结是分配制度的不合理和收入分配的失调，因此经济政策的重点是收入分配政策。这种收入不平等格局不仅是一个经济问题，更是一个社会政治问题，其解决途径不能单纯依靠现行制度框架内的市场机制自发调节。根据对资本主义社会"病症"的诊断，新剑桥学派的经济学家得出结论，要

① 罗宾逊. 经济理论的第二次危机［M］//外国经济学说研究会. 现代国外经济学论文选：第一辑. 北京：商务印书馆，1979：9.

医治资本主义社会的弊病，就必须改革资本主义社会的收入分配制度。所以新剑桥学派的经济政策主张的重点是收入分配政策。

新剑桥学派进一步提出，必须通过资本主义国家的政府来实施一系列社会经济政策，才能改变现行的分配制度和收入分配不合理的格局。他们的政策主张主要包括：

（1）改革现有的税收制度，实现收入的均等化。具体而言，通过实行累进的税收制度、没收性的遗产税、赠与税等，来改变社会各阶层收入分配不均等的状况。通过实行高额的遗产税和赠与税，来消除私人财产的大量集中，抑制社会食利者阶层的收入增加。同时，政府还可以通过这一税收方式，将所得到的财产用于社会公共目标和改善低收入贫困阶层的状况。

（2）实行"福利政策"，缓解"富裕中的贫困"问题。通过政府的财政拨款，为失业者提供最低生活保障；对失业者进行职业技能培训，使其能有更多的就业机会，能从事更高技术水平和更高收入的工作，以便实现"长期充分就业"；此外，政府还可以通过财政预算拨款，给予低收入家庭一定补贴。

（3）对投资进行全面的社会管制，制定适应经济稳定增长的财政政策，减少财政赤字，逐步平衡财政预算；根据经济增长率来制定实际工资增长率的政策，以改变劳动者在经济增长过程中收入分配的相对份额向不利方向变化的趋势，从而在经济增长过程中逐步扭转收入分配不合理的情况。

（4）实行进出口管制政策，利用国内的资源优势，发展出口产品的生产，以便为国内提供较多的工作岗位，增加国内的就业机会，降低失业率，提高劳动者的收入。

（5）政府运用财政预算中的盈余来购买私人公司的股票，把一部分公司股份的所有权从私人手中转移到政府手中，从而抑制食利者阶层的收入，增加低收入家庭的收入。

新剑桥学派对资本主义社会的某些弊病进行了一定程度的揭露，提出了以实现收入均等化为主要目标的政策主张，具有一定进步意义。但新剑桥学派的这些政策主张对资产阶级政府来说是相当激进的，政府不可能将这些政策付诸实施。上述政策主张的意义仍停留在理论层面。

简要评论

新剑桥学派属于较为激进的凯恩斯主义，他们对新古典综合学派的评论具有一定深刻性，也揭露了资本主义经济增长过程中的一些弊端。但新剑桥学派毕竟是从资本主义视野范围来分析问题，因此很难提出真正深刻的见解。从经济理论方面来看，新剑桥学派的主要缺陷在于：①新剑桥学派提倡的以历史观代替均衡观的意见并未得到真正实现，历史因素被片面理解为时间因素，而不是过去的经济制度和经济发展的历史状况对后来经济发展的影响；②新剑桥学派强调的制度因素分析只是一些具体制度，特别是分配制度分析，并不涉及根本性的社会制度和经济制度；③新剑桥学派把经济波动的原因归咎于预期的不稳定和未来的不确定性，没有深入分析经济周期波动的更深刻原因和作用机制；④新剑桥学派揭露了收入分配中的社会矛盾关系，但没有进行更为深入的分析。整体而言，新剑桥学派的经济理论和政策主张属于改良性质，它对资本主义经济制度的基本态度不是否定的。

本章基本概念

1. 新剑桥学派
2. "两个剑桥之争"
3. 标准商品
4. 停滞膨胀

本章思考题

1. 新剑桥学派的主要理论渊源是什么？
2. 新剑桥学派的方法论特点是什么？
3. 新剑桥学派与新古典综合学派的理论分歧主要表现在哪些方面？
4. 新剑桥学派的分配论的主要内容是什么？
5. 新剑桥学派的经济增长理论的特点是什么？
6. 新剑桥学派是如何解释滞胀现象的？
7. 新剑桥学派的主要经济政策主张是什么？

第四章
新凯恩斯主义学派

20世纪30年代以来，凯恩斯主义一直处于主流经济学的地位。但到了20世纪70年代，凯恩斯主义因无法解释滞胀现象而受到与其对立的经济学派的批评，凯恩斯主义因无力应付现实和理论的挑战而陷入困境，从主流、正统经济学宝座上跌落下来。20世纪80年代，一个主张政府干预经济的新学派——新凯恩斯主义学派在西方崭露头角，此后其发展势头强劲，颇有重振凯恩斯主义昔日雄风以挽回其主流正统地位之势。新凯恩斯主义学派坚持凯恩斯的基本经济信条，以其独辟路径的研究方法和新颖的理论观点来复兴凯恩斯主义，其影响逐渐扩大。新凯恩斯主义经济学和新古典宏观经济学是当今西方经济学界两大最主要的流派。

第一节 新凯恩斯主义学派概述

一、新凯恩斯主义学派的产生背景

原凯恩斯主义认为，在经济体系中价格和工资是刚性的，市场是非出清的，产品市场存在过剩产品，劳动力市场存在过剩劳动供给，所以失业和生产过剩是资本主义经济的常态。他们认为，失业和生产过剩的原因是有效需求不足。但是，市场机制本身并不能自行解决这个问题，只有政府干预才能消除生产过剩和失业。另外，传统的新古典制定的自由放任政策在20世纪30年代末的大萧条中对解决问题束手无策，导致了凯恩斯经济学的出现。根据凯恩斯经济学制定的政府干预经济的政策在实践中似乎收到了明显的效果，这使凯恩斯的经济政策受到了西方各国政府的欢迎。而凯恩斯主义带来的政府干预主义的新思潮也由此兴盛起来，并逐步取代了经济自由主义的传统统治地位。

第二次世界大战后，新古典综合学派把凯恩斯的国民收入决定理论与马歇尔的新古典经济学理论"综合"在一起，试图弥补西方经济学理论体系的漏洞，也使凯恩斯主义经济学能够适用于战后非萧条的经济情况，并且研究资本主义如何在长期中稳定发展和如何治理通货膨胀。萨缪尔森的《经济学》一书在1948年的出版，标志着新古典综合学派理论的传播，西方大多数国家经济的顺利发展使西方大多数经济学家似乎都成了新古典综合学派的信徒。新古典综合学派理论体系成了官方经济学的正统，成为官方长期中制定经济战略和经济政策的主要依据和工具。当然，从实际上看，新古典综合学派的理论和政策对于缓和经济危机、减少失业、促进经济增长也的确起过比较重要的作用。

20世纪60年代中期以后，原凯恩斯主义开始衰落，长期内的经济学"共识"时代归于结束。在经济发生"停滞膨胀"的局面下，新古典综合学派不可避免地开始衰落。一般来说，新古典综合学派衰落的原因可以归结为三个：①新古典综合学派的理论不能解释滞胀现象，陷入尴尬境地，其对策也不能解决滞胀问题，陷入两难局面；②由于理论的缺失，新古典综合学派的理论（包括像索洛的新古典增长理论）不能解释和解决劳动生产率低下的问题；③受凯恩斯主义倡导的鼓励消费，不鼓励储蓄与节俭的风气影响，社会积累迟缓，资本形成缓慢，这也使新古典综合学派的理论受到怀疑。

新凯恩斯主义经济学派正是在新古典综合学派逐渐失势、反对派林立的形势下逐渐产生的，也是在经济自由主义和政府干预主义两大思潮进行激烈争论的过程中，从两大思潮内部形成的。在风行一时的主张经济自由主义的思潮内部，有货币主义学派、供给学派、新古典宏观经济学派等；而在新古典宏观经济学派内部又有货币经济周期学派和实际经济周期学派之分。在遭受冷落的原凯恩斯主义的阵营中，被迈克尔·帕金称为"新凯恩斯主义者"的一些中青年经济学家反对经济自由主义思潮，继续坚持原凯恩斯主义的基本信条。他们采用了许多新的分析和研究方法，对各种有用的经济理论观点甚至包括论敌的理论观点兼收并蓄，提出了一些新的理论见解，推动了凯恩斯主义的研究。正是在他们的努力之下，新凯恩斯主义学派诞生了。

二、新凯恩斯主义学派的理论纵览

（一）新凯恩斯主义学派的核心命题

新凯恩斯主义学派研究的内容非常广泛，各自强调的研究思路极不相同，有些学者坚持劳动力市场的不完全性，有些人信赖信息不对称，另一些人强调调节费用或协调失效。可见，新凯恩斯主义经济学的研究方法和范围需要有一个明确的界定。

英国经济学者卡拉多·贝拉西斯等认为，所谓"新凯恩斯主义经济学"，意指其研究主题在于对如下两个命题得出微观理论上的辨明：①非自愿失业和就业不足的均衡状态是可能的。它表明，商人们的计划始终一致并不意味着必然实现充分就业；当积极的厂商们一致计划给予某种形式的内生配合（强制某些经理们对市场不积极活动）时，非自愿失业就可能发生。②需求管理政治政策是有效的。它表明，失业或就业不足的非均衡状态可能显示出"低水平"需求均衡特性。因此，它们对需求冲击可能是敏感的，政策干预是必要的。

（二）新凯恩斯主义学派的假设条件

非市场出清假设是新凯恩斯主义学派的最重要的假设。这一假设来自原凯恩斯主义经济学，它使新凯恩斯主义学派和原凯恩斯主义学派具有相同的基础。非市场出清的基本含义是：在出现需求冲击或供给冲击后，工资和价格不能迅速调整到使市场出清；缓慢的工资—价格调整使经济回到实际产量等于正常产量的状态需要一个很长的过程；在这一过程中，经济处于持续的非均衡状态。

新凯恩斯主义经济学认为，基于市场连续出清假设的新古典周期模型是不现实的，只有把经济周期模型建立在非市场出清的假设之上，才具有现实意义。其理由是：在衰退时期，工人不可能都按现行工资卖掉他们愿意卖掉的全部劳动，这不是因为他们拒绝现行工资下的工作机会，而是因为他们找不到工作；厂商不可能都按现行价格卖掉他们愿意卖掉的全部商品，这不是因为他们拒绝现行价格下的销售机会，而是他们卖不出去。总之，在衰退时期，经济体系存在着非市场出清的事实，新古典学派的市场出清假设违背了这一事实。

新凯恩斯主义学派和原凯恩斯主义者都坚持非市场出清的假设，但两者的非市场出清理论模型存在着较大的差别。原凯恩斯主义的非市场出清模型假定名义工资刚性，新凯恩斯主义学派的非市场出清模型则假定工资和价格黏性，或者缓慢调整。更为重要的是，新凯恩斯主义学派在模型中增加了经济当事人的最大化原则假设和理性预期假设，使新凯恩斯主义学派突破了原凯恩斯主义的理论框架。这也表明，新凯恩斯主义学派想解决原凯恩斯主义经济学和传统微观经济学之间的矛盾，试图在微观经济学基础上重建宏观经济学。

（三）新凯恩斯主义学派的研究方法

新凯恩斯主义学派的方法论在继承原凯恩斯主义的基础上，又受到新古典主义宏观经济学的影响，吸收和创建了一些新的分析方法。

1. 短期均衡分析

新古典主义宏观经济学以长期均衡分析为特色，因为要得到货币中性的结论，就只有进行长期均衡分析，使经济中的货币因素同经济中的实际因素分离出来。新凯恩斯主义学派的信奉者在宏观经济研究中通过不同的途径使学说长期化、动态化，但是新凯恩斯主义学派的一般理论依然是短期均衡分析的成果；新凯恩斯主义学派在研究中，虽然也提倡使用长期均衡分析方法，但在一般理论上依然遵循凯恩斯主义的短期均衡分析。

2. 不完全信息分析

不完全信息包括"绝对"的信息不完全和"相对"的信息不完全。前者是指由于认识能力的限制，人们不可能知道在任何时候、任何地方将要发生的任何情况；后者是指市场经济本身不能生产出足够的信息资源，而且信息资源的流动性、传播性、操作性，都会受到一定的限制。广义的不完全信息还包括市场上供求双方所掌握的信息不均等，又称为不对称信息，即对于某一事物，一方掌握的信息多一些，

57

另一些掌握的信息少一些。新凯恩斯主义学派从信息不对称研究出发，不仅考察了产品市场的价格与质量问题，而且涉及了劳动力市场和资本市场。信息不对称和信息搜寻成本给市场的有效运转带来了很大障碍，并带来了产品市场的逆向选择和败德行为。

新凯恩斯主义学派认为，只要交易双方对交易结果拥有不对称的信息，上述两种机制就必然存在。新凯恩斯主义学派不仅直接应用这种方法分析产品市场上的交换行为，而且还把它应用于产品市场和劳动力市场的交换行为分析：①在产品市场上，卖方因担心降低价格会被买方理解为产品质量下降而不轻易地降价；②在劳动力市场上，不对称信息表现为企业在雇用和培训工人之前，不能准确判定工人生产能力的高低。企业降低工资既可能导致应聘者的平均质量下降，高生产能力的工人不愿意接受低工资而拒绝前来应聘（逆向选择效应），又可能会导致工人的努力水平下降（败德行为效应），所以企业不会轻易地降低工资。

不完全信息分析方法的引入，产生了两项重要的宏观经济学意义：第一，由于买卖双方的信息不完整，买卖双方有可能通过制定价格，获得暂时的垄断地位。于是市场将不再具有完全竞争的特征；第二，如果个人拥有的信息不完全，那么总体的名义冲击将有可能影响实际产出。

3. 不完全竞争分析

新凯恩斯主义学派为了从微观上说明刚性价格的成因，运用不完全竞争方法构建了一些新模型。在引入摩擦因素的条件下，它提供了一系列新结论：①价格刚性的私人成本是二阶的；②需求决定产出；③繁荣能够增加福利；④工资刚性通过家庭的总需求引致失业；⑤实际工资不是逆周期的；⑥名义刚性具有总需求外部效应。

（四）新凯恩斯主义学派的理论特征

新凯恩斯主义学派的理论特征是否认古典学派的二分法，认为经济是非瓦尔拉斯均衡的，实际不完全性是重要的。古典二分法是指经济中的名义变量对实际变量没有实质性影响。经济中的变量可以分为两类：一类是名义变量，如货币量；另一类是实际变量，如就业、实际产量等。按新古典学派的观点，市场机制能够实现自动有效调节，价格和工资等具有弹性；货币等名义变量变化只影响价格等名义变量，对产量和就业等实际变量没有实质性影响。因此，货币政策是无效的。

新凯恩斯主义学派必须对两个问题做出回答：古典学派的二分法是否有效？经济是否有重要的非瓦尔拉斯特征？①坚持古典学派传统的学者认为，名义变量变化不会影响实际变量，市场能够出清，所以经济体系中存在着瓦尔拉斯均衡；②坚持新凯恩斯主义传统的学者则认为，货币等名义变量的变动会导致产量和就业量等实际变量的波动，所以古典两分法失效；工资和价格有黏性，出现黏性的原因是市场不完全竞争、经纪人只能获得有限信息和相对价格刚性等原因引起的，市场是非出清的，具有明显的非瓦尔拉斯均衡特征。凡是否认古典二分法，认为市场是不完全竞争的、有非瓦尔拉斯均衡特征的经济理论，都属于新凯恩斯主义学派。

三、新凯恩斯主义学派的主要代表人物

新凯恩斯主义的英文为"New-Keynesian"，它由迈克尔·帕金于1984年在《宏观经济学》一书中最早提出。在学术论文中最先使用"新凯恩斯主义经济学"这一名称的，是劳伦斯·鲍尔、格雷戈里·曼昆、戴维·罗默。他们于1988年发表了《新凯恩斯主义经济学和产出量——通货膨胀交替关系》一文，首次使用了该名称。

新凯恩斯主义经济学者的主要代表人物有：哈佛大学的劳伦斯·萨默斯、格雷戈里·曼丘，斯坦福大学的约瑟夫·斯蒂格利茨、麻省理工学院奥利维尔·布兰查德和加州大学的詹纳特·耶伦等。1991年由格雷戈里·曼丘和戴维·罗默主编并出版的《新凯恩斯主义经济学》两卷本论文集集中了新凯恩斯主义学派最具代表性的著作。

第二节　新凯恩斯主义学派的经济理论

一、劳动力市场的工资黏性

新凯恩斯主义者对工资黏性和失业的原因做了探索性研究，提出了独特而新颖的劳动力市场论。新凯恩斯主义学派的劳动力市场论不仅在微观经济学基础上阐明了劳动力市场失灵、高通货膨胀和高失业率并存等问题，而且丰富和发展了微观经济学的劳动理论。

新凯恩斯主义学派的劳动力市场论克服了凯恩斯主义致命的缺陷，维护了凯恩斯主义劳动力市场非出清的信条。凯恩斯主义在考察工资黏性和失业等问题时，几乎不论及劳动力市场，这是该理论的一个致命弱点，也使得凯恩斯的宏观经济理论缺乏微观基础。新古典宏观经济学正是在这一点上给予凯恩斯主义沉重打击，动摇了它在西方宏观经济领域中的正统地位。与凯恩斯主义不同，新凯恩斯主义学派高度重视劳动力市场问题，多方面探寻工资黏性与劳动力市场的无效性，在利益最大化原则和理性预期假设的基础上，解释了劳动力市场失灵的成因，较好地说明了滞胀现象。

新凯恩斯主义学派劳动力市场论的关键假设是工资黏性。工资黏性是指工资不能随需求的变动而迅速地调整，工资上升比较容易而下降则比较困难。新凯恩斯主义者还区分了名义工资黏性和实际工资黏性。名义工资黏性是指名义工资不随名义总需求的变动而变化。实际工资黏性是指实际工资与需求的变动几乎没有相关性。所以，新凯恩斯主义学派的劳动力市场论归纳为两类：一是名义工资黏性论；二是实际工资黏性论。

（一）名义工资黏性理论

1. 长期劳动合同论

费希尔在 1977 年、泰勒在 1980 年分别以长期劳动合同的形式引入了名义工资黏性。他们认为在发达的市场经济中，工资并不是由当期交易决定的，而是由未来交易活动的明确合同来确定。这样，劳动合同和合同工资保持一定的长期稳定性，货币当局调整货币供给就可以较为频繁，体现了货币政策的短期真实效应。

长期劳动合同是市场经济国家的显著特点。美国的工会组织要求，工人和厂商签订 1 年时间以上的固定名义工资效率的劳动合同。那么长期合同为什么能够存在呢？新凯恩斯主义经济学者认为，这是工人和厂商最优化选择的结果。①工人一般都是风险厌恶者，他们的理性选择是固定工资而并非变动工资；②劳资双方的工资谈判需要耗费双方大量的成本和时间。这些成本不仅包括谈判本身带来的费用，而且包括因谈判活动而产生的损失。例如，在谈判前，厂商往往会增加库存，这无疑会增加总成本；如果谈判破裂，那么厂商可能会破产，工人也会由于罢工而失去工资收入。因此，厂商和工人都愿意签订长期合同。

尽管长期合同固定了未来一段时间内的名义工资水平，但考虑到每年的通货膨胀问题，劳资双方在谈判时往往会将工资与生活费用的变化挂钩，签订一个指数化的长期劳务合同。根据指数化程度不同可以将长期劳务合同分为完全指数化和非完全指数化两种合同。完全指数化是指工资水平完全按照生活费用的变化而变化，而且变化幅度相同，它导致实际工资黏性。"非完全指数化"是指工资水平的变化部分取决于生活费用的变化，两者的变化幅度不同，它会导致名义工资黏性。

实际签订的长期劳动合同中的多数属于非完全指数化合同，主要原因在于：①对于厂商来说，完全指数化风险太大。因为名义价格的变化并非完全来自名义需求的变化，如果通货膨胀是由供给冲击引起的，那么完全指数化工资合同就会使得厂商受损。②如果通货膨胀是非均衡或结构性的，那么完全指数化的工资水平也是厂商不愿意接受的。③完全指数化劳务合同的签订过程相当复杂，它需要劳资双方在事前进行充分的谈判和协商；与之相反，简单明了的弹性合同却比较受欢迎。完全指数化合同中的一些应变性条款有时会使实际工资水平更加不稳定，所以工人愿意选择"非完全指数化"工资以减少不确定性。

2. 交错调整论

尽管各市场经济国家都倾向于签订长期劳务合同，但重新签订工资合同的时间选择却有所不同。日本的长期工资合同通常同时到期，并重新签订。美国和英国的长期工资合同则采用非同时的交叠合同制，即劳资双方调整工资合同往往不是同步而是交替进行的。

新凯恩斯主义者认为，在所有工资合同都同步调整的情况下，厂商和工人都只能得到各行业现行工资率的信息，而无法了解它们的未来变化趋势。交错调整的工资合同可以改善这种状态，那些需要调整名义工资的厂商和工人会依据其他行业情况做出判断，这就延长了货币政策的作用时间，使它对实际变量的影响超出合同期限。同时，一旦名义总需求发生变化，由于劳动合同的交错调整，经济中不可能出现整个行业工资同时调整，从而阻碍了工资水平的快速调整；即使那些恰好合同到期需要进行工资调整的行业，也会由于别的行业没有调整工资而降低调整幅度。由此可见，在货币冲击或实际冲击的条件下，名义工资刚性仍然较为显著。

（二）实际工资黏性理论

关于实际工资黏性的解释可以分为三类：隐性合同理论（或不成文合同理论）、效率工资理论和内部人—外部人理论。

1. 隐性合同理论

隐性合同理论最初是由 M. N. 贝利、R. J. 戈登、C. 阿扎里亚迪斯于 20 世纪 70 年代中期提出的。S. 罗森在 1985 年的文章《隐性合同的一个考察》中给出了一个全面的阐述。在新古典理论中，工人与厂商之间的结合是通过瓦尔拉斯拍卖者安排的，而隐性合同理论则认为这依赖于工人和厂商之间的默契行动，这就是隐性合同。奥肯将之描述为"看不见的握手"。

最初出现的隐性合同理论从公开信息角度研究隐性合同，近年来的研究角度转向了非对称信息。非对称信息的隐性合同模型的研究重点是自我选择机制。隐性合同的基本思想是，雇主不比工人厌恶风险，雇主向工人提供一项包括保险因素的就业合同是有利可图的，以解决劳动边际产量波动的问题。由此产生了三个问题：①工人为什么需要雇主为他们提供保险？他们为什么不能从特种经纪人保险公司获得保险呢？②雇主为什么不比工人厌恶风险？③为什么该合同被称为隐性合同？根据对这三个问题的解释，新凯恩斯主义学派提出了关于隐性合同的基本命题：

命题一：在最优合同中规定工资刚性，使之不随企业的产品价格变动，从而引申出著名的刚性工资论。对这个结论的解释是：厌恶风险的工人不喜欢工资波动，但是风险中性的雇主只关心平均工资总额。通过用稍低于平均值的固定合同工资取代波动中的工资可以使双方境况更好，工资刚性意味着雇主将会使工人的实际收入稳定不变。这意味着：①总价格水平的变化将影响工人工资的实际值，那么付给工人的名义工资水平将指向这个总价格水平；②工资水平刚性的持续时间相当于劳务合同的持续时间；③工资水平刚性程度取决于雇主的风险中性假设，如果雇主是厌恶风险的，那么工资水平就不会是刚性的；④工资在竞争性劳动力市场是固定的，但劳动边际产量的波动将会反映在就业波动中。

命题二：对于企业产品价格的任何值来说，隐性合同中的就业总会高于竞争的劳动力市场。对这个结论的解释是，现行的劳务合同是最优的，它使雇主和工人的境况都达到最佳效率水平。这也说明，尽管隐性合同可能导致工资水平刚性，但包含保险因素的隐性合同是有效的。

命题三：当雇主能支付失业救济金时，可得出下列结论：①雇主支付的工资不随企业产品价格变动，工资水平呈现刚性；②雇主支付的失业救济金的水平不随企业产品价格变动，失业救济金水平呈现刚性；③工人就业和失业时的收入边际效用相等。

2. 效率工资理论

效率工资理论最初属于发展经济学的组成部分。发展中国家的低工资使得工人劳动效率较低，低劳动效率又反过来影响着工资增长，从而形成低工资—低效率循环。索洛最早于 1979 年建立了效率工资的研究框架。此后，耶伦、A. 韦斯、夏皮罗、斯蒂格利茨、阿克洛夫等新凯恩斯主义者对之进行拓展，使之成为 20 世纪 90 年代的宏观经济学前沿问题。

效率工资理论从厂商对工人的激励监督机制角度来解释实际工资刚性。它有两个基本假设：①由于企业内部的信息不对称，工人总是有偷懒动机；②工人的工作效率与实际工资具有高度相关性。在基本假设前提下，效率工资理论指出，厂商降低工人的实际工资可能对自身不利，因为这种做法会降低工人的劳动生产率，最终还是导致总成本的上升。正是由于厂商考虑到这一点，所以一般将实际工资维持在一定水平，以保证较高的劳动效率，这就使实际工资水平具有刚性。

新凯恩斯主义经济学者从不同的角度描述了效率工资的微观基础，具体分为四类模型：

（1）怠工模型。怠工模型是夏皮罗和斯蒂格利茨于 1984 年提出的，它较为直观和透彻地揭示了效率工资的作用机理，是目前最为著名和最常被引用的效率工资模型。怠工模型表明，厂商为防止工人怠工，通常支付工人高于市场出清水平的工资，一旦怠工被雇主发现，工人就会受罚，这种情况叫作"欺骗—威胁论"。这种威胁来自两方面：其一，单个厂商提高工资，增加工人怠工的机会成本；其二，当所有厂商都提高工资时，平均工资就会上升，就业率就会下降，失业威胁就成为工人的激励机制。

（2）劳动力转换模型。劳动力转换模型（夏皮罗、斯蒂格利茨）强调劳动力的工作转换给企业造成的损失。劳动力缺口必须得到补充，企业不得不再次进行招聘和培训，因此企业有强烈动机将工人的工作转换次数控制在合理水平，主要措施之一是确定工资水平以阻止工人转换工作。在其他条件都不变的情况下，企业支付较高的工资可以降低工人的工作转换率。

（3）逆向选择模型。该模型假设工人能力存在差别，它与工人的最低期望工资正相关；厂商用较高的工资能吸引能力较强的雇员，根据求职者要求的工资高低判断其能力大小。这种选择雇员的方法与厂商以低工资雇用新工人的通常方法相反，所以被称为逆向选择。新雇员进入企业后，厂商要设计自我选择机制，引导雇员显示其真实能力，在了解雇员能力的基础上做出解雇还是继续雇用的决策，保证高生产效率。

（4）社会模型。该模型将工资黏性归因于社会习惯和适当行为原则，认为工人的努力程度依赖于他所在组织的工作规范，厂商能通过提高工人群体的工作规范来提高劳动效率。厂商可以制定一个略高于工人最低需求工资水平的工资，在这个工资以上给予一个奖励工资。为了提高工人的生产积极性，通常将获得最低工资的市场定额定得比较低，使大多数人都能超过这个标准，以获得奖励工资。社会模型以此来解释为什么计件工资的定额定得比较低，容易为大多数工人所超过，工人大多可以获得奖励工资，发挥了工资刺激工人生产积极性的作用。

3. 内部人—外部人理论

该理论最早由林德贝克和斯诺沃于 20 世纪 80 年代较为完整地提出，它从内部人的特殊地位角度来进行解释。根据林德贝克和斯诺沃的观点，内部人是指受雇用者或在职者，其职位受到各种规则和措施的保护；外部人则没有这种保护，他们要么是完全失业者，要么是在一些非正规的部门工作，如家务、地下经济部门等。在内部人和外部人之间，还存在新进劳动者，尽管他们已经获得就业机会，但这是不稳固的，他们必须在与内部人合作的过程中"边学边干"，才能正式成为内部人。

在对劳动者进行划分之后，内部人—外部人理论做了如下两个假设：

（1）厂商在更换劳动者时必须支付劳动力转换成本，它包括生产相关的转换成本和租金相关的转换成本。"生产相关"的转换成本主要指厂商为招募员工进行考核、选择、培训所支付的成本。租金相关的转换成本则与内部人的寻租行为相关，具体分为两部分：一是解雇内部人必须支付的解雇补偿费和法律诉讼费；二是如果厂商转换劳动者的决策引起内部人的不满，使他们感到其地位受到外部人的威胁，那么内部人就会对新进者采取排斥和不合作态度，压制其劳动能力和积极性，最终降低新进者的生产效率。劳动力转换成本使得内部人与厂商的工资谈判过程存在经济租金，即企业为避免由工人变动带来的高成本而付出的代价，使得内部人获得高于市场出清水平的实际工资。转换成本越大，经济租金也就越大，内部人的实际工资也就越高。

（2）内部人追求自己利益最大化，而不考虑外部人或新进者的利益。对于内部人来说，他们最关心的事情有两件：高工资与职位安全性。因此，内部人会要求得到高于市场出清水平的工资，但它又不能超过其边际收益产品与劳动力转换成本之和；否则，内部人职位的安全性就得不到保障。

基于以上两个假设，内部人—外部人理论认为，转换成本和内部人的自利行为使厂商总是会将实际工资维持在较高水平，从而导致了实际工资刚性。同时，它也为非自愿失业提供了一种解释，当反向的外部冲击发生时，内部人的特殊权利使厂商降低实际工资成为不可能，所以厂商雇用工人的能力就会下降，导致非自愿失业人口增加。

二、产品市场的价格黏性

价格黏性是凯恩斯主义的基本信条之一，新凯恩斯主义学派坚持并发展了这一信条。价格黏性是指价格不能随着总需求的变动而迅速变化。价格黏性的重要性表现在，价格黏性问题可以转换为市场是否出清的问题，即市场机制是否有效。由于价格黏性，需求减少不会引起价格下降，市场上出现大量过剩产品，市场无法有效出清。此时，市场机制失灵，只有依靠政府干预来纠正市场失灵。凯恩斯主义仅仅指出了价格黏性的经济后果，并未论证价格黏性的成因，因而受到了新古典宏观经济学家的抨击。他们批评凯恩斯主义的价格黏性理论缺乏微观基础，击中了凯恩斯主义的要害，这是导致凯恩斯主义衰弱的重要原因之一。

新凯恩斯主义学派为了复兴凯恩斯主义，对价格黏性提出了各种解释，试图从当事人追求利益最大化和理性预期的假定出发，为价格黏性提供微观经济学基础。凯恩斯主义的价格理论较多使用价格刚性概念，新凯恩斯主义学派则较多使用价格黏性概念。他们区分了名义价格黏性和实际价格黏性：前者指名义价格不能按照名义需求的变化而相应变化，后者指各类产品之间的相对价格比有黏性。

（一）名义价格黏性

新凯恩斯主义学派认为，厂商在调整价格时要遵循状态依存法则或时间依存法则，才能在调整价格后使厂商利润最大化。所谓"状态依存法则"是指价格是经济运行状态的函数，相关的名义价格黏性理论是菜单成本论；时间依存法则是指价格是时间的函数，要经过一段时间才能改变，相关的名义价格黏性理论是交错调整价格论。

1. 菜单成本论

新凯恩斯主义学派提出的菜单成本论，又被称为"有成本的价格调整论"。它认为，垄断厂商是价格的决定者，能够选择价格，但菜单成本阻滞了厂商的价格调整行为。所谓菜单成本是指厂商调整价格所花费的费用，它包括：①研究和确定新价格、重新编印价目表、通知销售点更换价格标签等所费的成本；②厂商理性选择的机会成本，他只有在利润增量大于机会成本时，才会调整价格。由于名义价格黏性，厂商对需求变动的反应是改变产出，从而总产出随总需求变动而改变，经济体系出现剧烈波动。关于菜单成本的理论主要有三个重要模型：曼昆模型、近似理性模型和鲍尔—罗默模型。

1985 年 5 月曼昆在《小的菜单成本和大的经济周期：垄断的宏观经济模型》一文中提出了曼昆模型，建立了一个关于垄断企业的价格黏性的静态局部均衡模型。曼昆认为，在面临总需求冲击时，单个企业调整价格所增加的利润很小，甚至小于菜单成本，企业宁愿维持原来的价格不变，这导致了单个企业和整个市场的名义价格黏性。

近似理性（near-rationality）模型是阿克洛夫和耶伦在《具有价格和工资惯性的近似理性经济周期模型》一文中提出的。所谓近似理性是一种非最大化的次优（second best）行为，它追求最小化损失。换言之，如果外部总需求变动，厂商不是按照最大化原则要求立即调整价格，而是按照损失最小化原则维持价格水平不变，这必然导致名义价格黏性。

鲍尔和罗默在《实际刚性和货币的非中性》一文中试图把菜单成本和实际黏性结合起来说明名义价格黏性。鲍尔和罗默认为，在不存在实际黏性的条件下，小的菜单成本只能产生小的名义价格黏性；在给定菜单成本的条件下，名义刚性的程度随着实际黏性程度的增加而增加。他们指出，菜单成本和近似理性行为都会导致实际黏性的增大，进而提高名义价格黏性。

2. 长期价格合同和交错调整价格

产品市场上的交易双方为避免屡次讨价还的成本，通常会签订长期价格合同；合同规定只有在合同期满后，或者发生了重大名义需求冲击时，价格才能被调整。这种长期价格合同往往是事先制定的，其存在理由为：①种类繁多的产品以拍卖形式出售是缺乏效率的；②交易双方通过事先制订价格可以避免因产品异质性而产生的"不可估量的交易成本"；③长期合同保证了供给和需求的稳定，降低了市场的不确定性。

厂商与销售商之间、零售商与消费者之间的产品价格固定，主要是运用加成定价的结果。他们以商品的生产成本加上一定比例来制定市场价格。在许多行业中，具有市场控制力的厂商往往会根据经验法则以某一比例的加成来与销售商签订长期销售合同。对于单个厂商或零售商来说，长期价格合同固定了未来时期内的生产价格；而从全社会来看，由于存在许多在时间上相互交错的价格合同，名义价格调整非常缓慢，这就是"交错调整价格理论"。在交错调整价格的情形下，名义价格的调整是一个渐进过程，这就加剧了产品市场的价格黏性。

（二）实际价格黏性

凯恩斯主义强调名义价格黏性，新凯恩斯主义学派则强调实际价格黏性。新凯恩斯主义学派的实际价格黏性理论包括厂商信誉论、需求非对称性论、投入产出表理论、寡头市场论等。其主要观点如下：

1. 厂商信誉论

厂商信誉论指出，在不完全市场上，价格的选择效应和激励效应诱使厂商实行优质高价的定价策略，从而导致实际价格有黏性。在不完全市场上，消费者对所要购买的商品没有完全的信息，他们仅凭着一种广为流传的信念——"好货不便宜，便宜没好货"——来判断商品质量，即用优质产品一定会高价来鉴定商品质量。这种信念使价格具有选择效应和激励效应，鼓励厂商为维护名誉而保持产品优质，以长期地高价出售产品。

价格的选择效应和激励效应，诱引厂商采用优质高价的定价策略。这时，厂商如果采用弹性价格将会得不偿失，因为厂商降低价格会被消费者认为产品质量已经下降，消费者对这种产品的需求会减少。厂商降价不能增加需求反而减少需求，价格和销售量的双重减少使厂商利润下降。因此，厂商的定价策略是不随总需求改变而迅速调整价格，各种产品的相对价格比近似不变，价格有实际黏性。

2. 需求非对称论

消费者对降价和提价的反应不同，导致需求有非对称性：价格提高导致的需求减少幅度大于价格下降导致的需求增加幅度。由于存在搜索成本，厂商面临着弯折的需求曲线。如果需求减少，需求曲线会左移，但由弯折点决定的价格不变，厂商产出会减少；如果弯折点移到较高的点上，价格也会随之上升到较高的弯折点上。

（1）价格能提高到弯折点的原因是存在搜索成本。虽然消费者知道有些厂商的价格较低，但并不确切地知道哪些厂商的价格较低。当消费者的搜索成本高于到其他厂商处购买廉价商品所节省的费用时，他就不再去寻找廉价商品，而是继续在原厂商处以较高的价格购买商品。

（2）消费者和厂商对于价格变动的反应是不对称的。对厂商而言，降价不一定能增加需求，降价所造成的损失不能通过扩大销售得到弥补，他的理性选择是将价格提高到弯折点。对于消费者而言，只有当价格高于弯折点时，搜索成本相对较小，一部分消费者才会转移到其他厂商处购买。因此，只要经济环境不变，弯折点也不变，产品价格比相对稳定，所以实际价格有黏性。

（3）当经济环境改变时，弯折点可能移动，厂商价格也会随之变化，然而产品相对价格比基本不变。假设经济进入衰退期，所有的消费者都意识到其他厂商的价格下降了，价格会降到与之相对应的弯折点上。这时，不降低价格的厂商需求减少，低搜索成本的消费者被引诱去寻找降价产品，市场会在需求曲线新的弯折点处的价格水平上达到均衡。此时，各厂商的相对价格仍维持与原来相近的比例关系，价格有实际黏性。

3. 投入产出表理论

投入产出表理论用厂商间的相互联系来解释实际价格黏性。随着生产力的提高和分工协作的发展，经济中专业化程度越来越高，厂商之间的投入产出关系也变得错综复杂。单个厂商往往仅知道直接提供生产要素的厂商的价格决策，而难以获悉那些间接影响生产要素价格的厂商的价格策略。由于投入产出关系的复杂性，单个厂商要想预测需求变化对各类成本的影响，面临技术困难，其理性选择是依据直接供给要素的厂商信息来调整价格。由于需求变化对单个产品价格的影响在错综复杂的投入产出链之间的传递十分缓慢，投入产出链上众多的要素供给厂商并不随着需求的变化迅速地调整价格，从而生产厂商的成本变动也很慢。厂商通常按照成本加成原则来制订价格，使得各厂商间的相对价格比较稳定，价格有实际黏性。

4. 寡头市场论

寡头市场中的限制性价格形成一种行业壁垒，阻止新厂商进入。寡头厂商为了阻止新厂商进入，通常不将价格定得过高，而是使其保持在某一适当水平上。这样，潜在的想进入该行业的厂商考虑到边际成本与价格相比显得太高、价格不足以补偿边际成本而取消进入该行业的打算。

当经济景气时，寡头厂商受潜在进入者的威胁而不提高价格，它愿意牺牲当前利益，以低价去阻止潜在进入者，各寡头厂商也会竞相仿效低成本寡头厂商，降低价格；当经济衰退时，实际利率提高，新厂商进入行业的威胁也降低，寡头厂商又会采取价格高于边际成本的价格策略。因此，产品价格不随经济中总需求的波动而变动，价格有黏性。各寡头行业产品的价格比也近乎不变，各寡头行业产品的实际价格有黏性。

三、信贷配给论

传统经济学认为，信贷市场上仅是利率机制在起作用。新凯恩斯主义信贷配给论则认为，仅仅考察利率机制是不够的，利率机制和配给机制同时在信贷市场上起作用，市场存在多重均衡；有均衡利率连续系统的市场经常处于无效率的均衡状态，只有政府干预才能有效地修正信贷市场失灵。新凯恩斯主义学派的信贷配给论从信息不对称出发，论述了利率和贷款抵押的选择效应会导致信贷市场出现信贷配给，只能通过政府干预来调节信贷市场。

在信贷市场上，借贷双方的信息是不对称的，作为连接借方和贷方的利率成为银行进行判断的依据。利率对银行具有正向选择效应和逆向选择效应：①正向选择效应是指高利率能给银行带来更多的收益；②逆向选择效应是指高利率会带来贷款的高风险，当银行收取高利率时，一些报酬率低和风险低的厂商会退出借贷市场，而高风险的厂商会继续留在借贷市场上；③高利率还会给厂商提供一种激励机制，因为高利率会鼓励厂商投资高风险、高回报的项目，这样会增加厂商的收益，当然，这同时也会增加厂商破产的风险。

银行根据利率的正向和逆向选择效应确定银行最优利率：①低利率鼓励厂商从事低风险项目投资，以取得可靠的收入，厂商的还款概率很高，只有利率的正向选择效应起作用；②当利率不断提高时，利率的激励机制诱导厂商去从事有较高风险和较高收益的投资，银行贷款风险随之增大，银行的期望收益随着贷款风险递减，利率的逆向选择效应递增，正向选择效应递减。显而易见，正向选择效应和逆向选择效应相抵消时的利率是银行的最优利率，此时银行收益达到最大。由此可见，银行的最优利率不是市场出清利率。

在信贷市场运作良好的情况下，银行在利率基础上通过配给形式发放贷款，而非依据利率调整来出清市场。新凯恩斯主义学派认为，传统的信贷市场论没有考察信息不对称，没有考察利率引起的逆向选择和道德风险问题，因而只是一种理论的抽象，不能反映经济现实。他们指出，在自由信贷缺乏效率时，政府干预能增进效率。政府推行信贷补贴政策或提供贷款担保，可以降低市场利率，提高借款者的还款利率，改善资源配置，增进社会福利。

四、经济周期理论

经济周期理论试图解释两个问题：一是经济波动的初始根源；二是经济波动的

传导机制。对于第一个问题，新古典经济学传统的流派强调供给作用，凯恩斯主义传统的流派强调需求作用。对于第二个问题，货币经济周期理论强调不完全信息和理性预期，实际经济周期理论强调跨时期的劳动替代，凯恩斯主义强调工资刚性和价格刚性，新凯恩斯主义学派还强调了金融市场的不完全性。

（一）名义刚性下的经济周期波动

为了说明名义刚性下的经济周期波动，新凯恩斯主义学派首先区分了主观劳动需求和有效劳动需求。主观劳动需求反映了厂商根据工资变动所雇用的劳动者数量，它是工资的减函数；有效劳动需求则是由于存在工资和价格刚性，厂商实际所雇用的劳动者数量。

新凯恩斯主义学派认为，名义需求变化在短期内会改变实际产量，但在长期内只会改变名义工资和名义价格。原凯恩斯主义学派认为，厂商比工人拥有更多信息，更能了解需求变化并快速做出反应，总是能够按照主观劳动需求来雇用工人；而工人则无法及时了解需求变化的信息，其劳动供给会偏离主观劳动供给曲线。新凯恩斯主义学派则认为，厂商和工人都未能及时对需求变化做出反应，两者都会偏离主观劳动需求和劳动供给曲线。

（二）基于风险和价格不确定的经济周期波动

基于风险和价格不确定的经济周期波动理论是新凯恩斯主义学派对经济周期的另一种新解释。该理论认为，工资和价格刚性并不是引起经济周期波动的主要问题，即使工资和价格都是充分灵活的，产量和就业量仍然可能极其不稳定，厂商厌恶风险的行为和产品市场的价格不稳定才是经济周期波动的真正原因。

该理论假定产品市场上的厂商都是风险厌恶者，而金融市场则是一个不完全竞争和不完全信息的市场。由于不完全的金融市场约束了厂商的证券融资行为，因此它们将更多地依赖银行的债务融资，结果增加了厂商的破产概率。考虑到产品市场价格的不稳定性，每个厂商将会不断削减产量，总供给收缩的幅度也就更大。因此，在总需求减少的情况下，产品市场的价格不稳定和厂商的风险厌恶态度会引起产出和就业的剧烈变化，增大经济波动幅度。

第三节　新凯恩斯主义学派的经济政策主张

新凯恩斯主义学派和原凯恩斯主义学派在政策主张上大致是相同的，都认为市场是失灵的，稳定经济的政策对经济具有积极作用。但是，新凯恩斯主义学派认为，"微调"并不能有效地防止和医治失业和通货膨胀，他们倾向于一种更为温和的说法，即紧缩政策缓解了通货膨胀，扩张政策缓解了失业。新凯恩斯主义学派没有提出新的经济政策主张，但积极推进了经济政策的数学化。

一、价格政策

新凯恩斯主义学派在分析价格黏性成因的基础上提出了一系列价格政策建议。其主旨是抑制价格黏性，使价格具有弹性，以修复失灵的市场机制，稳定总产量。他们根据交错调整价格论提出的政策建议是制定能诱导厂商实行同步调整价格的政策，减少经济中的交错调整价格，以克服物价总水平的惯性；他们根据菜单成本论提出为了稳定经济和增进社会福利，政府应该推行价格弹性政策，以纠正市场失灵，稳定总产量。

当价格有弹性时，需求减少会引起价格下降，进而刺激需求增加；当价格下降到一定水平时，市场上供求相等，市场出清，价格弹性吸纳了需求冲击，导致总产量比较稳定。当价格有黏性时，价格不会随着需求的减少而迅速地下降，价格调节机制失效，市场上出现大量过剩产品，市场不能有效出清；厂商被迫削减产量，以适应需求变动，导致总产量出现大幅度波动，社会资源不能得到充分的利用，社会生产处于无效率状态。因此，新凯恩斯主义者提出通过政府干预恢复价格弹性和修复市场机制的建议，的确抓住了问题的关键。遗憾的是，他们的政策建议过于原则化，缺乏具体的政策措施。

二、就业政策

新凯恩斯主义学派的就业政策建立在内部人—外部人理论和交错劳动合同论基础上。

内部人—外部人理论提出，由于内部人（在职人员或与在职人员关系密切的暂时被解雇人员）比外部人（长期失业者或临时工）有更大的市场力量。外部人在劳动力市场上处于劣势，他虽然愿意接受比内部人更低的工资，但仍然得不到就业机会，失业将会持续存在。针对这种情况，相应的政策建议是，政府的就业政策应该更多地考虑长期失业者的利益，为他们多提供就业机会。

交错劳动合同论说明，由于经济中存在长期重叠和时间错开的合同制，工资总水平存在黏性，工资不能随总需求变化而迅速地调整，经济体系中将出现大量失业。针对这种情况，相应的政策建议是政府干预劳务合同，采取货币政策以使工资较有弹性，以提高就业率。

三、货币政策和信贷政策

货币政策能稳定总产出和就业率，提高社会资源利用率。在市场机制失灵时，价格对总需求变化的反应过于迟钝，经济体系处于无效率状态。政府必须采取货币政策、工资政策和价格政策，才能推动经济体系向产出均衡状态运动。即使厂商对价格和工资变动信息做出反应，但只要货币当局的行动有效，政府推行针对性的货币政策就能稳定产出和就业。即使货币政策已为公众所知，它对产出和就业的影响大大减弱，也仍然能在稳定物价方面发挥积极作用。一般而言，政府采取的货币政策策略是货币调整与影响价格的实际扰动相适应，与引起价格变动的名义扰动方向相反。这两种政策对雇员的影响是不同的，前者意味着雇员工资不太稳定，而后者意味着雇员工资比较稳定。

新凯恩斯主义学派在信贷配给论的基础上提出，信贷市场中的利率机制和配给机制都在发挥作用，银行通常不是采取提高利率的办法，而是运用配给方式使信贷市场达到均衡。信贷配给论的政策建议是政府应当从社会福利最大化出发，采用贷款补贴和担保等手段去降低市场利率，使那些有社会效益的项目能够得到贷款，它符合市场经济条件下的利益主体多元化和利益最大化原则。

简要评论

虽然新凯恩斯经济学还存在着种种缺陷，但西方经济学界普遍认为，新凯恩斯主义学派在继承凯恩斯传统的基础上取得了重要进展。由于凯恩斯宏观经济学缺乏微观基础，一些理论观点与利益最大化原则明显背离，各学派之间的理论争辩缺乏共同基础，争论焦点集中在是否应该采取政府干预政策问题上，并以此作为划分凯恩斯学派的标准。新凯恩斯主义学派则从经济人的理性原则出发来解释价格和工资黏性，争论焦点集中于市场经济系统是否稳定及其原因。当然，目前新凯恩斯主义经济学存在多个支派和多种学术观点，尚未形成完整的理论体系，有待进一步的补充和完善。

本章基本概念

1. 信贷配给论
2. 价格黏性
3. 交错调整工资
4. 工资黏性
5. 不变加成经济周期模型
6. 厂商信誉论
7. 菜单成本论
8. 内部人—外部人理论

本章思考题

1. 20世纪60年代中期以后，原凯恩斯主义学派开始衰落，思考其衰落的原因，并指出它在当时受到哪些挑战。

2. 如何理解新凯恩斯主义学派与原凯恩斯主义学派之间的理论渊源及其联系？

3. 简评新凯恩斯主义学派的信贷市场论，并简要谈谈信贷配给论对我国金融改革的意义。

4. 效率工资理论认为实际工资的高低影响工人的生产效率，而工人的生产效率又影响厂商的利润，因此厂商愿意支付高于生产效率的均衡工资，使劳动力市场出现出清。试讨论均衡工资的决定要满足怎样的条件。

5. 简单评析交错调整工资理论。

第五章
奥地利学派

20世纪70年代以来，新自由主义经济思潮逐渐在西方世界兴起，其中的一股重要学术力量就是奥地利学派。奥地利学派的学术渊源可以追溯到19世纪70年代，其理论先驱者是奥地利本土成长起来的一批学者。一直到20世纪初，奥地利学派的影响范围仍然相当有限。从20世纪30年代开始，在路德维希·冯·米塞斯、F. A. 哈耶克、熊彼特等人的推动下，奥地利学派逐渐在美国发展起来，并演化为现代奥地利学派或新奥地利学派。需要强调的是，虽然奥地利学派属于新自由主义经济学思潮范围，但它与当时处于主流地位的新古典经济学存在着显著差异。

第一节 奥地利学派的发展与主要代表人物

一、奥地利学派的发展过程

19世纪70年代至今，从早期奥地利学派到新奥地利学派，奥地利学派的发展过程大致分为三个重要阶段：

（一）早期奥地利学派阶段

奥地利学派发展的第一个重要阶段是19世纪70年代到20世纪20年代的早期奥地利学派，其奠基者是奥地利学者门格尔，随后由弗里德里克·冯·维塞尔和欧根·冯·庞巴维克发展完善。早期奥地利学派的学术贡献主要是：①提出主观边际效用价值论，以替代客观劳动价值论。②提出原子论的个人主义分析法和抽象演绎分析法。③提出"机会成本"概念。④提出"时间差利息"概念和资本理论。⑤提出"迂回生产"概念，并运用归算法来计算生产要素价值。

其中，早期奥地利学派对经济学理论发展的最重要学术贡献是门格尔提出的主观边际效用价值论和抽象演绎分析法，这两部分内容也被吸收到主流新古典经济学之中。此外，维塞尔提出的机会成本理论和要素定价理论后来被纳入主流经济理论，而庞巴维克提出的资本和利息理论、迂回生产理论、对马克思《资本论》的批评意见也是主流经济学理论的重要内容之一。

需要说明的是，早期奥地利学派被视为新古典经济学的一个重要分支和新自由主义经济学思潮的重要组成部分；到了 20 世纪 20 年代，早期奥地利学派已经被"完全被淹没在新古典经济学的声浪之中"[①]。

（二）奥地利学派的思想延伸阶段

奥地利学派发展的第二个重要阶段是第二次世界大战前后的一段时间，这也是奥地利学派的思想延伸阶段，但其学术影响相对沉寂。不过，随着米塞斯、哈耶克、熊彼特、G. V. 哈伯勒、F. 马克卢普、O. 摩根斯坦等经济学家移居到英国和美国，奥地利学派的学术思想在这些地区开始逐渐发展壮大。

米塞斯是奥地利学派先驱维塞尔和庞巴维克的学生。他在 1912 年出版学术专著《货币和信用理论》，继承和发扬了门格尔的主观效用价值理论，并借鉴了门格尔思想中的"时间差利息"概念和连续制度演化历史观。米塞斯发表了一系列反对马克思主义经济思想和社会主义制度的学术著作，例如《社会主义国家的经济计算》（1920）、《社会主义》（1922）、《自由与繁荣的国度》（1927）。这些学术著作是 20 世纪 30 年代米塞斯与兰格（Langer）进行"关于社会主义计算问题大论战"的导火索。1940 年米塞斯移居美国，并出版学术专著《人类行为》（1949），由此形成新奥地利学派在美国发展的重要学术思想源泉。

哈耶克并不是米塞斯的正式弟子，但他是米塞斯思想的重要继承者和发扬者。20 世纪 30 年代，哈耶克进入英国伦敦经济学院，在阐释货币经济周期理论和生产过程理论时，哈耶克大力宣扬米塞斯的思想和奥地利学派的一些观点。更重要的是，哈耶克既对凯恩斯经济思想提出不同意见，又积极参与跟兰格关于社会主义制度的大论战。哈耶克在出版专著《物价与生产》（1931）之后，于 1944 年出版了专著《通向奴役之路》，后者标志着他走向学术声望的顶点。

此外，熊彼特在坚持奥地利学派思想的基础上，将历史分析、统计分析、理论分析结合起来，并将之融合在自己的创新理论与社会制度变化思想之中，从而有力地推动奥地利学派的继续发展。与此同时，哈伯勒、马克卢普、摩根斯坦等学者也努力从不同角度传播奥地利学派的经济思想。

（三）新奥地利学派的形成阶段

在相当长的时间里，米塞斯经济思想的影响范围在经济学主流之外。直到 20 世纪 70 年代之后，在 M. 罗斯巴德、I. 科兹纳、L. M. 拉赫曼等学者的不断努力下，奥地利学派的经济思想才得到复兴，从而逐渐形成新奥地利学派。其中，科兹纳和拉赫曼被学术界视为新奥地利学派在美国经济学界的学术领袖。

罗斯巴德和科兹纳是米塞斯的非正式弟子，他们曾参加 20 世纪 40 年代末米塞斯在美国纽约大学举办的学术研讨班。罗斯巴德曾经担任美国内华达大学教授，其主要学术著作有《人、经济与国家》（1962）、《美国大萧条》（1963）等。科兹纳

---

① 王志伟. 现代西方经济学流派 [M]. 2 版. 北京：北京大学出版社. 2015：354.

73

曾经担任美国纽约大学教授，其主要学术著作有《竞争与企业家》（1973）、《方法、过程与奥地利经济学》（1982）、《发现与资本主义过程》（1985）等。拉赫曼是哈耶克的学生，其主要学术著作有《资本及其结构》（1977）、《资本、预期与市场过程》（1977）等。

此外，新奥地利学派的学者还有里佐、拉沃耶、加里森等。新奥地利学派的学术思想主要通过大学课程和学术刊物传播，新奥地利学派的学者在诸多美国大学开设了奥地利经济学的研究课程，并出版了学术刊物《奥地利经济学评论》《市场过程》《奥地利经济学通讯》等。

二、奥地利学派的主要代表人物与代表作

（一）奥地利学派的主要代表人物

根据新生代奥地利学派经济学家波尔惕克和利森的观点，自 19 世纪 70 年代以来，奥地利学派在不同发展阶段中曾经出现七代代表人物：①第一代的主要代表人物是门格尔；②第二代的主要代表人物是维塞尔和庞巴维克；③第三代的主要代表人物是米塞斯和 H. 迈耶；④第四代的主要代表人物是哈耶克、哈伯勒、摩根斯坦、马克卢普、罗森斯坦-罗丹等；⑤第五代的主要代表人物是罗斯巴德、拉赫曼、科兹纳等；⑥第六代的主要代表人物是里佐、拉沃耶、加里森、怀特等；⑦第七代的主要代表人物是波尔惕克、塞尔金、豪威斯、普莱克科等。

通常情况下，第五代之后的奥地利学派被西方学术界称为"新奥地利学派"。事实上，从第三代主要代表人物开始，许多奥地利学派经济学家都有在欧美国家进行学习和工作的重要经历，奥地利学派已经远远不再是一个地域概念，其学术影响力已经超出奥地利国界范围。在现代经济学界，奥地利学派经济学家的活动范围很广：其一，美国是奥地利学派经济学家活跃的主要地域，其大本营是米塞斯曾经执教的美国纽约大学和乔治·梅森大学；其二，奥地利本土仍然有一些学者在坚持奥地利学派的学术传统，例如继门格尔、塞维尔、迈耶之后，担任维也纳大学教授职位的斯特莱斯勒。

（二）奥地利学派的代表作

根据米塞斯和哈耶克的学术思想，奥地利学派始终努力尝试对市场过程、竞争、货币周期等概念的更深入理解，试图建立一个不同于西方主流经济学的理论研究框架。

奥地利学派的代表作包括：门格尔的《国民经济学原理》《经济学和社会学问题》；庞巴维克的《资本与利息》，米塞斯的《货币与信用周期》《人的行动》《经济学的最后基础》，哈耶克的《物价与生产》《货币理论与经济周期》《个人主义与经济秩序》以及他在 1945 年《美国经济评论》发表的学术论文《社会中知识的使用》《作为一个发现程序的竞争》。

此外，20 世纪 70 年代以来，新奥地利学派的学者们着眼于市场过程理论，试

图重新建立奥地利学派的分析框架，替代凯恩斯主义的 IS-LM 模型，以便更好地阐释宏观经济关系。其代表作有科兹纳的《竞争与企业家精神》《市场过程的含义》《市场的推动力：奥地利经济学论文集》，加里森的《时间与货币：资本结构宏观经济学》等。

三、奥地利学派的学术特点

20 世纪 30 年代中期以来，奥地利学派逐渐显现出一些不同于西方主流经济学的学术特点，这主要表现在：

其一，方法论上的个人主义和主观主义。奥地利学派坚持认为，经济问题分析必须关注人的主观特性（如心理活动、主观动机等），并将人的最终需求和价值判断作为经济问题分析的基础前提。他们进一步指出，个人行动的"集合"构成了所谓的"社会"概念；人与人之间的合作与竞争构成深刻影响着社会基本运行状态；社会运动的本质是个体之间的互动；社会不能脱离个人的思想和行动而存在。在此基础上，奥地利学派的基本观点是：对社会经济现象的分析和理解应当回归到有意识的个人行动；经济学的基本研究对象应当是个人行动及其结果；经济学作为一门社会科学，应当关注个人计划相互作用的现象及其结果。

其二，反对将数学建模和统计推断作为经济分析基础。奥地利学派拒绝将数学作为经济学的最重要分析工具，也不同意将经济学提高到物理、数学等自然学科的地位。他们的理由是：①经济学强调个人行动，其本质是个人主义的，无法用数据工具进行精确描述；②新古典经济学的均衡理论过度强调均衡结果，掩盖了至关重要的均衡实现过程，特别是忽视了时间因素在均衡实现过程中的重要作用。

其三，重视时间因素在市场过程中的基本作用，强调"时间偏好"和"迂回生产"。从"时间偏好"来看，人们更偏好现在消费，这被奥地利学派称为"时间偏好"或"时间优先"；要使人们放弃现在消费，而接受为未来消费而储蓄，那就需要对他们进行必要补偿，这就是利率的重要性。从"迂回生产"来看，人们放弃现在消费而接受未来消费的重要原因，就是由于生产方式是迂回的而不是直接的，它能够给生产者带来更高产出率，使得同样的生产要素能够生产出更多东西。

其四，推崇自由主义，并且将不受干预的自由市场经济视为一种"理想"。奥地利学派认为，私有制度是最好的经济制度，个人经济自由是政治自由的基础，对自发经济秩序的外部干预越少越好。进而言之，奥地利学派认为社会主义制度没有经济效率。

其五，强调知识与信息的区别。奥地利学派认为，知识是不断变化且有多面性的，而信息则是相对固定的东西。换言之，信息是已经知道的东西，而知识是对未知领域的拓展和创新。在奥地利学派看来，理论研究过程不能停留于对已经存在的知识进行熟练运用，而应该发现和使用的新知识。

第二节　奥地利学派的经济理论

奥地利学派的主要经济理论由三部分构成：一是市场过程理论，二是资本理论，三是经济周期理论。它们的具体内容如下。

一、市场过程理论

（一）对新古典经济学基本假设的批评

新古典经济学的基本假设是市场参与主体拥有完全信息和完全理性。在新古典经济学的标准信息搜寻模型中，市场参与主体总是能够通过信息搜集活动来不断完善信息；并且能在完全理性的决策行动驱使下，推动市场体系达到均衡。但奥地利学派认为，新古典经济学的完全信息假定是不符合现实情况的。他们认为，市场体系中存在着大量不确定性，其产生原因是两种类型因素的变化：一是基础变量的变化，如偏好、资源可获得性、技术变化等；二是引致变量即由市场力量调整引起的变动因素的变化。因此，在奥地利学派看来，市场参与主体拥有的信息是"不完全"的，他必须面对市场体系中的大量不确定性；市场参与者必须通过持续不断的信息搜寻和交易活动来发现市场机会。换言之，市场体系并不会"自然而然"地达到均衡状态，而均衡局面必须通过市场参与者的行为调整和市场体系的不断变化才能逐渐实现。

奥地利学派进一步强调，市场参与主体的完全理性假设也是不符合现实条件的。新古典经济学认为，市场参与者将会通过理性决策来"没有意外"地寻找到市场均衡状态。奥地利学派则认为，市场参与者获得信息可能来自意外和发现，因此市场过程是一个不断挖掘那些未被发现的利润机会的过程。

当然，市场参与者不断发现新市场机会的过程，实质上构成了市场体系趋向均衡的过程；一旦市场参与者已经无法发现新的市场机会，或者市场参与者之间的无知状态消除，那么市场体系将会处于均衡状态。在真实世界中，市场体系趋向均衡的调整过程将会不断被挤出变量变化打断，所以均衡状态几乎不可能实现。

（二）市场发现与企业家精神

在确立了私有产权的经济体系中，什么力量能够保证竞争性市场的运行效率呢？奥地利学派的答案是：企业家精神。奥地利学派认为，市场过程中充满着各种不确定性因素，而企业家的市场发现活动就是着眼于探索这些不确定性因素中的利润机会。相对而言，在新古典经济学的理论框架中，市场参与主体的决策行动从来不会被修正，因为没有任何决策是真正错误的。奥地利学派不接受这种观点，他们强调企业家精神在市场发现过程中的重要性，强调企业家通过"警觉和勇敢"来寻找利润机会；正是通过市场参与主体的发现错误、调整行为、重新决策等一系列活动，市场体系才会逐渐走向均衡状态。从这个意义上来讲，企业家精神的实质是市场发现，它强调市场体系走向均衡的过程，而不仅仅是最终均衡的结果。

（三）静态与动态的分析框架

新古典经济学的分析框架是静态的，它将市场参与主体的行动目标和手段限定在严格条件之下，认为他们只能在确定性环境中进行"理性计算"和选择。奥地利学派则认为：如果不知道其他市场参与主体的行动方案，那就不能确定市场参与主体的行动目标和手段，因此市场参与主体的决策活动就不能简化为一个限制条件下的最大化问题。

奥地利学派进一步指出，经济学的重要功能之一是解释市场参与主体如何调整行为，或者如何协调不同市场参与主体之间的行动方案，也就是解释"市场过程"①。必须超越完全信息的假设条件，才能说清楚如何通过市场参与主体的行为调整和修正推动市场体系由非均衡状态走向均衡状态。根据米塞斯的观点，只有勇敢、富有想象力、敢于冒风险的企业家在非均衡条件下发现利润机会，才能推动市场体系实现均衡结果。

二、资本理论

奥地利学派的资本理论具有一定独创性，并且是其经济周期理论的基础。奥地利学派认为，资本的存在原因是时间偏好和"迂回生产"，它体现着消费活动与生产活动的时间结构特征。因此，奥地利学派在分析资本问题时，特别关注跨时期生产过程与跨时期消费者偏好的匹配，强调这种匹配关系变化引起的市场参与主体行为调整。

奥地利学派将资本理论与市场过程理论结合在一起。米塞斯认为，生产过程是一种市场竞争过程，其最终目标是满足消费者的各种需要，这就要求以一定数量的资本品生产为前提条件，由此延伸出企业家行为的重要性。根据米塞斯的观点，资本家为了承担未来潜在风险而进行提前计划安排，而资本品就是这种计划安排中的重要组成部分。现存的资本品结构决定着生产过程的具体路径，限制着人们对未来行为的可选择范围。

加里森明确指出，资本理论的分析起点是资本品的差异性。不同类型的资本品结合在一起，决定着资本品结构，进而影响着未来的生产结构。拉赫曼也认为，资本品的替代性和互补性将会导致特定生产过程，它取决于市场参与者的个人计划调整策略。

奥地利学派进一步强调，时间因素是影响资本品性质和资本品结构的重要因素。通常情况下，以最终产品生产出来为终点，如果生产阶段越长，那么市场过程的不确定性越大，市场参与者进行计划调整的可能性就越大。如果说资本品的互补决定

---

① 方福前. 当代西方经济学主要流派［M］. 北京：中国人民大学出版社，2019：394.

着基本结构，那么资本品的替代性将会导致资本结构的调整。而资本结构的调整使市场过程不断变化，使得市场体系逐渐趋向均衡状态。

三、经济周期理论

奥地利学派的经济周期理论主要包括三个部分：一是关于资本结构的分析，二是对自愿储蓄与强迫储蓄的区分，三是经济周期过程。

（一）关于资本结构的分析

奥地利学派的经济周期理论是以资本结构和市场过程调整为基础的。如果资本结构是合理的，那么市场体系的消费结构与生产结构刚好是相互配合的，市场需求与市场供给将会一致，由此将会形成市场体系的均衡局面。

根据哈耶克的观点，由门格尔和庞巴维克的经济思想延伸开来，"迂回生产"和时间偏好能够很好地解释市场体系的周期性变化。哈耶克认为，正是对"迂回生产"时间长短的认知差异，直接导致了市场体系的周期性变化，形成了经济波动和经济周期。

（二）对自愿储蓄与强迫储蓄的区分

哈耶克在分析资本结构变化和市场过程调整时，将社会储蓄区分为两种情况：一是自愿储蓄，二是强迫储蓄。自愿储蓄和强迫储蓄的变化形成了对市场体系的扰动因素，进而导致市场体系呈现周期性波动。

如果市场参与主体的消费偏好和储蓄习惯发生改变，那么原先均衡的市场体系将会失衡，从而出现最终消费品滞销、价格下降、生产要素闲置等情况。在这种情况下，消费减少将会导致社会储蓄增加，进而引起利率下降。此时的社会储蓄数量就是"自愿储蓄"，消费需求下降，投资需求增加，从而导致资本品数量增加。更重要的是，由于时间偏好等因素，新增投资将会被投放到距离最终消费品较近的地方，甚至被投放到原本并不存在的距离最终消费品很远的生产过程之中。这就会产生资本"深化"和生产结构变化，其实质是对原有均衡状态的偏离。

市场参与主体的消费偏好和储蓄习惯没有发生变化，但银行体系增加货币供应量，将会直接引起利率下降，最终导致市场参与者由于消费品数量减少而被迫增加储蓄，这就是"强迫储蓄"。强迫储蓄形成的逻辑过程是：当利率降低、银行体系增加货币供应量时，银行体系发放的信贷规模将会扩大，会使得一些原先无利可图的投资项目得到贷款而被实施；社会投资增加将会导致原先处于均衡状态的资本品价格上升，进而增加资本品生产部门的利润；越来越多的资源将会流向资本品生产部门，结果导致资本品生产领域的竞争加剧，越来越多厂商对生产要素的争夺将会引起生产成本上升，结果使得许多厂商被迫压缩生产规模。在这个过程中，市场参与者必须面对由于消费品数量减少而被迫增加的储蓄，即强迫储蓄。简而言之，在资本规模既定的条件下，社会投资的增加意味着人们更加"看好"未来消费，这将会导致现在消费减少，从而使得社会储蓄增加。

（三）经济周期过程

奥地利学派认为，在一个有中央银行和较完善的信贷市场的货币经济体系中，中央银行有可能通过创造货币来增加可贷资金供给，进而引起利率降低。如果利率信号变化与资本可用性变化存在着不一致，那就可能导致人为的繁荣，进而导致经济衰退，从而形成市场体系的周期性变动过程。

在银行体系增加货币供给数量的条件下，利率将会降低，从而引起投资增加而储蓄减少。此时信贷市场的供求关系将会失衡，这将会导致利率信号变动与资源可用性不一致，从而形成人为的繁荣局面。此时，一方面从人们的储蓄意愿来看，在更低的利率水平上，人们愿意减少储蓄而增加现在的消费。但从另一方面来看，不断增加的货币供给数量将会使得厂商投资于以前似乎无利可图的一些项目；随着这些项目的不断推进，厂商的资金需求量将会不断增大，从而逐渐抬高利率水平，就使得人们减少现在的消费而增加投资，在客观上引起储蓄增加，也导致了"强制储蓄"。强制储蓄就是社会储蓄水平与消费者时间偏好不一致的结果，同时它也意味着市场体系已经到达繁荣顶点。

当经济体系处于持续繁荣时，由于担心通货膨胀现象出现，银行体系将会限制信贷发放和控制货币供给数量，这将会使得市场利率上升。在这种情况下，一些厂商出现严重财务危机，无法继续进行投资；而更多厂商为了控制财务风险，减少产品生产，或者将投资转向生产周期更短和利润回收更快的投资项目，这就导致资本品的净需求下降，结果出现大量失业和资源闲置，从而使市场体系逐渐走向衰退。在这个过程中，资本结构发生相应变化，适用于长期生产过程的资本品减少，而适用于短期生产的资本品增多。

由此可见，由繁荣到衰退，再由衰退到繁荣，市场体系的周期性变动体现着经济周期过程。奥地利学派认为，这种周期性变动的主要原因是银行体系的不恰当信贷发放行动，它导致了资本时间结构变化与不变的跨期消费偏好之间的不一致。如果没有银行体系的货币供给调整行动，市场体系中的投资增加将会是储蓄增加的结果，市场体系就会无痛苦地逐步发展到新的均衡状态。然而，如果市场体系中的投资刺激来自银行体系的货币供给量增加，而真实的社会储蓄并未增加，那就会人为地扰乱市场体系的自动调整机制，从而导致某些无效率的资源投放，造成人为的经济繁荣局面，继而造成人为的经济衰退局面。

奥地利学派认为，现实世界中许多的经济周期性变动都受银行体系的不恰当行动的影响，因此应当避免银行体系进行任意的货币创造和货币供给数量调整，以防止大规模的不恰当投资，减少一些不必要的市场体系周期性变动。奥地利学派进而指出，"自然"形成的经济衰退是市场体系进行自我矫正的重要机制。从长期来看，在经济周期的衰退阶段采取扩张政策是无法达到预期目标的，唯有生产计划与消费者跨时期偏好保持一致时，利率信号才能正确反映人们的时间偏好和资本结构调整需要，这样才能使市场体系回到可持续增长的路径上。

第三节　奥地利学派参与的三次学术论战

奥地利学派的理论和方法都相当独特，它与西方主流经济学说存在着显著差异，又不赞同社会主义者的计划经济理论。其独特性主要通过奥地利学派参与的三次重要学术论战体现出来。

一、奥地利学派与德国历史学派的经济学方法论论战

（一）这场论战的具体过程

这场论战由德国历史学派的掌门人施穆勒在19世纪80年代点燃，其导火索是门格尔的学术专著《国民经济学原理》。门格尔在该书中反对古典经济学的价值学说，但在方法论上赞同古典经济学运用的抽象演绎法，这就与当时在德国学界占据统治地位的历史学派具有显著差异。

针对门格尔的《国民经济学原理》，施穆勒写了一篇措辞严厉的书评，强调经济学理论只能来自历史经验的归纳和总结，即方法论上的历史分析传统。为了回应施穆勒的挑战，门格尔在1884年发表了小册子《在德国政治经济学中历史相对论的错误》。此后一场持续10年的大论战开启了。

德国历史学派和奥地利学派的几乎所有学者都参加了这场大论战。德国历史学派阵营的主角是布兰塔诺和桑巴特等，而奥地利学派阵营的主角是庞巴维克、维塞尔、米塞斯等。更有趣的是，这场论战直接导致了"奥地利学派"的称谓诞生。

根据庞巴维克的观点，这样辩论的关键不在于是否赞同历史分析方法，而在于对抽象演绎法的基本态度。奥地利学派认为应该认同这种研究方法，而德国历史学派则反对这种研究方法。

（二）关于抽象演绎法的否定意见和肯定意见

德国历史学派反对抽象演绎法的理由主要有两点：其一，社会现象是复杂而具体的，每种情形都存在着不同的历史背景，而抽象演绎法无法合理有效地解释这些差异。其二，抽象演绎法是古典经济学的基本研究方法，而古典经济学的许多研究结论已经在当时备受质疑，因此古典经济学所依赖的抽象演绎法也是不适合现实世界的。

对于德国历史学派的这两点反对理由，奥地利学派进行了坚决反击。针对德国历史学派的第二点反对理由，奥地利学派认为，德国历史学派过分夸大了古典经济学对抽象演绎法的运用效果，它们赋予古典经济学家以"超人的能力"，而这种能力使得由抽象演绎法得到的知识和结论达到完美状态。但在事实层面，古典经济学家们的抽象演绎工作做得很不全面，甚至有些是错误的，他们得出的一些结论当然就无法很好地解释现实世界，但不能因此而否定抽象演绎法的重要价值。

针对德国历史学派的第一点反对理由，奥地利学派认为，古典经济学问题分为两类：第一类是实际描述问题，这是经济学分析的大部分内容，它充满着各种细节和实际情况。这就要求研究者不断增加有关经验事实的知识。第二类是现实世界中不断重复出现的大量现象，即使研究者不断丰富搜集到的事实经验资料，也只不过是得到相似结论；此时最重要的不是获取历史经验事实和现象描述，而是正确解释这些经验事实，并从大量历史经验事实中提炼出一般性的基本原理。

奥地利学派进一步指出，针对第二类问题所涉及的供求关系对价格的影响、生产过程中的资本结构、利率变动、储蓄和资本积累的关系等，都必须通过抽象演绎法来揭示这些历史现象背后的客观规律。即使是针对第一类问题，也不能完全没有演绎推理，而应当将历史分析法与抽象演绎法结合起来。

（三）奥地利学派的经济学方法论

奥地利学派认为，正确的经济问题分析方法应当是历史分析法与抽象演绎法的结合。虽然德国历史学派在公开场合反对抽象演绎法，并拒绝运用抽象演绎法来分析社会经济问题；但他们在事实上已经采用了抽象演绎法，否则无法对一系列经济问题提出自己的见解，也无法阐释隐藏在复杂的大量历史经验事实背后的一系列因果关系。

认为抽象演绎法是反经验主义的，是德国历史学派强加给奥地利学派的看法。事实上，奥地利学派的门格尔、庞巴维克、维塞尔所强调的抽象演绎法的分析基础仍然是经验主义和大量历史事实。只不过奥地利学派不是将先验的理论公理作为分析基础和前提条件，而是主张对实际历史情况进行观察和分析，从大量历史经验事实中得出一般性的基本法则。奥地利学派强调，他们并不是要让抽象演绎法成为经济问题分析的唯一方法，而是不能容忍德国历史学派将抽象演绎法排斥在经济分析的方法体系之外，因为后者已经给经济学界带来了丰硕成果。

二、奥地利学派与市场社会主义者的社会主义经济计算可能性论战

（一）这场论战的核心问题

关于社会主义经济计算可能性的问题，早在19世纪末期就已经开始引起许多学者的关注。马克思主义者认为，自由资本主义制度不能消除其本身蕴含的经济危机可能性，而如果由政府来控制生产活动和分配活动，就有可能消除自由资本主义的这种经济危机可能性，从而更加有效和更加公平地进行资源配置。当时的自由市场信奉者则声称，自由市场制度至少能够跟政府行动一样有效率。

对社会主义经济计算可能性问题的论战，学界公认的提出者是瓦尔拉斯主义经济学家巴罗内。他在1908年发表的论文《集体主义国家的生产部门》中指出，社会主义经济体系与资本主义经济体系能够做得一样好，因为价格仅仅是瓦尔拉斯经济体系中的一系列方程组的最终解，而这个最终解究竟由谁来求解并不重要。

然而，纽莱斯则提出：这个最终解究竟由谁来求解更适合呢？或者说，社会主

义经济体系是否能够比资本主义经济体系做得更好？纽莱斯注意到，在第一次世界大战期间，欧洲各国实施战时经济管理维持了高就业率和较小的经济波动。他进一步指出，和平时期也可能出现同样的结果。也就是说，如果存在着一个庞大的自然计算中心，就可以像管理一个巨大企业一样，对市场体系进行有效管理。当然，由于所有生产活动都在集体内部由客观需求来决定，而不是体现出企业的利润追求动机，因此所有要素都可以用自然的而非货币的术语来处理。

然而，奥地利学派的米塞斯不同意纽莱斯的这种看法。他认为，纽莱斯否认货币的存在价值是十分荒谬的；在社会主义国家中，由于国家拥有所有的生产资料，各种生产要素都可以进行内部转移而无须像最终商品那样进行交换，因此资本品不需要有价格；但在资本主义国家的市场体系中，价格信号是必要的，它是显示供求关系的重要依据，因此资本品需要有价格存在。

（二）这场论战的延伸

迪金森反对米塞斯的看法。他认为，资本主义经济体系和社会主义经济体系都可以用一系列瓦尔拉斯方程组来进行系统性求解，因此两者在理论上都可能实现要素合理配置，并且不存在资本品定价问题。针对迪金森的观点，奥地利学派的哈耶克进行了反驳，他列举了瓦尔拉斯方程组求解过程中的许多数学分析困难，如：方程组求解所需的信息量相当惊人，以至于几乎无法获取所有信息；求解方程组存在着巨大困难，不能静态地求解，而需要进行动态化的反复求解；任何价格变化机制都不能简单复制……

多布赞同纽莱斯和迪金森的观点。他认为，如果中央计划部门能够控制消费者决策，那么大部分与中央计划关联的经济问题都可以较容易解决。奥地利学派的哈耶克则认为，如果将消费者决策权利转移给中央计划部门，那将会遭到大多数国民的排斥。同时，哈耶克指出，即使中央计划部门能够完全控制国民经济体系，就像一个垄断厂商决定市场价格一样，但在自由市场经济环境中，垄断厂商决定市场价格仍然会面临定价困难，因为它很难确定边际成本是多少，从而很难决定最佳产量和价格。此外，哈耶克还提出，在集体经济体系中，市场经济体系中的各种经济刺激行动和激励约束机制很难得到有效复制。

兰格和勒纳则认为，如果中央计划部门能够控制类似于自由市场经济体系的价格系统，那么就能够使中央计划经济与市场经济体系一样有效率。他们进一步指出，中央计划部门不仅可以实现类似于市场经济体系的效率，而且可以避免自由市场体系的弊端，特别是可以修正资本主义在分配方面的缺陷。

（三）兰格与哈耶克

在赞同社会主义的意见中，兰格的观点特别突出。兰格提出了三项重要观点：其一，针对米塞斯的看法，兰格认同价格是理性计算的基础；但他不赞同价格只能在市场体系中形成。在兰格看来，价格是"可供选择的商品得以提供的条件"，因此它可以由中央计划部门来提供；甚至中央计划部门公布的各种参数和指标要求都可以以非市场价格的形式指导经济计算。其二，在社会主义经济体系中，存在着消费品和劳动力的自由市场，但不存在要素市场，因为生产要素是公有的。中央计划部门可以充当虚拟的瓦尔拉斯拍卖商，通过试错法来寻找合适价格和指标，以便在短缺或过剩时进行生产调整。其三，社会主义经济体系的最大问题是缺乏激励机制，特别是缺乏追求利润最大化的企业；但兰格认为，这种现象不是社会主义独有的现象。在所有权与控制权分离的条件下，资本主义经济和社会主义经济都需要面对激励问题，而经济学家并不是解决这个问题的合适人选，这个问题应该留给社会学家去解决。

对于兰格的反对意见，奥地利学派的米塞斯没有进行直接反击。但他在后来的著作中一再强调，价格不能仅仅被视为"可供选择的商品得以提供的条件"，因为价格信号可以引导企业家不断调整自己的行动，以便在不断变化的市场经济体系中适应不断变化的资本品结构。正因此，米塞斯认为，企业家行动的制度环境非常重要，如果缺乏有良好界定和实施的私有产权环境，那么企业家将没有信息和动机去寻找利润机会，也不会适时调整错误；即使如同兰格设想的那样，能够让社会主义经济体系模仿市场竞争关系，但由于缺乏相关制度环境，最终结果只能导致失败。

奥地利学派的哈耶克则对兰格进行直接反击。其观点主要归纳为两方面：其一，哈耶克认为，兰格提出的经济计算和试错法都是以静态均衡理论为基础的，它关注的是最终均衡状态；但现实经济体系是不断变化的，趋于均衡的市场进程是动态化的，因此不能用静态求解方法来探讨动态问题。其二，兰格的经济计算方法要求所有当事人都拥有相同的、正确的、全面的知识和信息，但这项条件在现实世界中是不可能实现的；因为现实世界中的知识和信息是分散的，每个人只能拥有少量的局部信息。在社会主义条件下，任何中央计划部门都无法拥有全部的、正确的知识和信息，因此无法做出正确的决策；而在处理分散的知识和信息时，市场机制显然更为有效。

值得说明的是，正是兰格和哈耶克的这场争论，使得一些经济学家特别重视运用数学工具来解决经济计算可能性的问题，并催生了线性规划技术。关于经济计算可能性的技术条件和社会制度条件，已经成为众多经济学者共同关注的问题。

三、哈耶克与凯恩斯的论战

（一）论战的开始

20 世纪 30 年代是西方经济学者们非常活跃的时期，他们的活动中心主要是英国剑桥大学和伦敦经济学院，其中的代表人物就是秉承奥地利学派传统的哈耶克和源自马歇尔主义传统的凯恩斯。他们的共同点是都认为不应当仅仅关注最终均衡状态，而应当重视市场均衡的实现过程；但他们在方法论、具体观点、政策主张方面存在着很大分歧。

凯恩斯放弃了个人主义的方法论，转而关注宏观经济总量之间的关系，并对市场机制的自动调整功能产生怀疑；凯恩斯认为，只有通过政府刺激政策和扩大政府支出，才能消除经济萧条，从而实现充分就业。而哈耶克则认为，不能停留在总量分析层面，应该坚持个人主义的经济学研究方法，应当关注单个人的供给和需求对经济周期的影响。

事实上，在20世纪30年代，虽然凯恩斯的追随者越来越多，但他的反对者也从来没有消失。其中的代表人物就有庇古和伦敦经济学院的罗宾斯。1931年罗宾斯邀请哈耶克到伦敦经济学院主持该学院的"图克讲座"。1931年8月和1932年2月，哈耶克在伦敦经济学院的刊物《经济学论丛》上连续发表两篇论文，对凯恩斯的学术专著《货币论》进行批评，由此拉开这场论战的序幕。

（二）论战的深化和延续

奥地利学派的哈耶克认为，凯恩斯的《货币论》只不过是古典经济学传统的继续阐释，而没有实质性的创新。他指出，类似于当时经济学界的传统观点，凯恩斯认为货币因素阻碍了市场机制的完美运行，但没有深入分析货币利率与自然利率之间的关系。

凯恩斯则认为，哈耶克没有完全理解自己正在进行的学术工作。他在《经济学论丛》上发表了一篇论文《货币的理论：答哈耶克博士》，以回应哈耶克的批评。为了进一步阐释自己的观点，凯恩斯选择了哈耶克刚刚出版的学术专著《物价与生产》作为评论对象。凯恩斯指出，哈耶克将经济周期性变动的原因归结为货币扰动是错误的；货币数量变动不是使储蓄与投资相等的唯一因素；即使银行系统没有改变货币供给数量，储蓄与投资也未必会"自然"相等，因为社会公众可能改变自己的储蓄意愿，企业家也可能改变自己的投资回报预期；所以在有效货币供给数量没有发生变动的情况下，并不存在保证储蓄与投资相等的市场机制。

哈耶克对此进行回应，他认为凯恩斯的分析错误是因为其缺乏合适的资本理论基础。他建议凯恩斯从庞巴维克和维塞尔的资本理论中吸取理论养分。与此同时，哈耶克不接受凯恩斯对《物价与生产》的批评意见，认为凯恩斯没有很好地掌握个人主义分析方法。

（三）论战的结果

在《经济学论丛》上的论战之后，哈耶克和凯恩斯之间进行了很多信件交流，双方主要针对储蓄和投资的界定问题进行了深入讨论。但两者之间的学术争论一直在较友好而具有建设性的氛围中进行。

随着1936年凯恩斯的学术专著《通论》出版，这场论战逐渐停歇，但它仍然"余音袅袅"。特别是在1974年哈耶克与缪尔达尔共同获得诺贝尔经济学奖后，奥地利学派的哈耶克逐渐成为凯恩斯理论的主要批评者，他继续反对凯恩斯主张的政府干预政策，认为这将会导致社会主义，从而走向"通往奴役之路"。

简要评论

奥地利学派是坚持自由主义传统的重要西方经济学流派，其思想对我们理解市场经济体系和社会主义制度具有很大价值。本书作者认为，其重要观点主要体现在四个方面：

其一，奥地利学派坚持经济自由思想，反对国家的市场调节和干预措施。然而，奥地利学派把经济自由主义看作处理经济问题的唯一正确方式，这种观点是值得商榷的。事实上，正是由于完全实行经济自由主义，20世纪30年代的资本主义世界出现了生产过剩的经济危机；正是缺乏政府对经济体系的宏观调节，经济萧条局面一再出现。从这个角度来看，注重实际问题的凯恩斯或许更值得肯定。

其二，奥地利学派不仅反对社会主义制度，而且反对凯恩斯主义的国家干预。奥地利学派认为，正是凯恩斯主义的国家干预政策破坏了市场经济基础，结果使得经济波动更加剧烈；同时，将"充分就业"作为国家职责和政府干预目标，可能会危害经济自由。

其三，关于社会主义计算问题，奥地利学派持否定态度。奥地利学派将"计划经济"等同于社会主义，这种观点失之偏颇；但奥地利学派关于社会主义制度弊端的一些批评意见值得我们借鉴和重视。例如：中央计划部门无法替代单个企业来决定生产什么和生产多少；市场价格不仅是市场供求关系变化的信号，也是微观经济主体调整自身行动的依据；社会主义制度缺乏必要的激励约束机制。

其四，奥地利学派的演化观点值得我们认真学习体会。例如：经济学是社会科学的重要组成部分，它显著不同于自然科学；不能先验地提出观点和构建理论，而应当遵从社会自然发展的基本规律；在市场竞争和市场发现的过程中，企业家具有不可替代的重要作用。

本章基本概念

1. 市场过程理论
2. 资本理论
3. 经济周期理论
4. 自愿储蓄
5. 强迫储蓄
6. 抽象演绎法
7. 历史分析法
8. 社会主义经济计算问题

本章思考题

1. 奥地利学派的发展过程是怎样的？
2. 奥地利学派的主要代表人物有哪些？
3. 奥地利学派的市场过程理论有哪些主要内容？
4. 奥地利学派的资本理论有哪些主要内容？
5. 奥地利学派的经济周期理论有哪些主要内容？
6. 奥地利学派与德国历史学派的分歧是什么？
7. 奥地利学派如何看待社会主义经济计算问题？
8. 哈耶克与凯恩斯的学术分歧是什么？

第六章
货币主义学派

货币主义学派出现于 20 世纪 50 年代中期的美国，盛行于 20 世纪 60 年代末到 80 年代初。其创立者是芝加哥大学教授米尔顿·弗里德曼，其他重要代表人物还有美国的经济学家卡尔·布伦纳、艾伦·梅尔泽、哈伯格和利奥纳尔·安德森，英国的经济学家罗宾斯、艾伦·沃尔特斯、戴维·莱德勒和迈克尔·帕金，奥地利的赫尔姆特·弗里希等人。

货币主义学派的英文原文是 Monetarism，这个词是美国罗切斯特大学管理研究院的经济学教授卡尔·布伦纳在 1968 年 7 月发表的一篇题为"货币和货币政策的作用"的论文中提出的。货币主义学派是以"凯恩斯革命的反革命"的面目出现的，该学派注重实证研究，以现代货币数量论为理论基础，以反对国家干预为其政策主张的基调，以"单一规则"的货币政策为主要的政策内容，是 20 世纪 60 年代以来各种新自由主义经济学流派中最有影响的一个流派。

第一节　货币主义学派概述

货币主义学派因强调货币供应量变动在经济中的第一重要作用而得名，其中心命题是：①货币最重要，货币的推动力是说明产量、就业和物价变化的最主要因素；②货币存量的变动是货币推动力最可靠的测量标准；③货币当局的行为支配着经济周期中货币存量的变动，因而通货膨胀、经济萧条或经济增长都可以而且应当唯一地通过货币当局对货币供应的管理来加以调节。

一、货币主义学派产生的历史背景

货币主义学派的兴起与第二次世界大战后资本主义国家的经济形势变化有着密切的关系。第二次世界大战后，凯恩斯主义被西方各国普遍接受，其政策主张得到大力推广。凯恩斯主义的扩张性财政政策和货币政策的确使这些国家在一段时期内出现了较快经济增长、较少失业人数、没有严重通货膨胀的景象，凯恩斯主义也因此而名声大噪。但当时的芝加哥大学教授弗里德曼却认为凯恩斯主义过于片面强调

87

了国家干预，他提出了现代货币数量论，一方面抨击凯恩斯主义片面强调财政政策的作用，另一方面又强调"单一规则"的货币政策的重要性，认为只要保持一定量的货币供应量的增长就能实现经济的稳定增长而又没有通货膨胀，同时他还积极主张通过市场调节来实现自由的或浮动的汇率制，反对固定汇率制。但当时资本主义世界处于第二次世界大战后的经济复兴时期，凯恩斯主义正大行其道，弗里德曼的这些主张还未能受到西方经济学界和垄断集团的重视。

到 20 世纪 60 年代后期，美国的通货膨胀剧烈发展，以致到 70 年代初期出现了经济停滞与通货膨胀并发的滞胀局面，直至 80 年代初西方各国的经济危机或经济衰退日益频繁，失业人数大量增加，通货膨胀也日益加剧。凯恩斯主义政策的弊端显现，无法解释为何失业与通货膨胀会同时出现，更加没有找到有效的对策。货币主义学派正是在这一背景下在美英等国异军突起，并且广泛流行起来。货币主义者的数目也不断增加，他们提倡现代货币数量说，强调货币作用的重要性，主张采取控制货币数量的金融政策以消除通货膨胀，保证经济的正常发展。正如英国经济学家布莱恩·摩根所说："财政政策的失败和便宜货币的灾难性后果加重了某些经济学家关于货币理论发展得过于狭窄的说法的分量，结果出现了另一种替代的学派，他们对当前问题提出了不同的解决方法。这些解决办法的基本概念比作为凯恩斯派体系的货币过程更为广泛，它以货币数量的变化为中心。这一学派被称为货币主义学派或现代数量学派。"① 特别是 20 世纪 70 年代后期美、英政策将"货币供应增长目标"作为政策内容之一，以及 1976 年弗里德曼本人被授予诺贝尔经济学奖，更加深了这一学派的影响。

二、货币主义学派的含义和理论渊源

（一）货币主义学派的含义

顾名思义，货币主义是以"货币最重要"为核心的一种思想，这种思想认为货币是说明一切经济活动的最根本的决定因素，反对凯恩斯主义关于政府干预经济的宏观需求管理理论和以财政为主的政策手段，主张由中央银行实施货币政策，控制货币存量和增量，发挥自由市场经济的调节作用，达到制止通货膨胀、实现充分就业和经济和谐增长的目标。货币主义学派都持有以下共同观点：

（1）货币存量的变化是解释货币收入变化的最主要因素。

（2）以私人经济为基础的市场经济本身具有内在的稳定性，会大致保持充分就业水平（即处于自然率处的就业水平）。经济受到干扰后会自动恢复到充分就业的均衡状态，失业率会自动恢复到自然率的水准。

（3）货币供应量的增长也许会导致不同的通货膨胀率，但是任何货币供给增长

---

① 摩根. 货币主义学派与凯恩斯学派：它们对货币理论的贡献 ［M］. 北京：商务印书馆，1984：75.

率都可以同充分就业的均衡相配合。也就是说，充分就业均衡可以处在不同的价格水平上。

（4）货币供给增长率的变动，在短期内会暂时改变实际的经济增长率和失业率；但是，长期来看这种实际效应等于零，只剩下通货膨胀率的持续上升（加速定理），通货膨胀与失业之间没有替代关系。

（5）通货膨胀与国际收支从本质上来说都是货币现象。

（6）主张积极的需求管理政策，包括财政政策和货币政策。主张长期的货币政策"规则"或者事先宣布的"政策目标"，认为财政政策仅限于发挥其影响收入和财富分配以及资源配置的传统作用。

（二）货币主义学派的理论渊源

货币主义学派的理论渊源主要来自传统货币数量说和早期芝加哥学派的理论两方面。

1. 传统货币数量说对货币主义学派的影响

（1）货币数量说早在古罗马就开始萌芽了，古罗马的法学家鲍鲁斯就提出过货币价值取决于货币数量的观点。西方货币数量理论产生于16世纪末期，法国重商主义者让·博丹和意大利人达凡茶铁认为，金银（货币）数量过多，会使金银价值被低估，使与之交换的商品价格相对上升，会引起物价上涨。

其后，英国的古典经济学洛克和休谟发展了货币数量说。洛克认为，货币的价值是由其供给数量决定的，货币供给数量的增加必然会使货币的价值降低。休谟则认为，金银作为货币之所以有价值，完全是因为它们承担着完成社会交换的职能；一国内流通的货币只不过是用来计算或代表商品的价值符号，在交换中的商品数量不变的情况下，货币数量的增加会导致物价成比例地上升。19世纪初的许多经济学家都是信奉货币数量学说的，英国古典政治经济学的集大成者李嘉图也提出了一个类似的货币数量模型。

（2）20世纪初，货币数量说在美英等国得到了进一步的发展，其中最有影响的是美国经济学家 E. W. 凯默尔、欧文·费雪提出的现金交易数量学说和英国经济学家马歇尔、庇古提出的"现金余额数量学说"。此后传统的货币数量论开始形成一个比较完整的体系。

凯默尔在1907年发表的著作《货币和信用工具与一般物价的关系》中提出了他的货币数量说。这一学说继承了古典经济学的供求论和货币数量说。同时，凯默尔对信用与物价水平关系的研究启发了费雪等人的方程式的货币数量说。费雪认为，在短期中，货币和银行汇票存款的流通速度由社会的制度和习惯等因素决定，不会有太大的变化。费雪的理论强调的是在商品和劳务交易中，货币体现流通手段和支付手段的作用，忽略了货币的贮藏手段的职能，所以称为"现金交易数量学说"。

（3）如果说费雪交易数量理论研究的是"长了翅膀的"货币，即流通中的货币，那么马歇尔提出的货币数量论研究的则是"坐下来的货币"，即人们手中持有的货币。马歇尔十分强调货币作为贮藏手段的职能，认为货币不但具有随时购买商品的能力，也可以储存起来延期使用。他提出支配货币流通速度的是以通货形态保持资产的比率，开始了对货币流通速度的研究。1917年，英国剑桥大学经济学教授庇古在其老师马歇尔的货币学说的基础上提出了剑桥方程式。由于剑桥方程式更强调人们手持现金的作用，所以被称为"现金余额数量学说"。

2. 早期芝加哥学派对货币主义学派的影响

货币主义学派的另一个最直接的理论渊源是在20世纪30年代前后形成的芝加哥学派。早期芝加哥学派的主要成员有劳夫林、奈特、西蒙斯、明茨等人。根据弗里德曼的自述，在20世纪30年代的经济大危机后，凯恩斯革命性的著作使得传统的货币理论黯然无光，许多货币主义者纷纷背弃了传统的货币数量说，在这种形势下，芝加哥大学是少数几个依然讲授货币理论与政策的大学之一。西蒙斯和明茨等教授的货币理论与政策，其内容已经开始摆脱了机械式的货币数量学说，形成了一种能解释经济活动并提出政策建议的分析工具。这些理论散见于西蒙斯和明茨的论著，形成芝加哥大学的口述传统。

早期芝加哥学派的主要特点是：①继承货币数量说的传统，重视货币理论的研究；②主张经济自由主义，强调市场机制的调节作用。他们虽然不像传统的货币数量说那样单纯用货币数量来解释物价的波动，但都坚持"货币最重要"这一理论研究方法，承认物价水平与货币数量之间存在着重要联系。芝加哥学派坚持自由放任的传统，认为市场机制的自发调节可以使宏观经济趋向均衡。

3. 货币主义学派创始人弗里德曼的研究经历

弗里德曼1912年出生于美国纽约鲁克林，1932年毕业于路特吉斯大学，获得经济学和数学双学位。在大学期间，弗里德曼深受阿瑟·F. 伯恩斯的影响，他灌输给弗里德曼一种正确评价实证调查重要性的思想。1932年弗里德曼进入芝加哥大学继续其学习生涯；1934年他又到哥伦比亚大学学习了一年；1935年弗里德曼回到芝加哥大学做亨利·舒尔兹的研究助理，同年加入罗斯福政府的国家资源委员会；1937年，他得到纽约市国民经济研究局的一个职务，负责检查西蒙·库兹涅茨对专门职业收入进行分析的原稿。弗里德曼对这项工作做出了巨大的贡献，并据此完成了博士论文，于1946年获得哥伦比亚大学授予的博士学位。这是后来发展并被称为人力资本领域的开创性研究，这一分析对后来劳动经济学的研究产生了重要影响。

1941—1943年，弗里德曼在美国财政部研究战时赋税政策；1943—1945年，他作为一名数量统计学家，在哥伦比亚大学参加战时科学研究与发展署下面的一个统计研究小组的工作；1945—1946年，他在明尼苏达大学任教；1946年，他获得哥伦比亚大学博士学位后受聘于芝加哥大学教授经济理论，开始专心研究经济理论和长期论战的严肃问题；1951年，他被授予约翰·贝茨·克拉克奖章，成为此奖项的第三个获得者；1967 年，弗里德曼当选为美国经济学会会长；1976 年，弗里德曼因其"对消费分析、货币历史和理论方面的成就，并且由于他证明了稳定政策的复杂性"[1] 而获得诺贝尔经济学奖；1977 年，弗里德曼从芝加哥大学退休搬到加利福尼亚，成为斯坦福大学胡佛研究所的高级研究员。

弗里德曼的主要著述有：《实证经济学论文选》、《货币数量论：一个重新表述》、《消费函数理论》、《货币稳定方案》、《1867—1960 年美国货币史》（与安娜·施瓦茨合著）、《货币最优数量论文集》、《货币分析的理论结构》、《名义收入的货币理论》和《自由选择》等。

第二节 现代货币数量论

弗里德曼于 1956 年提出的现代货币数量论是货币主义学派的理论基础，其论文《货币数量论：一个重要表述》标志着现代货币数量论的诞生，给予了货币数量论新的解释。弗里德曼在文中着重分析了货币需求问题，提出了著名的货币需求函数式。1963 年他出版了与安娜·施瓦茨合著的《1867—1960 年美国货币史》一书，对美国近百年来的货币数量与经济关系进行了大量实证研究，为"货币需求函数极其稳定"这一命题提供了有经验材料依据的数据。1970 年和 1971 年弗里德曼先后发表了《货币分析的理论结构》和《名义收入的货币理论》两篇文章，形成了现代货币数量论的主要理论结构。

一、货币需求理论

（一）货币需求函数

现代货币数量论不同于早期的货币数量论只研究物价水平与货币数量之间的关系，而是把物价水平或名义收入水平作为货币需求函数和货币供给函数相互作用的结果。决定货币供给的是法律和货币当局的政策，货币需求函数则正是现代货币数量论的研究重点。

弗里德曼认为："货币数量论首先是货币需求的理论，它不是产量或货币收支的理论，也不是物价水平的理论。关于这些变量的任何论述，需要把货币数量论同有关的货币供应条件及其他一些变量的详细说明结合在一起。"[2]

在《货币分析的理论结构》中，弗里德曼进一步把货币需求函数概括为

$$\frac{M}{P} = f\left(y,\ \omega,\ r_m,\ r_b,\ r_e,\ \frac{1}{P}\frac{\mathrm{d}P}{\mathrm{d}t},\ u\right)$$

---

① 世界经济编辑部. 荣获诺贝尔奖的经济学家 [M]. 成都：四川人民出版社，1985：245.

② 弗里德曼. 货币数量论：一个重新表述 [M] //弗里德曼. 货币数量论的研究. 芝加哥：芝加哥大学出版社，1956：4.

$\dfrac{M}{P}$：实际货币需求；y：实际收入；ω：非人力财富与人力财富之间比率或两者收入之间比率；r_m：预期的货币名义报酬率；r_b：预期的债券名义报酬率；r_e：预期的股票名义报酬率；$\dfrac{1}{P}\dfrac{\mathrm{d}P}{\mathrm{d}t}$：预期的价格变动率；$u$：可能影响货币效用的其他非收入变量。

弗里德曼的货币需求函数继承了传统的货币数量说中的现金余额数量学说，同时又受到凯恩斯的流动偏好理论的重要影响。但他的货币需求函数也有其特点。在研究方法上，他运用了实证经济学的方法论，在分析各种影响因素时运用了大量的实际统计资料；在理论上，该货币需求函数在很大程度上得益于他的持久性收入假说。弗里德曼在分析消费与收入的关系时，将消费者收入分为暂时性收入和持久性收入。暂时性收入指短期内得到的、非连续性的和带有偶然性的收入；持久性收入指消费者在长期内经常能够得到的、带有长久性和规律性的收入，它实际上是消费者过去、现在和将来收入的加权平均数。弗里德曼认为，货币需求主要取决于总财富，总财富只能通过人们的收入来表示，但人们的现期收入即暂时性收入是不稳定的，不能代表人们确实所拥有的财富状况。货币需求主要取决于持久性收入，持久性收入的变动在很大程度上支配了货币需求的变化。

弗里德曼的货币需求函数还反映出非人力财富占总财富的比例、各种非人力财富的预期报酬率、未来经济发展的预期等因素对货币需求变化的影响。财富是由人力财富和非人力财富组成的，人力财富是指个人获得收入的能力，非人力财富即物质财富，二者可以相互转换，但存在着由人力财富转换到非人力财富的困难。非人力财富所占比例大时，人们对货币的需求越小；非人力财富所占比例小时，人们对货币的需求越大。在一定时期内，非人力财富占总财富的比例是一个相对稳定的数值，对收入影响较小。

弗里德曼认为，非人力财富包括货币、债券、股票和物质财富，人们选择保存资产的形式并不局限于凯恩斯所说的货币和债券，还包括资本品、不动产、耐用消费品等物质财富。货币与其他三种有形资产之间的比例取决于它们的预期报酬率，各种有形资产的预期报酬率越高，人们愿意持有的货币越少。非人力财富的报酬率均受市场利率的影响，都是市场利率的函数。财富所有者对货币的偏好和对未来经济的预期等其他因素也会对货币需求产生影响。人们对各种财富的选择，取决于不同的财富带来的效用，但效用是消费者心理上的一种主观感受。就一般情况而言，影响预期效用的因素是稳定的。

弗里德曼通过统计资料的分析证明，货币需求和货币流通速度虽然不是常数，但它们与持久性收入之间存在一种稳定的函数关系，由此所决定的货币流通速度也是相当稳定的（美国的货币流通速度 1986—1960 年大约每年下降 1%）。这样，弗里德曼的货币需求理论，既不同于传统的货币数量论关于货币流通速度固定不变的观点，也不同于凯恩斯主义者关于货币需求主要受利息率影响、货币流通速度由于投机动机作用而极不稳定的观点。

（二）货币需求函数反映的问题

弗里德曼根据对货币需求函数的分析和论证，得出几点结论：

（1）凯恩斯主义者认为消费是现期收入（暂时性收入）的函数，并用消费支出增量和现期收入增量的关系（边际消费倾向递减规律）所造成的消费需求不足来解释有效需求不足及短期经济波动。持久性收入假说认为，各个时期的消费支出中只有较小的部分与现期收入有关，因而凯恩斯的学说不能完全解释经济波动问题。

（2）由于消费支出与现期收入关系不大，政府为了克服经济危机而采取的财政政策可能是无效的。根据持久性收入假说，居民的这种临时性额外收入只有很少的一部分用于实际消费，其余的都转化为储蓄，减税并没有达到刺激消费需求的目的。反之，对于政府采取的对付通货膨胀的增税政策而言，亦是如此。

（3）货币需求是相当稳定的，因而货币供给的变动就是物价水平与名义收入水平变动的最主要原因；而货币供应量却因受货币政策当局的操纵而在短期内剧烈变化，从而影响了经济体系的稳定。要使经济稳定地发展，就必须稳定货币供应量的增长率，使货币供应与货币需求相适应。

二、货币分析的理论模型与名义收入理论

（一）货币分析理论模型

弗里德曼于 1970 年发表了《货币分析的理论结构》一文，提出了一个吸收传统货币数量论和凯恩斯的"收入—支出理论"的货币分析的理论模型，并进一步提出了他的"名义收入货币理论"。所谓"名义收入货币理论"，是指用货币数量论推导出名义收入理论，而不是推导出价格理论或真实收入理论，即确定名义收入和货币收入之间的直接联系。

弗里德曼认为无论是传统货币数量论或凯恩斯的收入—支出理论的货币分析的理论模型，还是他的名义收入货币理论，都可用如下的"简单的共同模式"来表示，这实际上是货币主义学派的宏观经济模型。为简单起见，该模型考察的是一个封闭经济，也不考虑政府的财政支出和各种随机扰动。模型由六个方程组成：消费函数、投资函数、收入恒等式、名义货币余额的需求函数、名义货币的供应函数和货币供求相等的市场均衡方程。如下式所示：

$$\frac{C}{P} = f\left(\frac{Y}{P},\ r\right)$$

$$\frac{I}{P} = q\ (r)$$

$$\frac{Y}{P} = \frac{C}{P} + \frac{I}{P}$$

或
$$\frac{S}{P} = \frac{Y-C}{P} = \frac{I}{P}$$

$$M^D = P \cdot L \left(\frac{Y}{P}, r \right)$$

$$M^S = h(r)$$

$$M^D = M^S$$

$\frac{C}{P}$：实际消费；r：利率；$\frac{Y}{P}$：实际收入；$\frac{I}{P}$：实际投资；$\frac{S}{P}$：实际储蓄；M^D（或 $\frac{M^D}{P}$）：实际货币需求量；M^S：货币供给。

第一个方程是消费函数，表示以实际量表示的消费量是实际收入和利息率的函数；第二个方程是投资函数，表示实际投资量是利息率的函数；第三个方程是收入流量的定义方程，表示在均衡条件下，实际收入等于实际支出，或者说投资（实际量）等于储蓄（以实际量表示）；第四个方程是简化的货币需求函数，表示对现金的需求是名义收入和利息率的函数，或人们对现金余额的需求（$\frac{M^D}{P}$）是实际收入与利率的函数；第五个方程是货币供给函数，表示货币供应量是利息率的函数；第六个方程是均衡方程，表示在均衡条件下，货币需求量等于货币供应量。

前三个公式描述储蓄与投资的流量调节，即储蓄量和投资量将随收入量和利息率而调整，并在投资等于储蓄时，产品市场均衡下的国民收入被决定。实际上这构成了现代西方经济学中推论利率与名义收入之间关系的 IS 曲线，表示产品市场的均衡。

后三个公式描述货币供应与货币需求的存量调节，即货币供应和货币需求随着收入量和利息率而变动，在货币供应等于货币需求时，货币市场均衡下的国民收入被决定。实际上这构成了现代西方经济学中推论利率与名义收入之间关系的 LM 曲线，表示货币市场的均衡。

这六个方程有七个内生变量，即：C，I，Y，r，P，M^D，M^S。所以，欲使联立方程组有解，这些变量中的某一个必须由方程组以外的关系来加以确定。就这一点而言，弗里德曼的理论与传统货币数量论、凯恩斯的"收入—支出理论"之间并没有什么不同。他断定，他们彼此之间的分歧在于给方程附加的定值各不相同，即在假定把哪一个变量放在模型外来决定时有分歧。

凯恩斯使价格水平固定不变，即 P 被外生决定；传统的货币数量论使实际产量固定不变，即 y 被外生决定；弗里德曼的"名义收入货币理论"则使预期实际利息率和预期真实收入增长率被外生决定。弗里德曼进一步指出，凯恩斯的"收入—支出理论"和传统的货币数量论在假定某一个变量由模型外生以便求解方面，都是不能令人满意的。其中的主要缺点是：①两个理论都只是根据一种静态均衡状况到另一种静态均衡状况的转变来分析短期调节；②两个理论的附加假定都无法与基本理论相联系，没有分析价格或产量变动以及二者变动的比例因素；③两个理论都认为利息率可即时调整以适应储蓄与投资的均衡或货币供求数量的均衡；④两个理论都没有分析预期对模型的影响。

（二）名义收入货币理论

为了克服凯恩斯的收入—支出理论和传统的货币数量论的缺点，弗里德曼提出了名义收入货币理论模型，其内容包括：①假定货币需求的真实收入弹性为1；②名义市场利息率等于预期实际利息率加预期价格变动；③预期价格变动率等于预期名义收入变动率减去预期真实收入变动率；④预期实际利息率和预期真实收入增长率之差是由模型外生的；⑤货币需求量对货币供应量能做出及时充分调整。

那么，货币数量变化是通过什么途径发挥其对经济活动的作用的呢？①传统的货币数量论的货币传导机制是货币供应量增加，将使人们用所持有的增多的货币去购买数量既定的产品，最终使物价和名义收入同比例上升；②凯恩斯的货币传导机制是货币数量的变动只是通过金融资产的收益变动去影响经济活动，即货币供应增加了，会使利息率下降，投资增加，并通过投资的乘数效应使国民收入增加；③弗里德曼的货币传导机制理论则认为，凯恩斯只考虑金融资产和利息率的传导机制作用是片面的，货币增加不仅影响金融资产的收益，还会影响其他物质资产的收益，因而人们会在较大范围内对资产进行选择和对资产结构进行调整，这会引起各种金融资产、物质资产、耐用消费品等相对价格变化，导致经济活动发生变化。

具体而言，货币增加会引起利息率一定程度的下降，但货币需求的利息率弹性较小，故利息率下降不会导致人们增加对货币的需求，而会把增加的货币用于购买各种资产，导致大部分货币增量直接作用于名义收入。而且，货币数量迅速增加促使人们购买其他资产，会引起各种资产价格上升和企业贷款需求增加，最终导致利息率上升，尤其是物价上涨使实际利息率与名义利息率背离更大时，名义利息率上升更快。所以从长期看，货币迅速增加并不会降低利息率，反而会导致利息率的上升，而为降低利率再增加货币供应，只会使物价急剧上涨，引起通货膨胀。据观察，巴西、智利等国家就是因为货币供应量增加过多，才导致高利息率与高通货膨胀并存的恶果。弗里德曼通过货币理论结构的分析得出结论：货币是制约国民收入增长和影响物价的主要因素，货币最重要。

第三节　通货膨胀理论

一、名义收入货币理论与通货膨胀

货币主义者认为，从长期看，货币供应的增加并不会降低利息率，反而会使利息率上升，而为降低利息率再增加货币供应量，则只会加剧通货膨胀。弗里德曼的名义收入货币理论指出，货币数量变化在一定时期内对产量和物价都有影响，名义收入与货币存量二者的增长率密切相关，若货币数量加速增加，名义收入也会很快增加；反之亦然。

从短期看，这种影响存在一定时滞，货币增长率上升，平均要经过6~9个月才会导致名义收入上升；货币增长率下降，6~9个月后名义收入增长率和物质产量才会下降。又由于货币数量变化对物价的影响通常滞后于它对名义收入和产量的影响6~9个月，所以货币增长与通货膨胀率变化之间的时滞约为12~18个月。由此，弗里德曼得出结论：在短期内，货币数量的变化是决定名义收入和实际收入的主要因素，也是短期经济变动的主要原因。

从长期来看，所有实物变量（包括实际产量、实际利率、就业和失业率等）都是由非货币的实际因素（如事业心、独创性、人的节约和勤劳程度、产业结构和政府结构和各国间的关系等）决定的，货币的作用只决定物价水平，决定以货币表现的名义收入和名义利率，所以传统货币数量论对长期经济活动仍然有效。

从弗里德曼的名义收入货币理论中，不难得出货币主义学派对通货膨胀的基本观点：通货膨胀在任何时候、任何地点都是一种货币现象，是货币供应量增加的速度超过产量增加的速度的必然结果。垄断、财政赤字、工会等因素只会使个别产品价格上升，不会使物价普遍上涨。弗里德曼在其著作《自由选择》中说："通货膨胀主要是一种货币现象，是由货币供应量比产量增加得更快造成的，货币量的作用为主，产量的作用为辅。许多现象可以使通货膨胀率发生暂时的波动，但只有当它们影响到货币增长率时，才产生持久的影响。"

弗里德曼指出："通货膨胀是一种货币现象，这个命题虽然重要，但它只是解答通货膨胀的原因和治法的开始，它之所以重要，是因为它将指导我们找出根本的原因并限制可能的治法。但它只是解答问题的开始，因为更深一层的问题是货币为什么过度增加。"据此，他指出货币增长率增加过快的原因有三点：

（1）政府庞大化和政府开支迅速增长。由于政府日益庞大并受到各方面压力，开支迅速增长。若靠税收或向公众举债应付开支，不会造成通货膨胀，但事实上政府增加开支主要靠印发通货或建立银行存款来获取资金。例如，美国财政部向联储银行推销公债来增加通货，联邦储备银行用新发生的联邦储备或在财政部账户内计入一笔存款以抵付公债支出。这必然导致货币增长率超过产量增长率，产生通货膨胀。

（2）政府推行充分就业政策。由于政府面临着充分就业和政治选举需要，应用凯恩斯主义的财政政策去实现过高的充分就业目标。增加投资，刺激消费，以通货膨胀的财政政策刺激衰退的经济，使政府开支和货币增长率相互追逐，用通货膨胀急剧上升的代价来结束经济衰退。

（3）中央银行实行错误的货币政策。美国联邦储备银行在增加就业的压力下实行一种具有通货膨胀倾向的货币政策，同时又没有集中力量去控制通货总量，而去控制其无能力控制的利息率，结果是通货与利率俱增，加剧通货膨胀。

二、滞胀与自然失业率

（一）对菲利普斯曲线认识的三个阶段

1976 年，弗里德曼在接受诺贝尔经济学奖时发表的演讲中指出："在过去几十年里，经济学界对于通货膨胀与失业之间的看法经历了两个阶段，现在进入第三阶段。第一阶段认为存在着一种稳定的交替关系（稳定的菲利普斯曲线）。第二阶段引入了通货膨胀预期这个概念，用来决定垂直的长期菲利普斯曲线的位置。第三阶段的出现是由于某种原因通货膨胀与失业之间存在着明显的正比关系这个实际现象。"① 弗里德曼这里所说的正比关系，即所谓滞胀，他的演讲就是企图对这一关系做出他自己的说明。

弗里德曼认为，第二次世界大战以后，经济学界对通货膨胀和失业之间关系的分析已经经历了两个阶段，从 20 世纪 70 年代中后期起正进入第三阶段。

1. 第一阶段：接受简单的负斜率的菲利普斯曲线

菲利普斯曲线表明，失业水平与工资变化率之间存在着稳定的反向变化关系，即高失业率伴随着较低的工资水平，低失业率伴随着较高的工资率。这种关系被很多经济学家理解为因果关系，从而为决策者提供了一种稳定的交替选择。然而，与规定的失业水平相一致的通货膨胀率并不是一成不变的。当各国政府到处寻找提高就业水平的途径时，通货膨胀在任何一国都在随机增长，早期与低失业率并存的通货膨胀，后来开始与高失业率同时并存了。货币主义学派一直怀疑简单菲利普斯曲线的有效性，认为负斜率的菲利普斯曲线的根本错误在于混淆了名义工资率与实际工资率的区别，真正对失业水平产生影响的是实际工资率而不是名义工资率。

2. 第二阶段：开始引入通货膨胀预期概念，作为推移短期菲利普斯曲线位置的变量

引入"自然失业率"这个概念，用来决定垂直的长期菲利普斯曲线的位置。"自然失业率"这一概念是弗里德曼在 1967 年美国经济学协会年会的会长演说中提出来的，它是指在没有货币因素干扰的前提下，由劳动力市场和商品市场的自发供求力量发挥作用，使总供给与总需求水平处于均衡状态时的失业率，它是与实际工资率结构相适应的某种均衡失业水平。在这种失业率下，通货膨胀既无向上的压力，也无向下的压力。弗里德曼认为自然失业率决定于非货币的实际因素，即"劳动力市场和商品市场的现实结构性特征，这些特征包括市场的不完全性、需求和供给的随机变化、收集关于工作空间和可利用劳动力的情报的费用、劳动力流动的费用等等"②

① 弗里德曼. 论通货膨胀 [M]. 北京：中国社会科学出版社，1982：68.
② 弗里德曼. 货币政策的作用 [M] //外国经济学说研究会. 现代国外经济学论文选. 北京：商务印书馆，1979：120.

由于存在自然失业率，任何旨在使失业率低于自然失业率的政策措施，只可能在工人要求提高工资时，预期的物价上涨率低于实际发生的物价上涨率，从而货币工资增长率低于物价上涨率的条件下才会生效。在这种条件下，雇主愿意增加产量，于是就业量就会随之增加。这时，失业的减少，必然伴随着物价的上涨。但是，物价上涨又会影响到人们对物价的预期，预期又会重新调整。当工人发现货币工资增长率低于物价上涨率时，就会进一步提出增加货币工资的要求，使货币工资进一步上升，使实际工资恢复到原来的水平。这样一来，雇主也会因工资上升而减少产量，解雇工人，从而使失业率回到一个与较高的物价上涨率和较高的货币工资增长率相对应的自然率水平。在这种情况下，继续扩大货币供应量并不能使失业率降到自然失业率水平以下，而只是引起物价水平同比例的上涨。这意味着由于"事实上不存在长期的货币幻觉"，人们会不断调整自己的预期，只有不断加速通货膨胀，永远使现时通货膨胀率高于预期通货膨胀率，才能使失业率低于自然失业率。因此，自然失业率的假设又叫加速主义的假设。

根据以上过程，可以看出自然失业率假说包含四层含义：①在短期内，当局可以通过扩张性的货币政策在自然失业率以下降低失业率，这是因为它所引起的通货膨胀是未被预期到的，一旦通货膨胀被完全预期到，它就会导致工资的讨价还价，那么失业率就会回到自然率水平；②任何试图将失业率水平永远保持在自然率以下的努力都将导致加速的通货膨胀；③要降低自然失业率水平，就要求供给方面的政策来提高微观经济结构，以及劳动力市场和产业的良好运作；④自然失业率是和任何通货膨胀率相一致的，因为通货膨胀在任何时候只能由于货币数量的急剧增加而产生，而不是由产出数量的急剧增加而产生。

3. 第三阶段：正斜率的菲利普斯曲线，主要是对滞胀的解释

20世纪70年代中期以后，资本主义国家的通货膨胀与失业表现出明显的正相关关系，较高的通货膨胀率常常伴随着较高而不是较低的失业率出现。弗里德曼认为，只要对自然率假说略做阐述就可以解释这一经济现象。他指出，正如自然失业率假说指出的，短期菲利普斯曲线在经济成员按照现实调整预期时将会暂时失效，延续稍长时间的正斜率的菲利普斯曲线也将是一种过渡性现象。随着经济成员按照新的现实不仅调整其预期而且也调整其制度安排时，这种过渡性现象也将消失。他认为，未被预计到的通货膨胀会暂时使失业率降到自然率水平以下，就如负斜率的菲利普斯曲线所表达的那样；但是一旦该通货膨胀被预料到，失业率就会恢复自然率水平。未被预计到的反通货膨胀措施会与高于自然率的失业水平联系在一起，正如滞胀情况下的正斜率的菲利普斯曲线所表达的那样，但是一旦该反通货膨胀措施被预期到，失业率同样也会恢复自然率水平。因此，问题并不是在于高通货膨胀率本身，高通货膨胀率不一定带来特别高或特别低的失业，倒是与通货膨胀率一起出现的"制度与政治的安排"才是造成高失业的主要原因。

（二）消除滞胀的办法

根据"自然失业率"的假说，满足菲利普斯曲线垂直的三个条件是：通货膨胀

率的稳定、公开与合同指数化。弗里德曼分析了战后西方国家的物价上涨情况，指出当一个国家的高通货膨胀率持续很长一段时间后，通货膨胀率的稳定、公开与合同指数化的条件很可能满足；但在一个国家开始发生高通货膨胀的初期，预期开始适应货币制度的变化需要较长的时间；在这一过渡时期，通货膨胀率的提高使政治制度与经济制度非常不稳定，造成激进的政治与经济政策，加深了未来的不稳定性，导致全面的背离构成垂直的菲利普斯曲线所需要的条件。这就是说，恶性的通货膨胀造成了政治与经济制度的不稳定，引起了激烈的政治变革，促使政府加强对物价的种种干预，而政府干预的日益加剧反过来又破坏了通货膨胀率稳定、公开与合同指数化这三个条件。

因此，弗里德曼认为导致失业率提高的主要因素是通货膨胀率变异性的日益增加、政府对价格制度干预的日益增加。弗里德曼在这里强调的是制度因素，尽管引起通货膨胀的原因很多，但最终是货币制度变化带来价格制度的不稳定，破坏了人们的正确预期，改变了实际工资水平，进而使与实际工资率结构相一致的自然失业率发生变动。弗里德曼主张，消除高通货膨胀率与高失业率并存的滞胀现象的唯一办法，是解除政府对价格制度的种种干预。

（三）经济开放条件下通货膨胀理论的适用

弗里德曼提出的"现代货币主义"通货膨胀理论基本上是以封闭经济条件下的通货膨胀问题为对象的；要想让该理论在开放经济条件下适用，就必须加以适当的补充，这是因为：

（1）世界货币供应是各个国家货币供应的总和，世界货币供应总量的状况必然影响开放型经济结构国家的通货膨胀。一个国家如果是开放型的经济结构，其通货膨胀率取决于世界货币的总体情况和本国国内信贷规模的大小。当任何一个国家增加货币供应量时，都会使世界货币存量增长，通过国际贸易提高世界的物价水平。仅靠个别国家稳定国内货币供应的增长率，对世界通货膨胀率变化的影响很小，所以最终世界通货膨胀将"输入"该国。

（2）国际金融市场的利息率取决于多种因素的作用，个别国家货币供应量的变化对国际金融市场利息率水平的影响很小。这样，国际金融市场利息率水平的波动将促使世界范围内的资本流动，资本国际流动对一国通货膨胀率及世界通货膨胀率的影响，非一国稳定国内货币供应量增加率所能消除。

（3）开放型经济结构中一国的货币供应量由该国的国内信贷额及其国际储备所构成，这会导致其货币供应量增减所起的作用被国际收支的盈亏抵消。如果一国提高货币供应量增长率，使国内信贷膨胀，就会导致国内资本外流，出现国际收支赤字；如果一国降低货币供应量增长率、降低货币供应量，使国内信贷紧缩，又会导致国外资本流入，出现国际收支盈余。国际收支变动的结果，会使一国货币供应量的实际增减幅度超出该国中央银行预定的计划。

第四节　货币主义学派的经济政策主张

货币主义学派的经济政策以现代货币数量论的理论为理论基础，反对国家过多干预经济，认为经济自由是经济政策的基调。他们认为，市场的自发力量具有使资本主义经济自然而然地趋向均衡的作用。战后资本主义经济的大波动被认为是政府采取了凯恩斯主义错误的财政金融政策，对经济进行了过多的干预造成的。货币主义者提出了控制通货膨胀、稳定物价和经济发展为主要目标的宏观经济政策，他们在反对凯恩斯主义的财政政策的同时，主要强调正确的货币政策的重要作用。弗里德曼把正确的货币政策归结为三点：①货币政策能够防止货币本身成为经济混乱的主要根源；②货币政策能够给经济运行和发展提供一个稳定的背景；③货币政策能够有助于抵消经济体系中其他因素引起的比较重要的干预①。

一、单一规则货币政策

根据弗里德曼的理论，货币数量的变化对长期名义收入变化起决定作用，也是短期内名义收入、实际收入和经济波动的主要因素；货币供应量又是决定物价水平和通货膨胀的关键。所以，合理控制货币存量，保持货币供应量增长率和实际产量增长率的平衡，是货币政策的核心。

货币主义者不仅反对凯恩斯主义的财政政策，而且也反对凯恩斯主义的中央银行根据经济情况相机抉择的货币政策。弗里德曼反对货币当局有意识地运用货币政策来克服经济的不稳定，认为货币数量的变化对实际经济和通货膨胀的影响存在着"时滞"，政府在调节货币供应量时往往会做过头，造成经济波动更频繁和更不稳定。他指出，货币当局只需实行单一规则的货币政策，把控制货币供应量作为唯一的政策工具，由政府公开宣布把货币供应量的年增长率长期固定在同预期经济增长率一致的水平，就可以避免经济波动和通货膨胀。

根据弗里德曼的意见，所谓"单一规则"的货币政策，就是排除利息率、信贷流量、自由准备金等因素，以一定的货币存量作为唯一的支配因素的货币政策。1984 年，弗里德曼发表了《20 世纪 80 年代的货币政策》② 一文，提出了货币政策的战术问题，即将一个或多个变量作为中间目标，选择目标变量的合意趋势，设计能尽量实现这一趋势的步骤。关于第一个问题，弗里德曼断言："多头中间目标的做法是不可能的。美国联邦储备系统仅拥有一个主要的货币控制工具，即对强力货币的控制。"至于第二个问题和第三个问题，弗里德曼认为："年 1%～3%的 M_1 增

---

① 弗里德曼. 货币政策的作用［M］//外国经济学说研究会. 现代国外经济学论文选. 北京：商务印书馆，1979：126-128.

② 弗里德曼. 弗里德曼文萃［M］. 高榕，范恒山，译. 北京：北京经济学院出版社，1991：518-551.

长率将大致与零通货膨胀率相一致。"

二、收入指数化方案

20 世纪 70 年代后期，为了对付滞胀的困境，西方主要国家都不同程度地实行了以工资和物价管制为主的收入政策，但在抑制通货膨胀方面并没有明显效果。弗里德曼坚决反对收入政策，他认为，管制物价和工资并非医治通货膨胀的良方；个别或局部的物价上涨不是决定通货膨胀的根本原因，在货币供应量不变的条件下，个别商品或局部企业调价对总体价格水平变动的影响并不明确；不去控制货币供应量而去管制物价、工资，是不能根本解决问题的。

他提出用收入指数化方案代替收入政策。收入指数化方案是指把工资、政策债券收益和其他收入与生活费用紧密联系，使各种收入随物价指数变化而进行调整。货币主义者认为，收入指数化是有用的补救性政策措施，可以帮助渐进降低通货膨胀率；收入指数化可以减少再分配收入和财富引发的未预计到的通货膨胀损害，而且可以减少与降低货币扩张速度联系在一起的产量和就业下降的代价。他们认为，雇主往往会面临这样一种危险，即在通货膨胀率下降时，根据已订立的合同仍要过度增加货币工资。实施收入指数化，货币工资的增长会自动随着通货膨胀率的降低而放慢，从而消除雇主面临的危险，这样一来失业率上升的幅度也会跟着下降。弗里德曼认为，实行收入指数化政策可以消除通货膨胀过程中产生的收入分配不平等现象，剥夺各级政府从通货膨胀中所得到的非法收益和部分债券所有者所占的便宜，从而消除社会经济生活中搞通货膨胀的动机。当然，弗里德曼也承认，要使社会经济中所有合同契约（包括政府与个人之间的默契）都随物价变化而调整是不可能的，所以收入指数化方案也不是稳定物价的最好方法。要彻底地根治通货膨胀，必须实行"单一规则"的货币政策以控制货币量，但在通货膨胀已经出现时，实行收入指数化还是有积极效果的。

三、浮动汇率政策

按照货币主义的通货膨胀理论，在开放型的经济结构中，一国单靠稳定货币供应量增长率的货币政策解决不了通货膨胀问题，于是浮动汇率政策就成为货币主义学派解决通货膨胀的重要手段。20 世纪 50 年代初，弗里德曼发表了《浮动汇率问题》一文，详细分析了国际收支变化的调节问题，反对实行固定汇率制，主张实行浮动汇率制。他还预言固定汇率制必将被浮动汇率制所取代，浮动汇率才是维持一体化的、较稳定的国际经济的更好手段。当时西方经济学界并未对他的观点引起重视，但 20 世纪 70 年代布雷顿森林体系的瓦解和浮动汇率制的普遍实验，验证了弗里德曼的预言，浮动汇率理论和政策也成为他获得诺贝尔经济学奖的重要原因。

在货币主义者看来，自由的国际资本流动和真正的固定汇率将会使对货币供应量的控制变得不可能。货币供应量的增加会刺激需求和物价，如果实行固定汇率，则本国经济所遭受的任何过度需求多半会遇到出口减少和进口增加，因而国际收支将更加恶化。这将意味着被创造出来的追加货币会部分地从国内经济体系消失而充入世界经济体系。结果当世界货币膨胀率提高时，世界通货膨胀率和国内通货膨胀率都将上升，且国内通货膨胀率将会比世界其他地方上升得更快。因为有些追加的需求会一直指向难于打入国际市场的国内产品，从而促使这些产品的价格上涨。但在自由汇率制度下，一国货币供应量的任何变动，都会通过与之有贸易往来的国家的货币相对比价反映出来，自动维持了国际贸易和国际收入的均衡，减轻对国内经济的不利影响。所以，严格地说，与稳定的货币增长相协调的唯一的制度就是完全自由的汇率制度，这对实现经济的稳定增长、发展不受限制的多边贸易都是极为有利的。

简要评论

货币主义学派是作为凯恩斯主义的对立面出现的，它的出现被认为是经济学上"对抗凯恩斯革命"的一次革命，对当代经济理论和各国经济政策有重大的影响。西方经济学界对货币主义学派的发展所做的评价大多是积极肯定的，因为货币主义学派在20世纪50年代至70年代初这一时期，无论在理论方面还是在经验方面都取得了进步。货币主义学派重新表述了货币数量论分析方法，添加了对菲利普斯曲线在适应性预期条件下的解释，并把货币分析应用于国际收支理论和汇率决定，由此得到了现实世界的大量印证和经验上的支持。

20世纪70年代理性预期学派对宏观经济学的发展，使人们怀疑能否利用货币主义学派的稳定政策来改善经济的整体运行情况。同时，一些经济学家认为，由于货币主义在理论上的不完善，它还不足以取代凯恩斯主义。尽管如此，对于许多经济学家来说，货币主义学派仍然活着而且很健康。只有当世界经济中消除了通货膨胀时，技艺娴熟的货币主义者才会放下手中的工具，这些专业人士只有在做完一切、感到自己多余的时候，才会安心歇息下来。

本章基本概念

1. 现金交易数量说
2. 现金余额数量说
3. 货币主义学派的货币需求函数
4. 暂时性收入与持久性收入
5. 货币分析理论模型
6. 名义收入货币理论

7. 滞胀

8. 自然失业率

9. 加速主义

10. 单一规则

11. 收入指数化

12. 浮动汇率

本章思考题

1. 货币主义学派产生的历史背景是什么？

2. 货币主义学派的思想渊源是什么？主要的货币数量说有哪些？

3. 弗里德曼的货币需求理论的主要内容是什么？与传统的货币数量论相比有些什么特点？与凯恩斯的货币需求理论相比呢？

4. 试述弗里德曼的货币分析的理论结构模型的主要内容。

5. 名义收入货币理论的主要内容是什么？

6. 货币主义学派关于通货膨胀的观点是什么？弗里德曼认为人们对菲利普斯曲线的认识分哪几个阶段？

7. 货币主义学派的经济政策主张有什么主要内容？

第七章
理性预期学派

理性预期学派（rational expectation school），又译为"合理预期学派"，是 20 世纪 70 年代之后在美国形成的重要宏观经济学流派。他们从新古典经济学的利益最大化原则出发，以古典学派的市场连续出清为前提，着重从宏观上分析理性预期在市场经济活动中的作用及其对经济政策实施效果的影响，故而称为"新古典宏观经济学派"。"新古典宏观经济学"这一术语是托马斯·萨金特首先使用的，他在 1979 年出版的《宏观经济理论》一书中首次使用新古典宏观经济作为其中一章的标题。

理性预期学派的理论来源有三个：其一，理性预期的概念来源于 20 世纪 60 年代初美国经济学家约翰·穆斯的一篇论文；其二，市场出清的概念和对市场调节完善性的认识来源于新古典学派；其三，理论上直接继承了货币主义，自然失业率假说来源于货币主义的有关论述，因此也被称为"货币主义Ⅱ"。

理性预期学派的首领是芝加哥大学的教授罗伯特·卢卡斯，代表人物还有托马斯·萨金特、尼尔·华莱士、约翰·泰勒、爱德华·普雷斯科特和罗伯特·巴罗，在英国有利物浦大学的经济学教授帕里克·明福尔德等；美国的明尼阿波利斯联邦储蓄银行是该学派的重要据点。

第一节　理性预期学派概述

理性预期假说最初出现在 1961 年，当时的美国年轻经济学家约翰·穆斯在美国《经济计量学》杂志 1961 年 7 月号上发表了一篇题目为"理性预期与价格变动理论"的论文，首次提出了"理性预期"的概念。穆斯从工程学文献中借用了这个概念，并且构造了一个以最优化为目标、经济主体有效率使用信息的经济模型。在 20 世纪 60 年代，这一概念曾被用于货币分析；70 年代初，小罗伯特·卢卡斯等人把理性预期假说与货币主义模型结合起来分析，提出凯恩斯主义的宏观经济政策即使在短期内也是无效的。他们逐渐将理性预期的概念应用于稳定经济政策的争论，从而形成理性预期理论。他们试图证明，以传统的新古典主义为基础建立起来的宏观经济模型，比凯恩斯主义的宏观经济模型更能说明通货膨胀与失业之间的关系，凯恩斯主义的宏观经济管理是无效的。

理性预期学派是沿着新古典经济学的分析思路进一步展开理论分析的，是对新古典经济学关于理性行为分析的扩展。在坚持新古典主义的基础上，理性预期学派阐明了预期在经济模型中的关键作用，将预期形成作为经济分析的重点对象。根据理性预期理论，整个经济学的最终基础是信息论，人们通过占有大量的信息来预期和制定决策，并用以指导整个经济活动。由此而论，理性预期学派改变了整个西方经济学的方向和进程。

一、经济学中的预期理论

在经济学中，预期是对与目前决策有关的经济变量的未来值的预测。从事经济活动的当事人为避免未来的经济损失或者是错过盈利机会，他们在进行经济决策和经济活动之前，会对未来的经济形势及有关的经济变量做一定的估计和判断。由于预期是个人对未来经济发展情势的一种判断，它是主观的，不能脱离进行预期的人而独立存在；当然，个人不能凭空进行预测，他总是根据一定的信息来进行预测，因而预期又是客观的。同时，关于某个特定经济变量的预期，并不是指某个单独的预测值，一般是指该变量的未来值的概率分布。

在 H. 舒尔茨、U. 里西和 J. 丁伯根等人的蛛网理论中，已经涉及价格预期的问题。瑞典学派的事前与事后分析也包含着预期因素。凯恩斯是第一个使预期在经济分析中占据首要地位的经济学家，他对就业水平、货币需求、投资水平以及贸易周期的分析都主要决定于预期，但他并没有真正说明预期是如何形成的，他的预期范畴与一种可运用、可操作的概念还相去甚远。那么经济理论中的预期理论有哪些呢？根据经济学家们所设想的预期形成机制，可以分为如下四类：

（一）静态预期

静态预期是假定经济活动的主体（企业或个人）完全按照已经发生过的情况来估计和判断未来的经济形式。传经的蛛网模型理论就是静态预期。在蛛网理论中，生产者必须对未来上市的产品价格进行预期，以决定其供给数量。蛛网理论假定，生产者通常都以当前的市场价格作为对下一期市场价格的预期，这就是静态预期。在静态预期过程中，价格和产量都会大大偏离均衡值，而且有规律地出现波动，一个供给少、价格高的时期之后就是一个供给多、价格低的时期，这就形成了大家熟悉的蛛网模型。

蛛网模型把前期的实际价格完全当成现期的预期价格，作为一种预期模型，并不令人满意，因为：①单位生产者行为忽略了所有其他生产者的类似行为的影响；②没有考虑生产者总结之前的经验并从中受益。但是蛛网模型的确说明了预期的重要性，突出了可供选择的预期模型的优点。

（二）外推性预期

外推性预期的概念是由美国经济学家梅茨勒提出来的，它指对未来的预期不仅应根据经济变量的过去水平，而且还应建立在经济变量的变化方向基础上。进一步说，在这里预期要根据两个方面的信息资料：一是某种经济变量过去已经达到的水平，根据过去预测未来；二是该种经济变量所显示出来的变化趋势，根据其变化趋势来预测将要到达的水平。

显然，这里的预期和行为取决于预期系数的数值，而预期系数则是当事者根据变幻不定的经济形式确定的，由于人们无法确知经济的前景，这种预期是非理性的，缺乏可靠的基础，容易发生突然而剧烈的变化。概括地说，外推性预期有三个特征：①预期的形成缺乏可靠的基础，易受当事者情绪的支配；②预期被作为一个外生变量对待，从而被排除在模型的分析范围之外，即"把预期主要看作外部变量，因而同任何模式中的现行变量无关"①；③预期不受有关经济变量与政策变量的影响。

（三）适应性预期

适应性预期的概念最初是由美国经济学家菲利普·卡根在1956年发表的《超通货膨胀的货币动态理论》一文中提出来的。后来，弗里德曼在分析通货膨胀和"自然失业率"时，对适应性预期概念加以运用和推广。适应性预期是说，经济活动参与者将根据自己过去做出预期时所犯错误的程度来修正他们在以后每一时期的预期。这是经济学构想中一个非常普遍的例子，叫作"滞后分布"，说明了适应性预期是以数列为主要形式和以全过程信息为基础的预期②。

适应性预期理论强调，经济活动主体的预期并不是独立于其他经济变量之外的某种心理状态，而是以他们过去的经验和客观的经济活动为基础的，人们可以利用过去的预期误差来修正他们现在的预期。但是，适应性预期的形成还是有一定不足，即它在讨论预期形成的时候，只注意人们受过去经验和经济变化的影响，而忽略了其他方面的信息来源，尤其是没有考虑到政府的经济政策等因素对预期的影响。因此，适应性预期遵循政府制订经济政策的既有规则，他们就会在纠正自己过去错误时不断犯下新的错误，这就是系统地犯错误了。

（四）理性预期

上述三个不同的预期机制都有一个共同的缺陷，它们在本质上都是随意性的，没有任何经济行为理论为基础。针对这个问题，1961年穆斯提出理性预期假设。他说："我认为，由于预期是对未来事件进行的信息有依据的预测，因而它们在本质上与相关的经济理论的预测是一样的……这一假设说明了三个问题：①信息是不足的，经济体系一般不浪费信息；②预期形成的方式尤其取决于描述经济的相关体系的结构；③'公众预期'……对经济体系的运行并没有产生很大的影响（除非它以内部信息为基础）。"穆斯指出，信息应被视为只是另一种可以用来参与配置获取最大利益的资源，追求效用最大化的个人应该在进行预期时利用一切可能获得的信息，

① 斯特拉瑟. 合理预期是有前途的研究大纲，还是货币主义学派的宗教激进主义理论 [J]. 经济学译丛，1986（8）：71.

② 卡特，麦道克. 理性预期：八十年代的宏观经济学 [M]. 上海：上海译文出版社，1988：22-24.

与任何经济体系的特性相关的信息都是这种体系的结构。因此，穆斯得出结论，理性的经济主体将运用他们有关经济体系结构的知识来形成预期。由此形成了理性预期理论的两个显著特点：

（1）人们对经济未来变化的理性预期，总是尽可能最有效地利用现在的所有信息，而不是仅仅依靠过去的经验和经济的变化；同时，"在用理性预期来代替适应性预期的结构里，模型中的经济主体会注意到政策的变化。……经济主体将改变他们的决策，以便充分利用一项新的政策产生出来的任何有利机会"[1]。理性预期理论并不认为每个经济主体的预期都是完全正确的和与客观情况一致的，而是认为这些经济主体的预期（主观后果的概率分布）与理论的预设（客观后果的概率分布）是趋向一致的。

（2）理性预期理论并不排除现实经济生活中的不确定因素，也不排斥不确定因素的随机变化会干扰人们预期的形成，它使人们的预期值偏离其预测变量的实际值；但它强调，一旦人们发现错误就会立即做出正确的反应，纠正预期中的失误，因此人们在预测未来时绝不会犯系统性的错误。

二、理性预期学派与凯恩斯主义、货币主义的论争

理性预期学派的假设前提是经济活动当事人追求利益最大化、理性预期、市场连续出清。由于假设前提不同，该学派与主流的凯恩斯主义经济学、货币主义经济学存在诸多观点分歧。

（一）关于通货膨胀与失业的关系

从理性预期理论出发，理性预期学派在许多经济问题上都与凯恩斯主义和货币主义持不同观点。凯恩斯主义经济学家们认为，资本主义国家的政府可以利用菲利普斯曲线所反映的通货膨胀和失业之间的替代关系来管理国民经济。货币主义学派反对菲利普斯曲线长期存在负斜率的观点，他们认为简单菲利普斯曲线只能在短期内存在，而在长期内是不能成立的。货币主义学派的短期菲利普斯曲线的通货膨胀与失业之间存在交替关系的结论，是依据适应性预期理论得出的。

理性预期学派断言，菲利普斯曲线交替关系即使在短期内也是不存在的。在理性预期条件下，人们已经估计到货币供应量增长后可能发生的实际后果，从而采取了预防性措施，因此一旦货币供应量上升，它只导致通货膨胀率的变化，并不能使工资和利息率下降，于是暂时的产量增加失业率下降也不会发生。货币供应量的变化即使在短期内也不会影响经济生活中的实际经济变量。菲利普斯曲线总是稳定在自然失业率的水平上的。

---

① 威尔斯.理性预期：反凯恩斯革命的革命［M］//贝尔，等.经济理论的危机.上海：上海译文出版社，1985：120.

（二）关于国民收入的决定

凯恩斯主义认为国民收入是由总需求决定的，在他们的宏观模型里，总供给曲线是一条水平的直线，平行于反映国民收入的横轴，也即是说，总供给可以根据总需求的变化无限地变化。也正因为这样的假设，凯恩斯主义对总需求管理的财政政策和货币政策才对提高产量、降低失业率有效。货币主义的观点则是总供给曲线短期内具有正的斜率，需求管理政策有一定的效果；然而在长期中，总供给曲线是一条自然产出水平上的垂线，需求管理政策不再有效。货币主义学派的这种观点仍然是基于适应性预期的理论得出来的。

理性预期学派在总供给曲线这个问题上比货币主义走得更远。他们认为总供给曲线即使在短期内也是一条垂线（这种观点实际上复兴了新古典经济学的供给观点），而理性经济人会根据所获知的政策等信息及时地调整自己的经济行为。因此，政府当局的任何力图使经济产量和就业水平偏离自然率的总需求管理政策都是无效的。理性预期学派认为一国的国民收入是由总供给和总需求共同决定的，总供给是社会所有理性经济人所提供的产量总和，对总供给变动以及变动因素的分析同样很重要。

（三）关于自然率假说

自然率假说最初是用来说明产出的长期增长趋势的。产出在长期中表现出稳定的增长率，这个增长率被称为"自然率"①。货币主义学派和理性预期学派都坚持自然率假说，但他们之间也存在分歧。以自然失业率为例，货币主义者认为只有长期经济才能实现自然失业率，因为在未预料到的通货膨胀率的影响下，货币数量变动会影响到实际的经济变量变化，由此决定的失业率会偏离其原来的自然率水平。只有在长期中，通货膨胀情况被人们所认识，实际经济变量才不会受到货币数量的干扰。经济才会实现其自然失业率水平。

理性预期学派从理性预期的理论出发，认为货币始终是中性的，实际经济变量始终不受货币数量的影响，那么由此所决定的失业率便始终处于自然失业率的位置。他们更彻底地坚持了自然率的假说。

（四）关于政策有效性和政策规则

凯恩斯经济学认为资本主义经济运行并未达到充分就业的状态，他们强调需求管理政策对宏观经济的影响，强调财政政策和货币政策对产量和就业水平的影响。他们认为，政府可以而且应该运用需求管理政策和货币政策对产量和就业水平施加影响，并且对社会经济进行管理。在货币政策问题上，凯恩斯主义强调货币对经济活动的直接影响，货币传导机制是货币供给量决定利率，利率影响投资水平，投资水平决定国民收入和就业水平，结果货币是非中性的。他们主张政府采取相机抉择

① 胡代光，高鸿业. 西方经济学大辞典［M］. 北京：经济科学出版社，2000：180.

的经济政策对经济进行管理。

货币主义学派坚持货币中性的假说，区分了经济中的实际变量和名义变量，并把这看作复兴货币数量论的一个重要组成部分。但货币主义学派认为，货币只是在长期中才是中性的，短期内的需求管理政策对国民收入和就业水平有影响。政府可以利用短期内存在的通货膨胀与失业之间的交替关系来对经济进行管理。他们认为货币政策更为重要，在制定货币政策时，要遵循的规则是单一规则，即保持一定的货币供应量的增长率，这样才能保证经济稳定地增长。

理性预期学派坚持货币中性的说法，不论长短期，货币数量只对经济变量的名义值产生影响。他们认为需求变动不会影响到经济生活中实际的经济变量，政府采取的所谓相机抉择的经济政策只会加剧经济不稳定，导致通货膨胀率的更剧烈的变动。因此，理性预期学派坚持认为对总需求进行管理的政策是无效的，政府不能通过政策干预使经济偏离自然率状态。政府唯一有效的政策制定规则是取信于民，因为公众是理性的，他们也一定程度上支持政策的简单规则，以减少意料之外的不合意事件的产生。

（五）关于分析方法

凯恩斯主义经济学是用总量分析来建立宏观经济模型的。按照凯恩斯学派的看法，在市场经济中，每个经济主体都是从自己的局部出发来进行经济活动，从局部看来合理的事情，从整体全局上看未必合理。因此对宏观经济的分析不从经济个体出发，而采取总量分析的方法。在预期问题上，凯恩斯经济学强调未来的不确定性，因而预期是无理性的。

理性预期学派认为总量分析的方法过于一般化，没有考虑微观因素，没有考虑市场机制的作用和公众对经济政策的反应。他们认为个人决策的作用与人们对宏观经济形式的预期、整个经济运行息息相关，要用微观分析来补充一般宏观分析中的不足，并建立宏观与微观相结合的分析方法。理性预期学派采取了经济计量学的论证方法，结合大量数据来进行研究，这也使其经济理论更有说服力。在预期问题上不同于货币主义学派的适应性预期，他们的理论基础是理性预期，强调当事者的理性行为。理性预期学派承认风险，但排除了经济中的不确定性，认为人们根据充分掌握的大量信息，能够实现理性预期。

第二节 理性预期学派的经济理论

一、理性预期条件下的 AS-AD 模型分析

（一）从需求分析到 AS-AD 分析

在理性预期学派的阐述中，在没有政府干预和对外经济关系的情况下，社会总需求由消费需求和投资需求构成，分析社会总需求也要分析收入、消费、储蓄和投资之间的函数关系。但是理性预期学派在这些需求的分析上都加上了理性预期的因素。

1. 消费需求理论

理性预期学派的经济学家把理性预期理论应用于收入与消费的分析，提出了前瞻性消费理论。前瞻性消费理论假设家庭或个人的消费决策取决于现时和未来的可支配收入，消费决策也包含了当前和未来的消费。前瞻性消费理论重视来源于消费者未来的工作收入、财富积累、受税赋高低影响的未来可支配收入，这种未来可支配收入决定了消费者的长期消费类型。

2. 投资需求理论

按照理性预期学派的观点，投资也是一种前瞻性的行为。前瞻性投资意味着企业在投资之前必须搞清楚增加投资的边际收益，必须对资本价格的变化进行预期，并进行跨时期的资本预算。若所有企业的投资都是按照理性预期进行合理决策的，企业根据资本价格的变化及其预期，把资本存量调整到所希望的资本存量，那么就可以很容易地从一个企业的投资推及整个经济体系的投资，形成总的投资需求，从而可以从企业的投资需求函数引申出总投资需求函数。在考察总投资需求函数时，该学派认为企业会充分预期到税收、利率等变动对整体经济的影响。在理性预期的情况下，这势必减少政府税收政策对投资的影响，政府的税收政策作用受到了私人部门预期的影响；对利率变动的预期也同样会影响企业的投资行为和政府的货币政策作用。

3. 社会总需求分析

理性预期学派的社会总需求分析，首先是对具体的微观的消费需求和投资需求的分析，实际上也就是用具体的微观需求分析代替了传统的凯恩斯主义的总需求分析，并且在需求分析中，该学派尤其重视理性预期的作用。从微观的消费需求和投资需求推导出总需求函数，反映了经济中对商品和劳务的需求总量，它同样具有总需求和物价水平之间的反比例关系，总需求曲线也具有向下倾斜的负斜率性质。

4. 社会总供给分析

理性预期学派认为，社会总供给是指一国使用基本的经济资源能够生产的产量，

或称潜在的国民生产总值和产出能力。这种能力是要受到一定条件的限制的，其中起限制作用的主要经济资源是劳动力、资本和技术构成。理性预期学派认为，对社会总供给本身进行分析是非常重要的，这一点与凯恩斯经济学家的观点是不同的。社会总供给除了受社会总需求的影响，也受工资、成本、价格等因素的影响，因此应该探讨社会总供给本身的变动规律。在理性预期学派的分析中，阐述了劳动力市场出清、社会总供给决定、自然率、实际经济变量、名义经济变量等重要方面，分析了理性预期在决定社会总供给中的作用。

罗伯特·卢卡斯强调预期价格和未来市场实际价格之间的关系对总供给曲线形成的重要性。根据卢卡斯的观点，预期的价格和未来市场实际价格的关系决定了供给曲线的位置和斜率，短期中供给曲线是向上倾斜的，但这仅仅是因为价格的上涨没有被完全预期到。如果经济中所有的工人及其雇主都能够正确地预期到价格变化，那么价格上升将会导致工资上升，而不会带来相应的产出增加。卢卡斯进一步指出，既然工人们能够预期到价格的上涨，那么正常情况下工资就会伴随价格上升，雇主们也能正确根据产品的相对价格安排生产，因此总供给曲线在大多数情况下是一条垂直线。卢卡斯是以信息为基础的模型研究的奠基者，他认为只有在增加了信息对于劳动和产品供给行为的决定作用以后，价格与产品之间才存在一种正相关关系，从而得到了著名的卢卡斯供给曲线。

理性预期学派认为，因为工人和雇主会想尽方法获取信息，并根据信息做出理性预期，所以针对物价水平变动引起的实际工资变动和产品价格变动，他们都会及时调整自己的经济行为。这种情况下，不管名义工资率如何变动，实际工资率都会处于使劳动力市场出清的供需均衡点上，这一均衡点的劳动量便是就业的自然率水平，与此相应存在的失业率即为自然失业率。由这个固定的就业水平维持的产出也是一个固定的产量，这就是产量的自然率。由此可以得出在长期或者在理性预期条件下，总供给是稳定在自然率水平上的，总供给曲线是一条垂直线。

（二）理性预期的宏观经济模型

1. 理性预期宏观模型

理性预期学派的宏观经济模型有三个基本假设：①理性预期；②市场持续地迅速出清；③总供给的特性。按照理性预期学派的观点，总产出水平与市场经济中的一般物价水平的关系如何，取决于经济活动参与者能否及时、准确、全面地获取市场的有关信息，并根据信息做出理性预期，调整自己的经济行为。从生产者的角度来看，如果厂商不仅知道其所在市场的现行均衡价格，而且知道所有其他市场上的现行均衡价格，那么他们将及时调整产量，从而使总需求增加，导致物价上涨，但不会使总产出提高。只有当预期误差使厂商们产生错觉的时候，总产出才会偏离其自然率水平，一般物价水平才会与总产出水平相联系。

在理性预期学派的宏观经济模型中，人们能否正确预期到一般物价水平或总需求的变化，决定着总产出水平是否会偏离其自然率水平。根据理性预期的观点，由于人们的预期形成是理性的，人们的预期误差必然是随机的或由意料之外的干扰因素造成的；只有当一般物价水平或总需求水平因意外因素干扰而发生变化时，才会使总产量偏离其自然率水平。这是理性预期学派宏观经济模型的最重要的结论，它表明长期总供给曲线 AS 为一条垂直于横轴的直线，物价水平或总需求水平的任何变动都不会引起总产出水平的变动，因此改变总需求的财政政策和货币政策都是无效的。

2. 对滞胀现象的解释

理性预期学派的经济模型在解释滞胀现象时认为，如果在总供给假设中加入理性预期的因素，人们会根据自己的理性预期调整总供给水平，总供给曲线的位置会发生移动。当人们预期的物价水平变动高于实际物价水平变动的幅度时，将会同时导致物价上涨和产出下降，这就是所谓的滞胀。

二、政策无效性命题

理性预期学派的理论对经济产生了重大影响，一个重要原因是资本主义经济处于滞胀阶段时，旨在减少失业的总需求管理已不再有效。从理性预期学派的宏观经济模型中可以看出，如果物价和工资是完全可变的，那么任何偏离自然就业率的情况都必然是短暂的，任何改变总需求的货币政策和财政政策的作用必然是暂时的。由于人们的预期是理性的，任何未预料到的情形即使出现也会很快被认识，任何有偏差的经济行为即使发生也会很快得到纠正。因此，政策的暂时作用也必将迅速地被理性预期所"克服"，经济活动总在自然率水平上，总供给总是稳定的。这种"政策无效性"的理论依据就是理性预期理论。

（一）货币政策无效论

理性预期学派的货币理论认为，货币是中性的。按照货币中性论，货币作为交换的媒介和计量经济变量价值的工具，本身没有什么价值，而且也不影响经济变量的实际价值。货币中性建立在理性预期基础上，由于一切经济活动都是根据理性预期进行的，货币数量的增加和减少，只会影响价格水平、通货膨胀率等名义变量，而不影响实际的经济变量；实际的经济变量是由经济中的技术条件、劳动供求等实际因素决定的。

在货币中性的情况下，政府系统的货币活动便对实际利率不发生影响。这都是因为在理性预期这一前提下，人们会应用关于货币当局政策规则的系统信息来形成他们关于未来价格的预期。不论货币当局选取什么样的货币供应量都不可能瞒过经济当事人，使之犯预期价格的错误。货币当局的货币政策对于产量和就业没有系统的影响。理性预期下货币政策是无效的。

理性预期学派认为，人们对物价水平的预期不是固定不变的，或是只根据以往的经验形成，人们会考虑到未来货币供应量变化率的情况。出于对本身经济利益的考虑，经济主体在从事经济活动时会充分利用目前可以得到的一切信息，这使得他们能够较为准确地预期货币当局增加货币供应量的政策，价格也因此不会停留在原有水平上，而必将会向上移动到与货币供应量增长率相应的水平上。这时，工资和利率等都会立即做出相应的调整。

通货膨胀率会被考虑到利息率变化的决策中去，即使货币供应量增加了，也不会产生降低利率的效果，只能引起名义利息率的立刻升高，而实际利息率、实际工资等实际经济变量并没有受到任何影响。这样，由于人们的理性预期，政府增加货币供应量的货币政策无论在什么时期内，在降低利息率、刺激总需求、扩大就业和增加产量方面都将是无效的，其结果只能是通货膨胀。

（二）财政政策无效论

经济学家爱德华·普雷斯科特和法因·基德兰德曾经合写过《竞争的波动理论和稳定政策的可行性与合意性》一文。该文以理性预期的理论观点分析了财政政策在稳定经济中的作用，提出了"财政政策可以用来稳定经济吗"这样的问题，代表了理性预期学派对财政政策的质疑。

罗伯特·巴罗对政府的支出、税收和公债进行了深入分析，认为财政政策在理性预期的情况下也是无效的，政府支出增加和税率提高都会减少私人投资，降低社会资本存量，导致人们的"永久性财富"减少[1]。

巴罗利用理性人的假说，复兴了19世纪初的著名古典经济学家李嘉图曾经提出过的一个重要的观点：征税和举债是等价的，因而公债的效果是中性的。李嘉图在《政治经济学及赋税原理》一书中提出一种推测：在某些条件下，无论政府使用债券还是税收来筹资，其效果都是相同的。西方经济学家将该观点称为李嘉图等价原理。从表面上来看，以税收筹资和以债务筹资并不相同，政府的税收减少了一个人的财富，而出售相当于该税收额的债券给同一个人，以后再同利息一起偿还给他，这似乎没有改变一个人的财富。但是政府的任何债券发行都体现着将来的偿还义务，而这种政府的偿还义务会导致在将来偿还时，政府还得向社会征取更高的税收用于偿还，这意味着社会要承担更高的税收。如果人们意识到这一点，他们将会把相当于未来额外税收的那一部分财富积蓄起来，结果使得人们可支配的财富数量与征税时的情况一样。李嘉图本来并不认为上述推测完全符合现实，但是巴罗却认为按理性预期行事的人们正是采取这样的行动。

巴罗在《政府债券是净财富?》一文中提出，当政府出售债券以弥补减税的收入损失时，具有理性预期的人同时就会意识到将来为了还本付息，政府会使他面临更高的赋税，政府借债只是一种推迟了的纳税。为了应付将来的税收负担，人们将把由于减税而增加的收入储蓄起来，以备将来应付增加的税收，而不是花掉这笔由于暂时减税而增加的收入。

① 巴罗. 财政政策的新古典方法［M］//巴罗. 现代经济周期理论. 剑桥：哈佛大学出版社，1989：178-235.

早在巴罗发表这篇文章之前，一些经济学家已经认识到，对将来赋税的预期会促使消费者储蓄更多，但他们认为这种抵消作用只是部分地发生，有些人在债券需要兑付之前会死去。如果由偿还公债导致的更高的赋税部分地落在后来的人身上，那么今天的纳税人确实会感到他的财富更多些，因此花费也会更多些。针对这种想法，巴罗认为，假定今天的纳税人通过遗产与后代有联系，那么李嘉图等价原理最终还是成立的。理由是，消费者是关心后代的，他们不仅从自己的消费中获得满足，而且会关心孩子的后辈，情况会一直延续下去。由于这种代与代之间的联系，今天的纳税人就会像他们能永远活着一样行动。如果政府增加财政预算赤字，纳税人知道他们的孩子将来会面临更重要的税负，他们就会考虑留给后代更多的遗产。因此，他们会需要更多的储蓄，而不会增加目前的消费。

巴罗所复兴的李嘉图等价原理有很强的政策意义，如果所有人都意识到他们的纳税只是被推迟的，那么政府通过借款而增加的任何支出都将被私人储蓄的等额增加所抵消。结果，既不存在消费扩张，也没有收入增加的乘数效应。这样一来，政府通过减税或举债来刺激经济的财政政策都是无效的。

三、经济周期理论

（一）西方经济学说史中两类经济周期理论

在西方经济学史中，主要有两种关于经济周期的理论观点：

一种是以需求或有效需求不足来解释经济周期的理论观点。这种观点可以追溯到马尔萨斯和西斯蒙第等。马尔萨斯认为土地所有者阶级消费不足是造成生产过剩的根本原因，西斯蒙第则以小生产者阶级的破产和劳动阶级的贫困状态所造成的消费不足来解释经济周期。20世纪30年代产生的凯恩斯经济学，则以有效需求不足来解释经济周期的问题，这可以看作对马尔萨斯经济周期理论的继承和发展。

另一种是以动态的时间序列来分析解释经济周期现象的理论观点。这种观点的提出者为美国著名的经济学家米契尔。作为静态的一般均衡分析是根本否认经济周期现象的，开创一般均衡分析的经济学家瓦尔拉斯、帕累托等人，也认为市场价格的自由变动总能使劳动力市场和一般商品市场出清，不会引起经济体系的周期性变动。米契尔的贡献在于，把时间系列分析引入了一般均衡分析，从动态的一般均衡变动中寻找经济周期发生的原因、表现和后果。凯恩斯经济学的出现，使按米契尔思路进行的经济周期活动的研究居于次要地位，但这种研究始终没有间断。新古典综合学派的动态一般均衡分析，一方面把凯恩斯的经济模型按照实用的方向发展，另一方面又同新古典一般均衡体系联系起来，使之适用时间序列分析。另外，希克斯把一般均衡体系动态化，把企业和家庭的最大化行为问题解释为包括所有"有时期物品"的选择，可以看作对时间序列分析研究经济周期问题的思路的发展。

以卢卡斯、萨金特和华莱士为代表的理性预期学派努力恢复新古典经济学的理性原则和均衡分析，其经济周期理论观点是在上述时间序列分析中加入了理性预期的因素，把经济周期理论和理性预期分析直接联系起来，重新解释资本主义经济的周期性波动现象。因此，理性预期学派的经济周期理论是时间序列分析的经济周期理论的继承和发展，通过考察时间序列中的各种随机变量间的相互关系来解释经济周期。

（二）卢卡斯关于经济周期的理论

卢卡斯在《理解经济周期》《经济周期理论的方法与问题》等论文中，深入论述了经济周期的含义与经济周期理论的形成、演变和发展，特别是将经济周期的形成、演变和发展与一般均衡理论的发展联系起来，并加入理性预期的因素，这使其经济周期理论具有了理性预期的特色。

1. 卢卡斯关于经济周期的定义

卢卡斯这样给经济周期理论下了个定义："在资本主义经济中，为什么总量经济变量都经历着重复变动的趋势，而且在本质上都有相同的特征？在凯恩斯的《就业、利息和货币通论》之前，把对这个问题的问答看成对经济研究的重要挑战之一，而把对这个问题的尝试称作经济周期理论。"[1]

卢卡斯认为，任何国家的国民生产总值的变动趋势总可以在技术上以一个随机扰动的差分方程来描述，这些经济波动表现出一些规律性特征：①范围极广的跨部门的产量同时波动；②生产性耐用品和非生产性耐用品的生产比其他非耐用品的生产在数量上显示出更大的波动；③农产品和自然资源的生产和价格低于平均的生产和价格；④工商企业的利润显示出较高的一致性，而且在波动幅度上大于其他部门；⑤价格一般是周期变动的；⑥短期利率也是周期变动的，长期利率则仅仅稍做变动；⑦货币总量和其流通速度是周期变动的[2]。卢卡斯进一步指出，这种理论解释是支配市场经济的一般法则，而不是基于特定国家和特定时期的政治经济制度。

2. 经济周期理论中的理性原则

理性预期学派在分析资本主义经济周期性波动时，继承了新古典经济学的理性原则。具体分析经济周期问题时，理性原则体现为两个重要的假说[3]：①理性预期假说。经济主体都是理性的，在信息充分的条件下他们对未来经济活动和经济事件的主观预测和经济理论的预测基本一致；②短暂替代假说。产品和劳动的供应者会根据相对价格或相对工资的变化情况，立即进行产品生产的替代、劳动时间与闲暇时间的替代，工资和物价的短期微小的变化足以引起产量与就业量的显著波动。

3. 卢卡斯的货币经济周期理论

卢卡斯认为，既然价格波动和货币总量波动发生在产量波动之前，经济周期波动就应该主要从价格波动和货币总量波动方面寻找原因。

价格的波动分为两种：一种是一般物价水平变动，也就是由通货膨胀或通货紧

---

① 杨玉生. 理性预期学派［M］. 武汉：武汉出版社，1996：147.

② 杨玉生. 理性预期学派［M］. 武汉：武汉出版社，1996：149.

③ 蒋自强，史晋川，等. 当代西方经济学流派［M］. 上海：复旦大学出版社，2001：155.

缩引起的物价总水平变化，这种变化最终是由货币总量的变化引起的；另一种是相对价格的变化，也就是不同产品价格之间的比例变化，这种变化是由消费者偏好发生变化引起的。卢卡斯认为，在一个物价水平经常变动的经济中，生产者面临着一个信号筛选的问题，他必须推测自己所面对的名义价格变化中，有多少是由通货膨胀引起的，有多少是由相对价格变化引起的。对于生产者来说，在决定生产安排和雇工数量的时候，只有相对价格变化才是至关重要的。相对价格变动的特点是长久持续的，它可以起到一种调节资源配置的作用。而一般物价水平的变动是相对短暂的，除非政府实行持续的单一方向的货币政策。

货币因素是波动的初始根源，正是货币供给的冲击引起经济波动。波动的传导机制是信息障碍，由于经济当事人不能获得完全信息，所以不能准确判断价格变化的实际情况，从而导致了产量的波动。由于信息的不完全性，经济主体在市场活动中往往容易混淆一般价格水平的变化和相对价格水平的变化，在货币数量突然增加的情况下，他们会误以为产品相对价格上升，于是就增加投资和扩大生产规模，使经济进入繁荣时期。但是，到了某一时期，一旦生产者掌握了更充分的信息，意识到自己的预期错误，他就会立即加以纠正，并重新调整生产计划，减少投资，结果经济由繁荣走到萧条，爆发周期性的危机。如果一个国家以往的物价水平比较稳定，政府突然利用出人预料的通货膨胀政策是比较容易制造经济繁荣的，但政府不可能连续不断地采取出乎公众预料的政策。政府持续利用通货膨胀政策的时间越长，生产者的反应就越小。当政策效果被人们事先完全预料到时，政策就变得无效了。

（三）理性预期学派的实际经济周期理论

自 20 世纪 80 年代早期以来，经济理论对经济总量不稳定性的解释已集中在实际冲击而不是货币冲击，被称为"实际经济周期理论"。实际经济周期模型的思想最早出现在罗伯特·巴罗 1980 年的文章中，这种研究方法的最出名的辩护者和促成者是美国一些大学教授，如爱德华·普雷科特、法因·基德兰德、查尔斯·普咯瑟、约翰·郎等。2004 年的诺贝尔经济学奖被授予了法因·基德兰德和爱德华·普雷斯科特，以表彰他们对宏观经济学所做出的贡献——经济周期的根源和经济政策的时间一致性。实际经济周期理论被认为是近二十年宏观经济学最引人注目的进展之一。

1. 经济波动产生的根源

实际经济周期理论排除了货币因素作为经济波动的初始根源的可能性，认为经济周期波动的根源是实际因素，特别是技术冲击。技术冲击决定着投入（资本与劳动）转变为产出的能力，引起了就业与产出的波动。技术冲击具有随机性质，它使产出的增长路径也呈现出随机跳跃性。当出现技术进步时，经济就在更高的起点增长；若技术退步，经济将出现衰退。当技术冲击最初发生于某一部门时，由于社会生产各部门之间存在着密切的相互联系，它会引起整个宏观经济的波动。

2. 经济波动的传播机制

实际经济周期理论认为，技术冲击对经济具有长期效应，因为由技术冲击引起经济波动的核心传播机制是劳动供给的跨时期替代，即在不同时段重新配置工作时间的意愿。它认为，工资短暂变化的劳动供给弹性很大，人们只关心自己的整个工作成果，而不关心具体什么时候工作。通过跨时期的劳动供给选择，人们可以使自己的工作总量供给对永久性工资变动的反应是微弱的。因为当工资变动是永久性时，此时期工作和下时期工作对于劳动者来说并没多大差别，对他的总收入变动没有影响。

如果技术冲击是暂时的，它使得当期的实际工资暂时地高于标准工资，那么劳动者将以工作替代闲暇，提供更多的劳动，于是产量和就业量均上升，而劳动者在预期实际工资较低的未来少工作，因此真实工资的暂时变动会有一个较大反应。跨时期劳动供给替代对外来冲击的反应导致了经济波动。由此可见，一次性的技术冲击能够引起实际产量的持续波动。

3. 实际经济周期理论的特征

实际经济周期的理论发展，是用技术随机变动形式的供给冲击来取代货币数量冲击机制的。实际经济周期理论具有如下的一般特征[①]：①经济主体根据普遍的资源约束，努力使自己的效用或利润最大化；②经济主体形成理性预期，而且并未遭受信息不对称，经济主体可能仍然面临信号筛选的问题，但是关于一般物价水平的信息是公开的、可以得到的；③价格灵活、充分弹性，所以市场持续出清，均衡始终奏效，经济波动被描绘成竞争性均衡现象，所有市场都是出清的；④生产技术的大量随机变动形成驱动机制，这种传播机制推进了初始冲击力的影响，增加了初始冲击的持久性影响；⑤就业波动反映人们在工作时间与闲暇时间之间的自愿选择，工作和闲暇被假定为在时间上是可以高度替代的；⑥货币是中性的，货币政策对实际经济变量毫无影响；⑦对经济波动和趋势进行分析时，划分短期和长期是不必要的。

由此可见，实际经济周期理论与卢卡斯经济周期理论相比有较大差异：①用技术冲击取代货币冲击而形成占优势的冲击因素。在完全理性预期的情况下，在总供给曲线始终保持垂直的情况下，分析来自供给方的技术因素给了经济周期波动一个合理的解释。②放弃了卢卡斯对一般物价水平的不完信息的观点。③通过使经济增长理论与经济波动理论相结合，宏观经济分析中的长期—短期二分法被破除。普洛瑟等已发现，大多数的宏观经济时间序列都被较好地描述为随机游走，而不是波动或确定性的趋势离差。实际经济周期理论家们也声称他们的理论对表示经济总量波动特性的"程序化"提供了较好的解释。

---

① 胡代光. 西方经济学说的演变及其影响 [M]. 北京：北京大学出版社，1998：229-230.

然而，实际经济周期模型的构造没有考虑政府部门的作用，也忽略了货币对经济的影响，这两点都脱离了实际情况。但它的确为宏观经济分析提供了新的思路和技术工具，它提醒人们经济波动是由不可避免的冲击引起的，而不是源于政府的货币政策。

第三节　理性预期学派的经济政策主张

理性预期学派的一个主要原则就是：经济如果不反复遭受政府的冲击，就会基本上是稳定的。在这样的基调下，理性预期学派关于政府所采取的政策有如下的几个观点。

一、需求管理政策无效

在理性预期学派的基本理论中，政府当局对总需求进行管理的货币政策与财政政策都是无效的。有理性的经济主体在形成他们的预期时会考虑到任何已知的货币政策和财政政策，而政府不可能采取总是出乎公众预料的政策来对社会总需求进行管理。宏观经济中的总供给曲线的菲利普斯曲线都是稳定在自然率水平上的，如果政府企图打乱这种均衡，那么各经济主体将完全预料到政府的扩张性政策并采取对策予以抵消。因此，当局运用财政货币政策把就业和产量稳定在自然率水平以外的任何企图都是无效的。理性预期学派强调，过多的政府干预只能引起经济混乱，要保持经济稳定，就必须减少政府对经济生活的干预，充分发挥市场的调节作用，因为"市场比任何模型都聪明"。

二、选择正确的政策规则

理性预期学派认为，实现经济稳定的关键是进行政策规则的选择。因为私人部门的经济活动是根据对未来的预期做出经济决策的，有抵消政策效果的作用，所以政策制定不得不考虑这一点。而正确选择政策规则，首先是要考虑到企业和家庭等私人部门对未来政策形成的预期是建立在什么基础上的。理性预期学派强调，正确的政策规则选择应该是固定的规则程序，即政府一旦选择了某种政策规则，便应当保持不变，使政府的政策与私人经济活动当事者之间形成一种长期稳定的关系。但是，固定的规则程序并不意味着政策手段的不变，这里所要考虑的是运用具有某个经济变量参数的反馈规则，系统地随经济条件的变化而变化。

理性预期学派断定，公开和可信的政策将使得有理性的经济主体立即修改他们对经济变量的预期，而不会对产量或就业产生连带的、政策所期许的影响。例如，政府如果宣布货币供应量的增长率将降低，而事实上也确实按减速度来增加货币供应量，那么宣布的货币紧缩将引起通货膨胀率的下降。由于私人部门信任政策制定者，他们会立即调整自己的供给行为，不会影响产量和就业。因此，政府当局恰好可以宣布通货膨胀的减少，以达到降低通货膨胀率的目的，这就要求政府一定要取信于民。如果政府的政策宣布没有可信度，则通货膨胀预期将不会下降到足以防止产量和就业下降的程度，结果是通货膨胀率有一定幅度的下降，产量和就业受连带影响而降低。

三、指向总供给的微观经济政策

凯恩斯主义者主张为了增加产量与就业，政府当局需要增加对物品和劳务的有效需求。与此相反，理性预期学派经济学者则建议政府当局应实行指向增加供给的微观经济政策。这些政策措施较为广泛，包括：①减少工会权力；②减少失业津贴；③推行旨在减轻贫穷困境内的税收改革；④鼓励劳工在地区间流动；⑤鼓励劳动力的职业性流动；⑥鼓励自愿失业者不要选择现行的实际工资来工作；⑦推行增加产量与就业的适当政策措施，对厂商和工人增加微观经济鼓励来刺激更多的产量和劳动力供给。总之，理性预期学派的注意力是集中在供给方面的。

四、力图缓解经济波动的政策无效

实际经济周期理论表明，短期内的产量和就业波动是"标准的新古典理论所预言的事情"。因为他们认为，经济的不稳定性是理性经济主体最适宜地响应经济环境变动的结果，即是理性经济主体对自己的经济行为进行理性选择造成了经济的不稳定性。所以，人们观察到经济波动不应看成福利的减少和对理想产出的背离，而是均衡的、帕累托最优化状态的。因此，政府在任何方面力图减少这些波动的理念都是被诅咒的事情，这样的政策几乎是肯定降低福利的。正如普雷斯科特所说，这项研究的政策含义是：为保证经济稳定性而付出的高代价努力很可能是反生产的。经济波动是对技术进步速度的不确定性的最适宜响应。

既然工人能够决定他们想要工作多少，那么观察到的失业就总是自愿的。实际上，观察到的 GNP 波动的路径，不过是持续移动的充分就业均衡。因此，实际经济周期理论的观点是：如果政府通过它的税收和支出政策引起各种畸变，那么政府就可能搞出很多损害。如果技术变革是决定经济增长和经济波动的关键因素，那么确实需要展开的是对决定技术进步速度的诸因素的更好理解，包括制度结构和制度安排。

简要评论

理性预期学派主宰着整个 20 世纪 70 年代的宏观经济研究，对宏观经济的发展具有重大的影响：①引起了对建立预期模型方式的强烈关注，引起了宏观经济学的

"理性预期革命"。②政策变化几乎肯定影响了预期，进而影响当事人的经济行为，这一理性预期的深刻含义已经被广泛接受，改变了人们对宏观经济稳定政策作用的认识。

然而，经济学界对理性预期学派也有不同看法，这主要集中在两个问题上：①经济主体的预期能否是合乎理性的？许多经济学家认为，由于获得信息需要付出相当大的代价，以及经济主体理性的有限性，理性预期的假设实际上是不现实的。②市场机制是否完善？许多经济学家认为，经济发展，尤其是20世纪30年代大危机都证明了市场机制是不完善的。对于这些问题，理性预期学派还没有做出令人满意的回答。

本章基本概念

1. 静态预期
2. 外推性预期
3. 适应性预期
4. 理性预期
5. 卢卡斯供给曲线
6. 经济周期
7. 货币经济周期
8. 真实经济周期

本章思考题

1. 理性预期学派与凯恩斯主义和货币主义在哪些观点上有分歧？
2. 理性预期条件下的宏观经济模型是怎样的？其政策含义是什么？
3. 理性预期学派是怎样推导出货币政策和财政政策无效的？
4. 简述理性预期学派的经济周期理论。
5. 理性预期学派的主要经济政策主张有哪些？

第八章
供给学派

----

20 世纪 70 年代后期，在美国兴起的供给学派（supply-side school）是与凯恩斯主义相对立的经济学流派。供给是指商品和劳务的生产，所以供给学派又被称为"生产学派"。"供给经济学"一词是弗吉尼亚大学的赫伯特·斯坦（Herbert Stein）教授于 1976 年首次提出的。供给学派的主要代表人物阿瑟·拉弗给出的定义是，供给经济学一种"新经济学，即对个人刺激的经济学"。伊文思认为，把注意力放在需求方面的凯恩斯主义并不能很好地解决现阶段的经济问题。供给学派的经济学家强调把注意力放在供给上，集中在调节生产率方面①。

在 20 世纪 70 年代世界资本主义出现滞胀的大背景下，凯恩斯主义无法做出完满解释和开出有效的药方。于是供给学派起来反对凯恩斯主义的需求管理，认为资本主义经济的症结在于供给不足和需求过旺，主张通过减税政策实行供给管理和刺激投资。供给学派的理论得到了各国政府的重视，1981 年美国里根政府把供给学派理论作为制定经济政策的工具，供给学派的影响在英国撒切尔夫人当政期间也有所体现。

虽然供给学派在当时广泛流行，但总的来说，它还不是一个成熟的经济学派，经济理论比较薄弱。它的政策主张走在其理论表述的前面，它所提出的一系列政策主张还缺乏系统的经济理论作基础。正如托马斯·J. 海尔斯通尼斯所说："供给经济学是通过商品和服务供给效应方面的多种手段措施，为了调节经济增长和促进物价稳定而提供的一种政策研究。"②

第一节 供给学派的理论渊源和历史条件

一、供给学派的理论渊源

供给学派的理论渊源可以上溯至 18 世纪初期盛行的重商主义。当时，重商主义

----

① 索玛. 新经济学的超级明星 ［J］. 时代，1980（3）：33.
② 海尔斯通尼斯. 供给经济学导论 ［M］.［出版地不详］：莱士顿出版公司，1982：3.

者要求政府重视税收政策的效果，强调以补贴出口和对进口课税的方式鼓励贸易顺差，主张将税收政策贯彻彻底以促进国民经济繁荣。重商主义者还建议，国家促使和保持生产的低成本，低工资不仅能降低生产成本，使贸易出现顺差，而且还可以刺激生产劳动。

重农学派反对国家干预，主张自由放任，强调发展农业而不是贸易。但重农学派也强调税收政策的重要性，主张只征收单一的地租税，取消其他的所有直接税和间接税来减轻地主阶级和产业资本家的赋税负担，有利于资本积累。

亚当·斯密所著《国民财富的性质和原因的研究》首次确立了供给的中心地位。亚当·斯密作为经济增长理论体系的首创者，强调劳动和资本在经济发展中的关键地位，提出"要想增加财富，就必须强调促进生产、总供给的增长"。斯密相信，大多数商品的需求是"无限大的，社会对自私自利、欲望的扩大和增多所造成的压力，促使货币收入者赶紧将其收入花掉或进行投资"。斯密非常关注税收政策，提出了四项准则：公正、确定性、支付方便和筹税经济。他说："每一项税收均应这样制定，应该尽可能少地把钱从人们的口袋里拿出来和把钱置于人们的口袋之外。超过这种程度，就会使钱流入财政部，从而对经济增长起阻滞作用。"斯密清楚地认识到："有时高税率会使课税商品的消费减少，会刺激走私。因此，政府在高税率条件下所获的税收额，往往会比低税率条件下的税收额还少。"① 显然，斯密对租税政策的讨论实质上就是供给学派的理论模型拉弗曲线的原始形式。

17 世纪初，法国经济学家巴蒂特·让·萨伊提出著名的萨伊定律，认为供给会创造需求。美国有些经济学家称供给学派是"名副其实的返祖现象"，也多半是针对萨伊定律对供给学派的影响而言的。当凯恩斯主义面对滞胀百思不得其解时，供给学派对之所进行的"反革命"无疑要否定凯恩斯主义的理论基础需求决定供给。该学派在寻找理论基础的时候，除了回归于自由放任主义外，自然也要复活萨伊定律这一古老的论调。

二、供给学派产生的历史条件和主要代表人物

（一）供给学派产生的历史条件

20 世纪 70 年代以后，美国及西方资本主义国家的经济出现高通货膨胀率与经济的低增长率并存的状况，即滞胀局面。滞胀的持续使凯恩斯主义政策进退维谷、左右为难，客观上需要新的经济理论来解释和对付，这就是供给学派产生的历史背景。

在凯恩斯那里，经济萧条与通货膨胀是不会同时发生的。通过扩大政府干预，刺激消费需求，降低利率以扩大投资需求，是对付衰退或萧条的基本政策原则。凯恩斯的追随者进一步提出，扩张政策有可能导致通货膨胀，但那时候经济必定是处

---

① 凯莱赫，奥泽克欧斯基. 供给经济学在古典经济学中的渊源 [J]. 经济影响，1981(4).

于过度繁荣或高涨状态，政府可以采取紧缩性的财政和货币政策，平衡过度需求，使经济运行回复到平稳增长的态势上来。但 20 世纪 70 年代以来，西方国家经济中出现了凯恩斯主义者始料未及的滞胀状态。按照正统凯恩斯主义观点，经济的低速增长是经济周期中衰退或萧条阶段的标志，而通货膨胀则是经济周期中繁荣或高涨阶段的标志。对付低速增长，政府该采取扩张政策；而治理通货膨胀，则应该采取相应的紧缩政策。但对于低速增长与通货膨胀并存的滞胀局面，凯恩斯主义的经济政策就左右为难了。

一系列统计资料表明，20 世纪 70 年代以来，美国政府越来越强化对病态经济的干预，但越是干预，经济越陷入滞胀的病态。正如马丁·费尔德斯坦所说："政府作用的扩大，无疑是战后时期美国经济结构最重要的变化。但是，毫无疑问，就过去 10 年（指 70 年代）间经济运行的经验而言，政府的各项政策应当受到严厉指责。"[1] 这里所指的政府各项政策，正是旨在强化政府对经济的干预的凯恩斯主义政策。

众所周知，凯恩斯主义强调政府干预，是因为它认识资本主义市场经济自身有固有的缺陷，认识到市场失灵和市场机制对宏观经济有顾及不到的领域和盲区。但政府也不是万能的，政府对经济的干预也存在着失灵现象。费尔德斯坦认为："政府决策之所以造成经济上不利的后果，主要是好心政策的一种非有意的、未料到的副产品……过去 15 年，采取经济扩张的货币政策与财政政策，就是抱着降低失业率的希望，没料到会出现不断高涨的通货膨胀率。"[2] 政府政策无法达到预期效果甚至适得其反，其基本原因在于政府没有注意到随着凯恩斯主义刺激需求政策的不断实施，需求就可能成为"长边"；而供给的总量、结构和效率约束就开始成为现实，从而使凯恩斯主义政策变得不合时宜。凯恩斯主义对经济的"供给边"——劳动、储蓄、投资和生产的忽略，使得"需求受到了过度刺激，而供给却被窒息于不必要的管制、税收、通货膨胀和国外竞争者并不关心的经营法规的各种阻碍生产措施的绞索之中"[3]。

在供给学派看来，凯恩斯主义经济理论是一种"需求自行创造供给"的理论。他们认为，长期以来凯恩斯主义不断人为地刺激需求，持续地损害资本主义"将欲取之，必先予之；为了需求，就必须供应"的道德心理。供给学派指出，当今的美国经济和凯恩斯当时大萧条的时代不同，需求的增长不一定会造成实际产量的增长，而是只能单纯增加货币数量，促进物价的上涨，反而会放慢储蓄率和投资率，延缓技术变革。由此乔治·吉尔德断言："在经济当中，当需求在优先次序上取代供应时，必然造成经济呆滞和缺乏创造力、通货膨胀以及生产力下降。"[4] 正是在批判凯

123

① 费尔德斯坦. 转变中的美国经济 [M]. 北京：商务印书馆，1990：4.
② 凯莱赫，奥泽克欧斯基. 供给经济学在古典经济学中的渊源 [J]. 经济影响，1981(7).
③ 外国经济学说研究会. 现代国外经济学论文选 [M]. 北京：商务印书馆，1984：45.
④ 吉尔德. 财富与贫困 [M]. 上海：上海译文出版社，1985：45.

恩斯主义的有效需求理论和需求管理政策基础上，供给学派复兴了"古典经济学"和萨伊定律，从而提出了供给管理的政策主张。

（二）供给学派的代表人物

供给学派分为极端的供给学派和温和的供给学派。极端的供给学派又被称为"激进的供给学派"，并被西方经济理论界冠以"正统的供给学派"之名；温和的供给学派也称为"传统的供给学派"，其观点和主张相对保守。

最早提出现代供给学派理论基本思想的是加拿大籍美国经济学家罗伯特·蒙代尔。1971年，罗伯特·蒙代尔对美国政府通过增加税收的办法抑制通货膨胀的做法提出了批评，被美国报刊称为"供给学派的先驱者"。

最引人注目的代表人物是阿瑟·拉弗，他生于1941年，曾经担任美国南加利福尼亚大学商学研究院教授、尼克松政府时期的行政管理和预算局经济顾问以及里根政府的总统经济政策顾问。拉弗之所以引人注目，主要原因是他最初画在华盛顿饭店的餐巾纸上、描述税收与税率之间关系的曲线——拉弗曲线。由于该曲线对税收政策影响经济的解释更形象化，从而确立了拉弗曲线作为供给学派思想精髓的地位。

裴德·万尼斯基是拉弗的好友，生于1936年。20世纪70年代初期，他是美国《华尔街日报》的副主编。布鲁斯·巴利特认为，如果没有《华尔街日报》时论的支持，没有共和党议会党团的支持，"供应经济学本来就是不会引起更多的公众兴趣的"。万尼斯基曾撰文指出："像简单的观点一样，拉弗的观点尽管也相当简单，其含义却很深刻。拉弗曲线是简单的但却是非常有力的分析工具……懂得拉弗曲线的政治家将会发现，在其他条件不变的情况下，他们能够击败不懂这条曲线的政治家。"[①]

保罗·克雷·罗伯茨长期在美国乔治敦大学的战略和国际问题研究中心从事经济政策研究，并曾担任《华尔街时报》副主编和专栏撰稿人。据罗伯茨称，供给学派革命于1975年夏天发源于国会议员杰克·肯普的办公室，他是第一个供给学派的政治家，罗伯茨正是肯普的助手。1976年，罗伯茨开始担任众议院预算委员会的少数派成员的首席经济学家；1981—1982年，又担任了里根政府的财政部助理部长。在此期间，他深入考察了供给学派革命在美国发生、发展和演变的全过程，写成了《供给学派革命——华盛顿决策内幕》一书，系统地论述了供给学派的理论和实践。

乔治·吉尔德，生于1939年。吉尔德的名著《财富与贫困》从社会学角度来阐发供给学派思想，所阐述的供给学派理论受到当年美国行政管理和预算局局长戴维·斯托克曼的高度赞赏；后者曾经购书30册，分给里根总统的助手们，作为他们必读的供给学派的"经典之著"。吉尔德还曾经参与起草了1981年1月里根就任总统时向国会提出的经济咨文。吉尔德的著作和工作，无疑为供给学派的兴起以及供学派理论向现实经济政策的渗透起到了推波助澜的作用。

---

① 罗伯茨. 供给学派革命［M］. 上海：上海译文出版，1987：29.

温和的供给学派的代表首推马丁·费尔德斯坦。费尔德斯坦生于 1939 年，曾任哈佛大学教授。1977 年，他 38 岁时就获得了美国经济学会的 J. B. 克拉奖章；1977 年，他担任专门研究经济周期和衰退的民间组织全国经济研究局的主席；1982 年起，他担任里根政府的经济顾问委员会主席。

费尔德斯坦原先是一个凯恩斯主义者，但他研究罗斯福的"新政"和约翰逊的"伟大社会计划"等政策之后，看到了政府干预"往往以好的意愿开始，以坏的结果终结"[1]，转而成为"市场的新信徒"。他强调依靠资本积累和市场刺激而非政府干预来减轻社会弊病，建议对失业津贴征税以刺激领受者更积极地去寻找工作，主张把折旧放在重置成本基础上。20 世纪 70 年代末期，他与极端的供给学派遥相呼应，着重研究储蓄与投资理论，讨论货币政策和财政政策对经济的影响。其理论基础是费尔德斯坦曲线——用以说明财政赤字水平对资本形成和通货膨胀的影响及其相互关系的理论模型。这一模型浸透着供给学派的理论思想，其政策含义与拉弗曲线虽有不同，但它构成了对宏观经济问题的独到的供给学派式的总体解释。

温和的供给学派与极端的供给学派的区别不在于其基本理论和思想方面，而在于它们对各自政策主张的效果所持的预期和判断不同。费尔德斯坦认为，两派的区别不在于"所提倡的政策是什么，而在于他们对这些政策所提出的论断是什么"。极端的供给学派的论断较为理想化，乐观地预期全面降低边际税率一定会使经济迅猛发展，主张降低通货膨胀率、增加税收、促进个人储蓄增长；温和的供给学派则对供给学派政策效应的预期和判断留有余地，主张"一个国家实际收入的演变有赖于其人力资本和智力资本的积累，并取决于其劳力的质量与所做的努力"[2]。

第二节　供给学派的经济理论

一、边际税率、收益和拉弗曲线

供给学派认为，在边际税率和收益的关系上有三个基本命题：

第一个命题是高边际税率会降低人们工作的积极性。累进的税制使边际税率随收入的增加而递增，高税率减少了实际税后工资，从而改变了劳动和闲暇之间的相对价格，劳动价格相对降低，人们就可能少工作或者不努力工作，劳动供给相应减少。

第二个命题是高边际税率会阻碍投资，降低资本存量。高边际税率会降低纳税后的投资收益，从而改变人们现在消费和投资之间的相对价格，降低现在消费的价格，影响人们投资的积极性，减少投资。此外，高边际税率会引起资本外流，人们

---

① 傅殷才. 新保守主义经济学 [M]. 北京：中国经济出版社，1994：167.

② 费尔德斯坦. 供给经济学：老原理的论断 [J]. 美国经济评论，1986(5).

会把资本投向低边际税率的国家。

第三个命题则指明边际税率与税收量的关系，即边际税率和税收量呈反向变化关系。拉弗曲线对该命题进行了论证，指出不同税率能产生同样的税收收益。拉弗曲线是 1978 年在尤德·万尼斯基的《通向成功的道路》一书中首先披露的[①]。如图 8-1 所示。

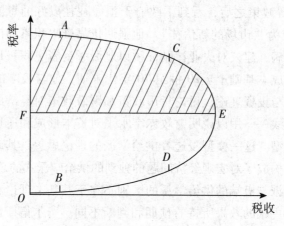

图 8-1　拉弗曲线

在一个极端，当税率为 100% 时，市场生产活动都将停止。政府税收税款为零。在另一个极端，如税率为零，政府对生产活动没有阻碍作用，产量为最大化。但政府税收收入也为零，政府不可能存在。因此，税率为零时，经济处于无政府状态；当税率为 100% 时，经济完全通过物物交换或地下活动而运转。

拉弗曲线实际是描述上述两种极端之间的情形。当政府税率较低如在 O 点和 F 点之间有利于生产活动增加，则税收和税率同方向变动；如政府要求较高税率如 F 点和 100% 之间，则生产活动会减少，故税收和税率呈反方向变动。在 E 点，产量和政府税收都达最大。如政府把税率降低到 E 点以下，产量将增加，但税收会减少。如政府把税率提高到 E 点以上，产量和税收都会减少。因此对政府来说，图 8-1 中阴影区是税收禁区。容易看出，图 8-1 中 A 点和 B 点以及 C 点和 D 点税率都不同，但 A、B 点税收相同，C、D 点税收也是相同的。所以政府不一定要征收高税率。

拉弗曲线说明税率和税收的关系以及减税刺激经济增长的作用，并以之作为激进的供给学派解释减税的理论依据。他们认为，高边际税率会使人们偷税漏税，结果减少政府税收；而且会鼓励人们把大量资源用于寻找税收漏洞，从而降低经济效率。供给学派相信，当前美国首要的经济政策应该是降低边际税率，从而提高工作、储蓄、投资的相对收益，刺激生产积极性。他们声称，凯恩斯主义建立在将日益缩

①　万尼斯基. 赋税、收益和拉弗曲线［M］//外国经济学说研究会. 现代国外经济学论文选：第五辑. 北京：商务印书馆，1984：28.

当 代 西 方 经 济 学 流 派

小的经济基础"馅饼"进行由富人到穷人的重新分配基础上，而拉弗和供给学派的宗旨是不断扩大这块"馅饼"本身。

二、劳动和资本的"楔子"模型

供给学派从理论上考察税率与劳动供求、资本形成之间的关系，建立了劳动和资本的"楔子"模型，试图说明改变税率对劳动需求函数和资本形成的影响[①]。假设雇用每个工作的平均成本费用越高，就业机会就越少；那么高工资税将提高雇主雇用工人的成本，从而减少就业机会。因为税收是支付给政府的，税率提高将使厂商雇用工作的实际总成本比支付给工人的实际工资更高。这种情况被供给学派称为税收"楔子"，而在劳动力市场则称为劳动"楔子"。如图 8-2 所示。

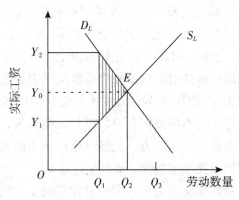

图 8-2 劳动的"楔子"模型

在没有税收"楔子"打入的 Y_0 点，雇主成本与工人实际工资是相等的。当工资税开始增加时，雇主的成本费用增加，而工人实际工资也降低。所以这一税收"楔子"（图 8-2 中阴影部分）导致雇主减少劳动需求和劳动力市场劳动供给减少。如"楔子"增大，意味着每个工人的雇用成本和工人所得实际工资之间的离异的增长。例如在 Q_1，雇用一个工人的成本是 Y_2，而支付给工人的实际工资是 Y_1。如税收减少，则市场力量会反方向作用于劳动需求和供给。如消除了税收"楔子"，则劳动供给等于劳动需求，达到 Q_2。而某些能以转移支付形式得到津贴补助的公共服务领域，至今由于劳动成本小于工人实际工资水平而增加就业岗位，从而使就业量达到 Q_3。

同理，对资本收益征税对储蓄和资本的影响与此相同。

供给学派认为，劳动"楔子"存在于资本的供给与需求之间，税收"楔子"也存在于资本的供给与需求之间。税收"楔子"使资本的供给成本和需求成本不断上升，从而严重挫伤了储蓄者和投资者的积极性，削弱投资引诱，导致资本的供给不足，这是美国经济停滞的根本原因。劳动、资本"楔子"模型实际上是一条派生的

① 海尔斯通尼斯. 供给经济学导论 [M]. [出版地不详]：莱士顿出版公司，1982：125-129.

拉弗曲线，是拉弗曲线在理论上的进一步引申。

供给学派从理论上论证了减税与劳动、资本的供求关系，进一步证实减税具有增加劳动就业、鼓励资本供给、增强投资引力的积极效应，从而为他们的经济政策主张提供理论注脚。他们认为："今天，资本主义前途所面临的危险一点也不减当年。在那时候，彻底的改革保存了资本主义。不过，这种改革虽然恢复了人们的希望，但也打入了楔子。随着时间的推移，这个楔子耗竭了这个制度的创造性，现在应尽力抽出这根楔子，恢复独创性和生产率，只有这样，才能解救资本主义。"①

三、费尔德斯坦的理论和政策主张

费尔德斯坦是温和供给学派的主要代表人物。从 20 世纪 70 年代至 80 年代初，费尔德斯坦在著书立说。其主要经济论著《美国税收刺激、国民储蓄与资本积累》《社会保障与财富分配》《社会保证金与国民资本积累》《失业的个人与社会的损失》《通货膨胀与股票市场》等中，阐述了他的基本理论观点：在已趋向充分就业的美国经济中，凯恩斯主义的扩张性财政政策和货币政策是引起失业率和通货膨胀上升以及资本形成率下降的主要原因；政府通过扩大社会福利计划使失业人数反而增多，个人的储蓄减少，也阻碍了资本的投资和经济增长。他认为，当时美国经济问题主要在供给方面，应当尽力提高供给能力；他强调增加储蓄的重要性，赞成减少政府干预，充分发挥个人的积极性和创造性，提高生产效率。

在政策措施方面，费尔德斯坦主张：①平衡预算收支，削减不必要的支出，尤其是要削减福利开支和价格补贴等。②逐步改革税收体制，平衡财政预算，消除财政赤字，鼓励储蓄和投资，增加生产，加速资本形成。③降低货币存量增长率，货币存量的年增长率不超过 6%，并至少坚持 5~7 年，采取有节制并可预期的货币供给政策。④政府应该废除束缚生产的一些规章制度，以利于刺激企业投资的积极性。⑤主张应该"有选择地"适度减税，特别是要削减公司所得税和资本收益税，放宽折旧条例，从而刺激资本形成率的迅速增长。

费尔德斯坦的政策主张同激进的供给学派有明显的区别。他认为激进供给学派的方法过于简单化。他尖锐地批评了拉弗等人的主张，认为他们使得政府相信减税的快速效应，误以为减税会自动地产生政府的收入，消除通货膨胀和达到经济快速增长。费尔德斯坦认为，美国宏观经济政策的主要任务在于平衡预算，稳定并降低财政赤字和通货膨胀率。这样才能创造一个刺激储蓄和投资的环境，并造就较高的资本形成率。

在费尔德斯坦看来，美国经济的病症是很高的边际税率、财政赤字、通货膨胀、税收结构和社会保险制度共同作用下的并发症。费尔德斯坦为了说明其经济理论和政策含义，提出了著名的费尔德斯坦曲线，来分析财政赤字对通货膨胀、资本形成

---

① 伊万斯，诺维克. 供给学派经济学的来历和含义 [J]. 财经理论与实践，1983(1).

的影响及其相互关系。费尔德斯坦的分析模型是由政府发行货币、债券和私人有价证券三种资产组成的货币增长模型。他认为，在充分就业和经济增长的条件下，财政赤字增加将导致政府债券或货币供给的增加；货币供给增加会提高通货膨胀的压力，政府债券的发行会引起债券利率和私人有价证券利率之间相对水平的变化，从而扩大政府债券对私人有价证券替代效应，导致私人有价证券的需求缩小，降低整个资本形成水平。费尔德斯坦认为，美国政府一直推行债务赤字政策，并且混合发行货币和债券，结果使通货膨胀和财政赤字相互作用，从而产生了对资本形成水平的长期抑制效应，导致经济体系的恶性循环。

根据这个理论模型，费尔德斯坦推断凯恩斯主义的分析工具菲利普斯曲线所反映的通货膨胀率和就业之间的替代关系已经不能解释当时的美国经济现状。他认为，当经济达到充分的就业时，菲利普斯曲线的替代关系就为费尔德斯坦曲线的替代关系所代替。在此基础上，费尔德斯坦指出，当时美国经济问题主要表现在供给方面，如果继续推行财政赤字政策，就会使费尔德斯坦曲线向上移动，导致充分就业条件下凯恩斯的传统经济政策失效，因此宏观管理政策应该从需求转向供给方面，主要的政策任务是平衡预算。

四、激进供给学派的基本政策主张

激进的供给学派偏重于政策主张，它主张刺激经济体系的供给因素，并醉心于减税的快速效应。其主要政策主张有：①大幅度和持续地削减个人所得税和降低企业税，以刺激人们的工作积极性，增加劳动供给，增强储蓄和投资的引诱力。②稳定币值，适当增加货币供给，使货币供给量的增长和长期的经济增长潜力相适应，从而抑制通货膨胀。③精简规章制度，减少政府对企业活动的限制，让企业更好地按照市场经济的原则行动。④大规模削减政府福利开支，特别是政府转移支付，提高私人投资能力。其中，减税具有最重要的作用，激进的供给学派从供给自动创造需求的原理出发，把减税看成使美国摆脱经济增长停滞困境的基本手段。他们从四方面论证了减税政策的必要性和正确性。

（1）高税率是减弱美国人工作积极性和造成劳动生产率下降的重要原因之一。①当税率提高时，尽管人们工作会更加卖力，但生产率却下降了，因为高税率抑制了厂商的生产积极性。②高税率对就业结构也会产生不利影响，从而导致生产率下降。当边际税率很高时，由更多劳动所得的收入需要按照更高的税率纳税，休闲就变得相对有利。吉尔德认为："这些情况给美国家庭生活罩上了一层阴影，而且在70年代的大部分时间内人们的经济受到损害，导致在劳动大军不断壮大的同时劳动生产率却不断地下降。"[1]

（2）高边际税率是导致美国储蓄和投资供给不足，经济增长停滞不前的根本原

---

[1] 吉尔德. 财富与贫困 [M]. 上海：上海译文出版社，1985：20.

因。①边际税率越高，消费的价格就越便宜，投资和储蓄的价格相对提高，从而鼓励人们多消费，少储蓄和投资。②高边际税率使得单一劳动力家庭的收入急剧下降，大量妇女和临时工等非熟练工加入就业大军；在劳动力供给增加的条件下，厂商不是把钱用在购买耐用机器设备上，而是倾向于雇用低薪工人。

（3）激进的供给学派竭力抨击李嘉图将经济学的研究重点集中于收入分配。他们认为，大规模的福利支出，阻碍了贫困的改善，导致整个美国社会的生产率和生活水平的下降。吉尔德认为，这主要是由于"竭力从富人那里拿走他们的收入，就会减少他们的投资，而把资金给予穷人，就会减少他们的工作积极性，肯定会降低美国的劳动生产率并限制就业机会，从而使贫穷持续下去"①。只有通过大幅度减税，刺激储蓄，提高投资率，增加产量，才能刺激劳动者的工作热情，从而增加劳动供给，使穷人的生活水平逐步提高。

（4）高边际税率使个人投资者的创新、发明、创造的精神丧失殆尽，这是美国经济增长和社会进步的最大危害。吉尔德断言："在任何经济制度中创造性和主动性的主要来源都是个人投资者。经济不会自行增长，也不能靠政府的影响而发展起来。这是由于人们的事业心，即甘冒风险，把设想变成垄断，垄断变成工业，并在知道得到什么回报之前就给予的这种意愿做出反响而增长的。"②

此外，激进的供给学派认为，高税率会导致地下经济的规模不断扩大，避税和逃税更加盛行，家庭分裂、离婚增加和道德败坏等社会问题更加突出。

第三节　里根经济学

供给学派的政策主张与里根政府的施政方略相当"契合"，在里根执政的 8 年之中，供给学派对美国经济的现实影响很广泛，甚至影响到了其他西方国家和部分发展中国家的经济政策。

1981 年里根上任不久，就向国会提出了经济复兴计划，具体包括四个方面的内容：①削减个人所得税和企业税率，其中个人所得税自 1981 年 7 月 1 日开始每年削减 10%，三年削减 30%；②削减联邦开支，减少预算赤字，逐年平衡预算；③放宽和取消政府对企业的一些限制性规章条例；④控制货币信贷，推行有节制的稳健的货币供给政策。这一计划旨在通过减税刺激投资和储蓄，放松政府对经济的干预和管制以激发经济活力；同时压缩政府开支以缩小政府赤字，严格地管住货币"龙头"，以遏制通货膨胀，从而实现无通货膨胀或低通货膨胀条件下的"快乐的"经济增长。

---

① 吉尔德. 财富与贫困 ［M］. 上海：上海译文出版社，1985：103.
② 吉尔德. 财富与贫困 ［M］. 上海：上海译文出版社，1985：59.

因为供给学派的理论和政策主张能更好地体现了里根所代表的政治集团利益，所以，里根在 1980 年的总统大选中，就接受了供给学派的理论和政策主张，并作为自己的竞选纲领。在总统竞选之前，里根就是美国大多数所谓"平等保守主义分子"的支持者和利益代表人。这些人主要是西部的中小企业业主和农场主，他们的企业经营规模小，不仅要受到国内政府有关规章条例的严格限制，而且没有大垄断跨国公司逃税的便利条件，税负沉重，储蓄和投资的能力日益枯竭。因此他们竭力反对政府干预，主张恢复自由企业制度，反对大规模的社会福利开支和所得税政策。

里根政府的经济政策深受供给学派理论的深刻影响，但里根经济学不等于供给学派经济学。虽然罗伯茨宣称里根政府运用了所谓的"供给学派政治纲领"，但作为里根政府时期的经济改革与发展战略基础的里根经济学，其体现的经济思想实际上远远超出了供给学派的经济理论范畴。萨缪尔森认为："里根经济学"实际上是"各种观点的大杂烩"[①]。

里根政府看到，1970 年以后，资本主义的经济发展出现了与凯恩斯所面临的完全不同的新现象，即资本主义经济所面临的经济问题已经不是需求不足，而是供给不足，经济衰退；而且凯恩斯主义需求管理反而会导致滞胀局面。对里根政府来说，必须同时刺激供给和控制需求，这就成了当时保守主义经济思潮和里根政府实验的基本内容。从理论基础看，里根的经济复兴计划以供给学派的政策来对付经济停滞，以货币主义的严格控制货币供给量增长速度的理论来抑制通货膨胀，同时强调平衡财政预算。因此，以里根经济学为理论基础的经济复兴计划实质上是供给学派理论、平衡预算论、货币主义学派理论的混合物。

简要评论

供给学派适应了资本主义经济从需求不足到过剩的时代背景，即资本主义经济从经济过剩到经济衰退、停滞膨胀的过渡阶段，它直接否定了凯恩斯主义的需求管理政策。供给学派的经济理论及其政策主张的合理性主要表现在：①供给学派对当时美国经济情况和凯恩斯主义造成的后果的看法符合现实情况。②供给和需求、生产和消费是经济生活中相辅相成和不可分割的两方面，供给学派强调增加供给或增加生产、提高生产率，把凯恩斯主义强调的需求决定供给的关系颠倒回来，认为生产对消费有支配作用，继承了资产阶级古典经济学中某些合理的成分。③供给学派主张减少政府对经济生活的干预，调整政府干预的内容和作用方向，更多地发挥市场机制的调节作用，鼓励储蓄、投资和工作的积极性，促进经济增长。

不过，供给学派的经济理论中也存在着错误和局限性。这主要表现在：①供给

---

① 萨缪尔森. 评里根经济学 [J]. 挑战，1984(11-12).

学派在社会哲学基础和宏观经济理论方面较为薄弱和贫乏，缺乏一个完整的理论体系。它承袭了萨伊定律的衣钵，信奉自由竞争，是一种过时思潮的复古；它的主要贡献在于提出了一系列具有现实意义的经济政策，但缺乏相应的理论支撑。②供给学派没有区别减税和增加开支的不同效果，混淆了两者对总需求的影响；也没有认识到提高税率对降低通货膨胀的现实影响。它的理论分析主要集中于财政政策变化对总需求的影响，而将财政政策变化对相对价格和总供给的可能影响抽象掉了。③供给学派夸大了减税效应，忽视了它可能产生的副作用，供给效应的不确定性很难保证人们工作得更勤奋。它低估了减税对总需求的影响。它忽视了税收损失问题。

本章基本概念

1. 供给学派
2. 供给
3. 拉弗曲线
4. 费尔德斯坦曲线
5. 楔子
6. 经济复兴计划
7. 里根经济学

本章思考题

1. 简述供给学派产生的历史渊源与历史条件。
2. 温和的供给学派与极端的供给学派有哪些区别？
3. 简述费尔德斯坦的政策主张。
4. 评价激进供给学派的基本政策主张。
5. 简述激进供给学派如何论证减税政策的必要性和正确性。

第九章
弗莱堡学派

弗莱堡学派是当代西方经济学中一个具有较大影响的新自由主义流派，它产生于 20 世纪 30 年代，形成于 40 年代，盛行于第二次世界大战后的联邦德国。弗莱堡学派（freiburg school），也叫"奥尔多自由主义学派"（ordo liberal school），它以德国弗莱堡大学为基地，以瓦尔特·欧肯为代表人物。该学派的许多经济学家曾在第二次世界大战后的联邦德国政府任职，其学说成为德国政府制定经济政策的依据，对德国经济复兴起到很大的作用，因此该学说成了联邦德国的国家经济学。由于德国弗莱堡大学曾经是新自由主义的四大中心之一，而该学派很多重要代表人物都在这个大学任教，所以该学派被称为"弗莱堡学派"。

德国学者戈 H. G. 罗斯凯特勒给该学派下了一个定义："弗莱堡学派或奥尔多自由主义学派是一个经济学家和法学家的集团，重要的是这个集团以瓦尔特·欧肯和弗兰·伯姆为中心，研究应该如何安排一个运行的市场经济的制度结构问题。这个集团的特征是新自由主义的态度，并致力于形成一个整体，由某些缘由所指导的经济政策。经济学与法学意义上的奥尔多型思想引起的结果，是根据经济运行的要求为经济设计法律框架。"①

弗莱堡学派的基本理论是由经济自由主义、德国传统的国家主义、历史主义结合而产生的"社会市场经济理论"，其理论基础是"理念经济模型"。弗莱堡学派把社会经济形态归结为一种外部经济组织形式，它在以市场价格机制调节经济的自由市场经济和以计划指令管理经济的中央管理经济的基础上探求最佳组合模式，即社会市场经济。社会市场经济以私有制为前提，以个人竞争的市场机制为基础，通过适当的和有限的国家干预来实现整体的社会安全和社会保障，并依靠生产力发展、科技进步、个人自由来实现完全协调的社会经济秩序。

---

① 戈罗斯凯特勒. 论经济秩序的设计：弗莱堡学派的贡献［M］//沃克. 经济思想史回顾：第二卷. 二十世纪的经济思想. ［出版地不详］：爱德华·艾尔加出版社，1989：39.

第一节 弗莱堡学派的产生和发展

一、弗莱堡学派的形成与发展

（一）弗莱堡学派的形成过程

1. 萌芽阶段（1911—1932 年）

在第一次世界大战期间，德国政府为适应战争需要全面控制了国民经济。德国战败后丧失了 1/8 的国土，全部殖民地、国外投资、税收、海关、铁路等均为协约国所掌管。再加上巨额的战争赔款，物价飞涨，德国马克形同废纸，因而整个德国国民经济都处于十分困难和混乱之中。原来在德国盛行的新历史学派，既不能解决国内经济问题，也无法抵御社会主义思潮的影响。从 20 世纪 30 年代起，欧肯开始转向边际主义的经济理论研究。

弗莱堡学派的创立者欧肯在 1923 年出版的《德国货币问题的批判考察》标志着这种转变。在弗莱堡学派形成的过程中，该书的意义在于：①在经济学方法上，以显著特征提炼抽象法代替了历史学派的描述和分类方法，先以抽象形式提出一般经济理论，再具体分析实际的经济过程。②货币制度需要秩序观来看待政府在经济生活中的力量，秩序不是由时势造成的，而是由国家造成的，国家是维持秩序的关键。③货币制度需要秩序观念。④货币政策的关键是实行类似金本位的货币制度，对货币量进行控制，以达到稳定物价与汇率的目的。

在 20 世纪 30 年代的大危机时期，弗莱堡学派最终完成了酝酿过程。欧肯运用正统经济理论来解释这场经济危机，形成了弗莱堡学派的中心观念：秩序。欧肯在 1932 年发表的《国家结构的变化与资本主义的危机》一文中指出，危机的原因是第一次世界大战后世界经济关系陷入了动荡，政府过多地干预经济改变了经济秩序，使市场机制无法正常发挥作用；要避免再次发生经济危机，就要避免国家对经济过程的干预，恢复真正的资本主义竞争经济。

2. 形成阶段（1933—1945 年）

纳粹党建立了集权统治并加强垄断，弗莱堡学派的个人主义社会哲学与自由主义观念同纳粹党的独裁统治和垄断经济格格不入，双方的冲突不可避免。该学派的许多成员被迫逃离德国，不得不以学术身份做掩护，反对纳粹党的经济政策。这个反对纳粹统治的时期实际上就是弗莱堡学派的形成阶段。

1933 年前后，欧肯和到弗莱堡大学任教的伯姆、格劳斯曼·道艾特意识到了经济秩序的重要性，三个人开始合作编辑《经济秩序》（*Ordnung der Wirtschaft*）丛书，这标志着弗莱堡学派的正式形成。丛书的大部分著作都以瓦尔特·欧肯的经济学方法为指导，以经济秩序为中心，从不同角度论述了弗莱堡学派的理论和政策主张。

弗莱堡学派的理论基础是瓦尔特·欧肯的《国民经济学基础》，它确立了该学派的理论研究方向，因而成为弗莱堡学派最终形成的标志和里程碑。

3. 成熟阶段（1946—20世纪50年代后期）

第二次世界大战后，主张市场经济的基督教民主联盟在联邦德国取得政权优势。新自由主义经济学家 L. 艾哈德成为该政党的经济领导人，推动了由货币改革开始的经济改革，使联邦德国走上社会市场经济的道路。

战后，弗莱堡学派的发展主要以政策学说为中心进行，其核心就是建立由国家保障的完全竞争的市场经济秩序。他们的研究活动有力地支持了艾哈德的改革和新自由主义经济政策。艾哈德政府的改革和社会市场经济实践，则是弗莱堡学派理论和政策主张的实践检验。

（二）弗莱堡学派的主要人物和成员

弗莱堡的大多数成员都是欧肯在德国弗莱堡大学的同事和学生。他们之间各有专长和分工，又都围绕着一个共同的观念和研究计划协同工作，是一个严格意义上的学术集团。他们都以欧肯的学说作为思想理论基础，又各自在某一方面进行深入研究，补充和发展了欧肯的经济学说。

（1）弗莱堡学派的创始人欧肯于1891年1月17日出生于德国中南部耶拿市的一个知识分子家庭。虽然欧肯深受德国历史学派的影响，但是他师从当时德国最杰出的边际主义理论家、波恩大学经济学教授海因里希·迪采尔学习边际主义理论。欧肯曾任柏林的弗里德里希-威廉大学讲师、图宾根大学教授，从1927年一直担任弗莱堡大学教授到1950年3月25日逝世。欧肯的主要著作有：《德国货币问题的批判考察》《资本理论研究》《国民经济学原理》《经济政策原理》（根据欧肯的遗稿编辑出版）。

（2）狭义的弗莱堡学派成员主要指那些与欧肯有密切私人关系的同事和学生。该派的创始人还有法学家伯姆和格劳斯曼·道艾尔特。其他成员有：欧肯夫人、欧肯·艾茨克（1896—1985年）、盖斯特里希（1895—1943年）、泼菲斯特尔（1900—?）、迪策（1891—1973年）、弗里德里·卢茨（1901—1975年）、麦耶尔（1905—）、梅耶（1970—1980年）、恩塞尔·米克施（1901—1950年）。

（3）广义的弗莱堡学派成员主要指那些与瓦尔特·欧肯没有密切私人关系、与弗莱堡大学也没有学术关系、未参加弗莱堡学派学术活动、独立从事新自由主义经济学研究，但在基本理论观点和政策主张方面与弗莱堡学派相似，并支持弗莱堡学派的一些经济学家。这些人对于弗莱堡学派的形成、发展，特别战后把该派的理论和政策主张运用于联邦德国的经济政策具有不可忽视的作用。这些人包括：威廉·罗普凯（1899—1966年）、吕斯托夫（1885—1943年）、米勒·阿尔马克（1901—1978年）、姆太斯苏（? —1979年）、艾哈德（1897—1977年）。其中最重要的是威廉·罗普凯和艾哈德。

威廉·罗普凯与哈耶克、欧肯和米塞斯是公认的德语国家的新自由主义经济学家。威廉·罗普凯继承了新奥地利学派传统，研究经济理论、经济周期和国际经济关系。他与艾哈德关系很密切，被称为战后联邦德国经济奇迹的主要缔造者之一。其主要著作有：《经济理论》《现代社会危机》《人类文明》《国际秩序》《论供求》等。

艾哈德曾经长期从事经济研究工作，他是战后联邦德国经济政策的主要制定者，其政策实践最终创造了战后的德国经济奇迹，也是弗莱堡学派政策主张最主要的实践者。他也因此被称为德国"经济奇迹之父"，他的经济政策成为弗莱堡学派基本经济理论与政策的最主要实践载体。

二、弗莱堡学派的方法论特征

弗莱堡学派的方法论是在对历史学派的归纳法、宿命论、相对主义批判的基础上，在基本肯定古典学派抽象演绎方法的前提下，吸收边际主义的方法论优点，将理论思维和历史考察结合起来的方法。具体来说，欧肯深受马克斯·韦伯和胡塞尔科学哲学的影响。韦伯强调科学认识的客观性的抽象分析，主张摆脱价值观念，强调经济学的任务只是客观地认识事物，而不是"应该怎么样"。胡塞尔则主张用现象学方法来认识事物，反对经验主义，要求抛开一切预先假设，单凭直觉来发现事物本质。欧肯接受了这种观点，始终坚持科学抽象的方法，从经验材料中发现有价值关系的本素。欧肯运用显著特征提炼经验抽象法，把经济史研究和边际主义经济理论结合起来，提出了秩序学说。

欧肯把经济理论定义为：经济学原理是对于必然的条件联系的一般适用的陈述，这种理论原理为认识具体经济过程中的联系做了准备。他认为，理论原理只是抽象地陈述条件状况之间的某种关系，并不具体地描述现实中的联系；经济理论的功能是说明经济过程的联系及其变化；它只是认识工具，而不是目的本身。欧肯指出，国民经济学的研究一般使用两类方法：经验主义的方法和理性主义方法。经验主义的方法力图时刻不离开现实，避免在研究中的任何一步只依靠思维，而不依靠感性；理性主义的方法力图通过使用抽象的思维而获得客观真理，再依靠这些真理的帮助而发现经济现实中的一定联系。欧肯赞成在经济学研究中使用理性主义的方法，它可以通过把具体现象的各个条件联系起来，证明一定的规律必然性；先确认"事实的真理"，再提炼出"理性的真理"。这就是"显著特征提炼经验抽象法"，它具有五项特征：

（1）它的前提是观察具体的实际经济。要从对事实的分析中发现经济秩序的形态要素，这些秩序形态都是存在于现实当中的，而不是先验地演绎出来的。

（2）它是针对个别事实而实施的。这种抽象被用来研究个别经济，以精确地分析个别的事实，以便科学地深入具体的经济。

（3）它强调个别现象的个别方面，把每个具体的经济事实分解为构成它的经济秩序的各种不同的形式要素。它主张透彻地观察个别的东西，研究它们的一切方面，逐个地把一个具体事实的各个方面都上升为理念类型，通过着重强调的分析方法来发现各种纯粹的基本形式。

（4）这种抽象的结果是欧肯的理念类型，即经济秩序的各种形式要素。

（5）由这种抽象而得出的理论，可以用来分析历史上任何时候、任何地方、任何民族的经济，有普遍适用性。

该方法还有四个步骤：①深入研究个别经济，运用抽象法来分解各个方面。②提炼经济学理论原理，用演绎法进行推理。这种演绎要以对个别经济的研究为基础；每次演绎都要从经济分析条件的总体出发，运用一个或几个经验法则；演绎要充分利用思维和理性的力量，根据现实条件和经验规则进行推导。③采取"概括的抽象"（generalisierende abstraktion），运用提炼出的理论原理来认识具体的经济秩序。④采用"选择和代入适用的理论原理法"，分析具体经济现实，得出对具体经济过程的说明。这种方法是欧肯构建自己的经济秩序理论的基本工具。

第二节　弗莱堡学派的经济理论

一、经济秩序论

在弗莱堡学派的基本理论中，"秩序"（ordo）是一个最基本的概念。欧肯把秩序作为他经济学说的中心，他认为秩序有两层含义：一层指经济秩序，是对历史事实的客观的、实证主义的描述；另一层指经济的秩序，是"合乎人和事物的本质的秩序"。秩序意味着"赋予新的工业化经济一个有运行能力的、合乎人的尊严的、持久的秩序"。欧肯将全部"纯粹的秩序形式"总称为形态学体系，将具体秩序形式称为"理念模型"，根据具体秩序形式的特征描述了各种理念模型：

1. 基本经济秩序的两种纯粹形式

欧肯认为，划分经济秩序形式的主要标准是经济体系的计划体制和资料体制。前者是决策结构，强调社会成员之间分配决策权利的社会安排；后者是信息结构，包括收集、传递、加工、储存、输出、分析经济资料的机构和渠道。根据这两项标准，欧肯将现实经济分为两种基本的经济秩序形式：集中领导的经济和交换经济。集中领导的经济由中央计划控制整个社会的"完全的"经济过程，交换经济则是由许多经济个体独自进行经济活动。

2. 经济秩序论的特征

经济秩序论的特征有：①只有认识论意义，而无道德规范含义。②不反映具体经济，只是认识现实的一种工具。③客观存在于事实之中。④从具体的经济现实中提炼出来，突出表现经济事实的特定方面。⑤不受时空限制，可以存在于任何时代和任何地方。⑥为认识具体经济现实服务，是认识经济秩序的手段，也是提炼理论原理的基础。

3. 集体领导的经济

弗莱堡学派对集中管理经济的分析出发点是：这种经济要满足中央管理机构的需求。欧肯强调，中央管理机构既不愿按消费者需求安排自己的经济计划，也无法了解消费者的需求是什么；它控制经济过程的目的是中央政府的政治或军事需求，只有在这个目的的范围内，它才会考虑社会成员的具体需求。

弗莱堡学派围绕着经济计算和资源配置问题展开对集体领导经济的分析。他们指出：中央领导机构按照"物资数量平衡表"来进行计划，试图使物资的来源和用途基本平衡，但运用这种平衡表不可能进行精确的实物计算。换言之，集中管理机构没有适当的方法来精确决定生产手段和产品，因此，无法实现最优资源配置。战时，在德国经济管理部门工作过的恩塞尔指出，由于缺乏合适的经济计算工具，集中管理经济无法使经济个体完成交换经济中的责任，这是无法实现经济效率的重要原因。同时，制定计划的方式本身也是一个问题，制定计划的中央机构面对着分散的个别经济，难以解决距离问题，难以有效提高经济主体的主动性。

4. 交换经济

欧肯对交换经济的研究以"工场"和"家务"概念为基础。工场进行生产；家务进行消费，同时向工场提供劳务和资金。各种交换经济的具体形式有一个共同点，就是必须存在一种核算尺度。个别经济之间有两种不同的联系：一是供给与需求术语的市场形式；二是以货币制度为交换手段。市场形式和货币制度构成了交换经济中经济秩序的根本问题。

研究市场形式时，欧肯首先区分了开放的和封闭的这两种供给和需求的主要形式；其次又把供给和需求的每一种主要形式分别为五种"纯粹的形式"，依据"计划的资料"来把握供给和需求的纯粹形式。这些形式包括：垄断、部分垄断、寡头垄断、部分寡头垄断和竞争。此外，欧肯强调两种特殊情况：集体垄断和政府法律规定价格。

货币制度与交换经济的秩序形式。欧肯根据是否存在着普遍承认的货币交换媒介，区别了自然交换经济和货币经济。在自然交换经济中，一切工场和家务都不使用货币，直接进行商品劳务交换。货币经济则是欧肯的研究重点。

欧肯把历史上具体的货币制度分为三种类型：在第一种货币体系中，货币是由某种物品转变成的，各种市场形式都可以做到。在第二种货币体系中，货币是作为对供给物品或劳务的报酬而产生的，是在买者购买物品与劳务时创造的。在第三种货币体系中，货币是由发放信贷者创造的。

二、弗莱堡学派的经济政策思想

弗莱堡学派的理论核心是经济秩序论。欧肯从竞争秩序出发，认为经济政策的最终目标就是通过保障个人经济活动的自由，尽可能满足人们的一切需要。基于这种观点，欧肯提出两个基本思想：一是自由发挥各种自发力量，让个别利益自由充分地作用；二是促进整体利益的力量自由发展，市场机制调节功能使个别利益与整体利益实现和谐。经济政策的目标是实现竞争秩序，它有两个特征：①考虑到了利己主义的本性，但并不放任这种利己主义；②利用竞争秩序来约束利己主义，使之不至于造成社会危害。

第二次世界大战后，联邦德国的新自由主义经济学家米勒·阿尔马克在《经济管理与市场经济》一书中提出了"社会市场经济"概念。他说："社会市场经济是按市场经济规律办事，但辅之以社会保障的经济制度，它的意义是将市场自由的原则同社会公平结合在一起。"①

社会市场经济有三层含义：①这种经济的实质是市场经济，生产者与消费者有充分的自由，独立做出决策，整个经济的资源配置由价格决定，经济过程由价格协调，实行完全竞争。②它不同于自由放任的经济。自由放任的市场经济没有国家必要的管理，而这种经济需要国家来保证其秩序。罗普凯曾指出，自由放任经济好比"野生植物"，而社会市场经济好比"人工培育的植物"，按社会所要求的方向发展。③在这种经济中，国家不是通过财政政策或者货币政策来直接干预经济活动本身，而是通过立法来为市场经济的运行创造一个良好的坏境。这就与凯恩斯主义经济政策划清了界线。凯恩斯主义学派也是建立在市场经济的基础上，但他们主张国家直接干预经济活动本身。

社会市场经济实际上是要在自由放任的市场经济与计划经济之间找出一条不同于凯恩斯主义的"中间道路"。艾哈德在《来自竞争的繁荣》一书中指出，社会市场经济的目标是实现"三位一体"的目标，即"生产与生产率的增长随着名义工资的增长，以及由于低廉而稳定的物价所造成的进一步繁荣"②。社会经济的实现有两个基本措施：保证市场经济作为基本经济机制和适当的政府干预。艾哈德指出，根据市场经济的基本原则，政府职责主要表现在：①用法律来保证个人自由，保护私有制；②利用货币体系维护物价稳定；③建立保护竞争的法律框架，确保市场竞争秩序；④提供社会保障制度；⑤兴建与维护经济发展所必需的基础建设。

第三节 社会市场经济的经济政策主张

战后联邦德国的社会市场经济体制就是在弗莱堡学派社会市场经济理论的指导下，通过制定一系列的政策法规而逐步建立起来的。弗莱堡学派的经济政策主张和联邦德国采取的政策措施主要体现在以下四方面：

---

① 梁小民. 弗莱堡学派 [M]. 武汉：武汉出版社，1996：197.
② 艾哈德. 来自竞争的繁荣 [M]. 北京：商务印书馆，1983：8.

一、反对垄断政策

从欧肯到艾哈德，都把完全竞争作为社会市场经济成功的关键。它应满足这样七项条件：①价格体系完全由市场竞争形成，供求双方都不能控制价格。②物价水平稳定，以防止货币量变动对物价的影响扭曲价格体系。③保证市场的开放性，政府放弃进口管制、限制开放市场、禁止投资等干预市场的做法。④保护私有制。⑤企业独立决策，自己承担风险。⑥契约自由。⑦保持经济稳定，减少企业风险。

在现实中，自由竞争最大的威胁来自垄断，反垄断政策就是维护竞争的基本措施。联邦德国政府于1957年制定了《防止限制竞争法》，并成立了相应的执法机关——联邦卡特尔局，采取了三方面政策措施：①禁止卡特尔组织和卡特尔协议，禁止潜在的竞争者之间通过非正式协议来协调行为。②控制企业兼并。③监督市场权力的滥用。

二、稳定通货政策

社会市场经济把稳定物价作为经济正常运行的基本条件。通货稳定保证了人们对政治经济制度的信心，否则将减少储蓄，阻碍经济发展。

通过货币稳定器控制货币流量，即由中央专门机构掌握一定数量不同种类的重要商品，并对它们规定固定价格。当社会物价上涨时，中央机构大量抛售商品，以减少流通中的货币数量，避免通货膨胀现象；当社会物价下跌时，中央机构大量购进商品，以增加流通中的货币量，避免通货紧缩和生产衰退。

通过变动信贷率控制信贷活动。当社会出现通货膨胀、物价上涨时，政府就促使银行提高信贷利率，以限制信贷数量；反之，当社会出现通货紧缩、物价下跌和生产萎缩时，银行则降低利率，以增加信贷数量，防止失业和危机。

三、公平分配政策

社会市场经济是要实现全民福利，要消灭贫富悬殊现象，使大多数人享受到经济繁荣的果实。艾哈德主张实现公平，但并不主张通过收入再分配政策来实现大众福利。他强调发展生产是实现大众福利的首要条件。正如他说的，"我所最关心的不是分配问题而是生产与生产率问题。解决的办法不是在于分配方面，而是在增加国民收入方面"①。换言之，实现大众福利的根本方法不是切割现有"蛋糕"的问题，而是把"蛋糕"做大的问题。

实现社会保障和社会福利也是社会市场经济的目的之一。早在1891年，德国政府就颁布了劳动保护法等对劳动者提供社会保障的法规。战后，联邦德国把社会保障与福利作为社会市场经济的一项重要内容，力求实现"工人阶级中产化"的目

当代西方经济学流派

---

① 艾哈德. 来自竞争的繁荣 [M]. 北京：商务印书馆，1983：158.

标，使工人阶级成为拥有个人财产与文化的中产阶级。

弗莱堡学派既强调社会福利措施的必要性，又反对全面实施社会福利政策。他们认为，这样必然会破坏社会市场经济的支柱——自由竞争。艾哈德认为，社会福利措施越是全面，对人们的保护就越是广泛，个人也就越来越依赖于国家，结果导致原先平等自由的、有主见的公民变成没有头脑的"臣民"。所以，现代社会需要一定的社会福利政策，以保障分配的公平；但这种政策的实施必须适当，必须以不损害自由竞争为前提。在这一理论指导下，联邦德国政府的社会福利政策仅限于国民收入的再分配，对盈利少或不盈利的一些社会经济部门给予政府资助，对失业者、老弱病残者和低收入家庭给予一定的救济。

四、对外贸易政策

艾哈德主张在国内实行自由主义经济，在国际上实行自由贸易。他说："凡主张在国内建立自由经济社会的人，同时也就是在国际间争取实行自由经济分工和密切合作而斗争的那些人们……只有别人富裕，自己才能富裕起来，同乞丐是做不成什么交易的。"[①] 正是从这点出发，艾哈德主张国际经济自由化与欧洲经济一体化，这是社会市场经济政策的组成部分，也是其国内政策的国际延伸。

艾哈德的国际自由化政策主要表现为建立欧洲经济共同体。欧洲经济共同体的主要任务包括：保证商品和劳务交易的自由；保证资本流动的自由；保证人员就业的自由；废除一切保护主义政策；废除外汇管理制度，实行货币自由兑换。这种经济一体化不是各国数量上的机械组合，而是立足于广泛的自由和竞争基础上的高水平的经济合作。在此基础上，欧共体和其他地区性经济组织不但应在组织内部实行经济自由，而且应该推动经济组织之间和国家之间的经济自由化。

第四节 社会市场经济理论与政策的实践

第二次世界大战后，美、英、法三国占领军当局为了控制德国，在西方占领区沿袭了德国从 20 世纪 30 年代以来所实行的集中管理经济的政策，结果导致企业失去活力，市场萧条，经济陷入了更为严重的困境。面对这种形势，占领军当局和德国社会对经济体制问题展开了广泛争论：英国支持德国社会民主党，主张实行企业国有化和国家干预的政策；美国支持右翼基督教民主联盟，主张实行新自由主义的经济政策。通过各种争论，加上美国希望恢复德国经济以复兴欧洲，并在与东方势力的对抗中发挥重要作用，最终使得联邦德国走上了社会市场经济道路。战后联邦德国的社会市场经济实践过程，大体上可以分为三个阶段：

---

① 艾哈德. 来自竞争的繁荣 [M]. 北京：商务印书馆，1983：213-214.

141

（一）有限调节的"社会市场经济"阶段（第二次世界大战后至 20 世纪 60 年代初期）

在该阶段，弗莱堡学派得益于艾哈德等人的参政行动，社会市场经济理论和政策主张一直都是联邦德国恢复和发展经济的指导原则。在长达 20 多年的政治生涯中，艾哈德完全奉行弗莱堡学派的社会市场经济理论与政策主张，使联邦德国经济获得了迅速的恢复与发展。人们甚至把这个时期的联邦德国经济称为艾哈德时期的"社会市场经济"。社会市场经济的理念也逐渐深入人心，它"主要通过市场力量来调节整个国民经济，国家尽可能不去干预再生产过程，但不反对必要的和有限的调节，以期尽可能达到经济权利分配上的社会公正与经济利益分沾上的社会公平"；从而基本适应了当时联邦德国的社会经济需要，并迎合了德国民众的复兴心理。

（二）全面调节的"社会市场经济"阶段（20 世纪 60 年代中期至 20 世纪 70 年代）

从 20 世纪 60 年代中期开始，德国经济逐渐陷入衰退。经济危机激化了政治斗争，1966 年基督教民主联盟的艾哈德政府倒台，改由基督教民主联盟与社会民主党组成联合政府。为了克服经济停滞与大量失业，联邦德国实行全面的政府干预。哈麦尔和克埚夫就曾指出，联邦政府"所采取的经济政策手段还是不够的，还不能同时达到稳定经济所需要的四个目标：稳定的价格，高就业率，外贸的平衡，持续的较快的增长。对两种体制的前景做一番比较，得到这样的结果，即在中央计划的制度条件下，更容易达到这些目标"①。

弗莱堡学派不得不承认，破坏自由竞争基础的垄断组织，在经济生活中起着越来越大的作用。有限调节的社会市场经济已经不能克服危机和失业，不能防止环境污染，不能改善工人劳动条件和保证国民经济的高速增长。同时，当时联邦政府已经实行的反周期政策、经济结构改革政策、经济计划化等，应当纳入理论体系。他们强调政府"全面调节"，加强政府对经济生活的影响，扩大政府支出；主张运用货币政策和财政政策，特别是通过降低利率的货币政策和预算赤字的财政政策来影响总需求，并制定国民经济发展的长远规划。

弗莱堡学派的转变实际上是联邦德国新自由主义与凯恩斯主义的合流。卡尔·席勒尔在 1967 年曾写过一篇《欧肯、凯恩斯与我》，试图把弗莱堡学派的自由竞争和凯恩斯主义的有效需求学说综合起来。他在《经济任务是稳定和增长》一文中指出，在主张"竞争就是命令"的弗莱堡学派和主张"对实际总需求加以指挥"的凯恩斯主义之间，有必要做一番意义深远的综合；小量的就让市场和个别经济去决断，大量的主要依靠经济手段和财政工具加以影响②。由此形成了该阶段联邦德国的主要经济政策，即"少市场，多国家"的"全面调节的社会市场经济"。

① 哈麦尔，克埚夫. 西德和东德的经济体制 ［M］. 北京：中国社会科学出版社，1980：44.
② 席勒尔. 经济任务是稳定 ［M］//哈麦尔，克埚夫. 西德和东德的经济体制. 北京：中国社会科学出版社，1980：27.

（三）回归艾哈德时期的"社会市场经济"阶段（20世纪80年代至今）

1980年4月，联邦德国又爆发了一次更严重的经济危机，由此引起了政治危机。1982年10月，基督教民主联盟—基督教社会联盟和自由民主党组成联合政府，新政府指责前政府采取了过多的政府干预政策。他们认为，要扭转这种局面，就必须重新回到艾哈德时期的"多市场，少国家"的有限调节的"社会市场经济"轨道上去。这种情况既与国际上较为普遍的自由主义复兴相呼应，又是对联邦德国经济遭受挫折的再反思。

简要评论

弗莱堡学派新自由主义社会市场理论和政策主张，是第二次世界大战后西方国家发展经济中主导性指导思想的特例。在大多数西方国家都采用凯恩斯主义的国家干预政策来指导经济的情况下，联邦德国是特殊的。联邦德国因此成为仅有的、少数的未采用凯恩斯主义经济政策主张而取得较好经济成就的国家之一。弗莱堡学派新自由主义思想和政策主张也因此名声大噪，其理论与主张可以说是亚当·斯密及其以后资产阶级经济自由主义理论在第二次世界大战后联邦德国具体条件下的应用与发挥。因此，有人曾把实践这一理论的杰出代表艾哈德看成"亚当·斯密的顽强化身"。

弗莱堡学派是一个由经济学家和法学家组成的学术团体，不像其他学派那样仅仅是由专业经济学家所组成的。弗莱堡学派对自由主义和市场经济的研究有其独到之处，在经济学的发展中有自己的贡献。这些贡献主要是：

（1）在经济学方法论上，提出了显著特征提炼抽象法。弗莱堡学派继承了奥国学派的演绎法，同时吸收了历史学派注重实际的特点，并以演绎法为主导来寻求这两者的结合，这就使演绎法可以运用于分析实际经济问题。

（2）在经济学理论上，以经济秩序为中心的经济学说是对市场经济理论的重大发展。自古典学派以来，经济学对市场经济的研究始终围绕市场过程本身，弗莱堡学派则从秩序出发来研究市场经济。这就提供了一种新方法和新角度，加深了人们对市场经济的认识，也为现代比较经济学奠定了基础。

（3）在理论观点上，弗莱堡学派强调对市场形态的分析和对集中管理经济的批判。弗莱堡学派的这种批判有两个特点：一是认为集中管理经济与所有制之间没有必然的联系，打破了计划经济与社会主义公有制存在必然联系的传统观念；二是指出市场经济向集中管理经济过渡的关键是垄断形成与政府干预。此外，弗莱堡学派主张某种形式的金本位制或商品本位制，指出了现代货币体系的致命弱点：银行创造货币的机制使经济不可避免要产生通货膨胀。

（4）在经济政策上，它强调政府在市场经济中的作用。它把政府职能局限于运用立法和其他手段来建立和维持经济秩序；这既不同于古典学派的自由放任，又不同于凯恩斯主义的国家干预，但又不是某种折中。其基本思想说明，市场经济是一种法制经济，必须通过立法来保证经济运行秩序。

本章基本概念

1. 弗莱堡学派
2. 新自由主义
3. 显著特征提炼抽象法
4. 集体领导经济

本章思考题

1. 简述弗莱堡学派形成与发展的过程。
2. 简述弗莱堡学派的方法论特点。
3. 欧肯的经济秩序论的理论要点有哪些？
4. 简述弗莱堡学派的社会市场经济理论。
5. 简述弗莱堡学派经济政策主张。
6. 如何评价弗莱堡学派的经济理论及其政策主张？

第十章
公共选择学派

　　公共选择学派是经济自由主义思潮中的一个流派。它形成于 20 世纪 60 年代，在 70 年代影响日益扩大，80 年代和 90 年代迅猛发展，并传播到欧洲和日本。公共选择学派以政治市场上的主体（选民、利益集团、政党、政治学和官员）行为和政治市场的运行为研究对象，并把理性人假设引入政治市场。其理论包括：投票规则、政党理论、利益集团理论、寻租理论、官员理论、非纯公共物品理论和宪法经济学。詹姆士·麦吉尔·布坎南和戈登·塔洛克是公共选择学派的主要代表人物。

　　以布坎南为代表的公共选择学派的基本特征是：把经济学的研究对象拓展到以往被经济学家视为外部因素的政治学研究领域；把人类的经济行为和政治行为作为统一的研究对象，从实证分析的角度出发，以经济人为基本假定和前提，运用微观经济学的成本—收益分析方法，分析政府机构如何组织和构成，并研究其行为动机和行为方式等；分析国防、法律、税制以及社会福利等公共产品是怎样生产和分配的。简言之，公共选择学派试图回答：现代西方民主政体实际上是如何运行的，公共选择（通过政治选票在政治市场上进行）实际上是怎样做出的，其后果又如何。

第一节　公共选择学派的产生和主要代表人物

一、公共选择学派的产生和发展

　　（1）公共选择学派产生于 20 世纪 50 年代，邓肯·布莱克于 1958 年发表《委员会与选择理论》一文，开创了对政治行动的公共选择研究。但促使公共选择学派形成并不断扩大其影响的关键人物，却要首推布坎南与塔洛克。

　　（2）20 世纪 60 年代，布坎南等人在弗吉尼亚大学创立了托马斯·杰斐逊中心。他们主张恢复政治经济学的研究，主张在经济研究上回到古典学派，分析规则和制度对经济的影响，把政治因素纳入经济分析。他们的研究范围较广，涉及广义政治经济学、法律经济学、产权经济学等，促成了公共选择理论的诞生。1962 年，布坎南与塔洛克发表了《一致同意的计算》，为公共选择理论奠定了强有力的基础。

（3）20 世纪 70 年代，布坎南与塔洛克于 1969 年在弗吉尼亚工业学院创建了公共选择中心，并出版了《公共选择》杂志，促进了公共选择理论的迅猛发展，同时使公共选择理论传播到欧洲和日本。

（4）20 世纪 80 年代和 90 年代，公共选择理论得到迅猛发展，越来越多的人受到公共选择理论的影响。1982 年，公共选择研究中心从弗吉尼亚工业学院转移到乔治·梅森大学。这一段时期，公共选择受到了广泛重视：主要代表人物布坎南于 1986 年获诺贝尔经济学奖；许多经济学教科书在分析财政政策、分析市场失灵与政治失灵时，都应用了公共选择理论；在公共财政理论和公共经济学教科书中，更是大量地介绍公共选择理论。

公共选择学派的影响日益扩大有着特定的历史背景：①经济界长期缺乏政府经济理论。传统的古典经济理论很少论及国家与政府的行为，凯恩斯以后的宏观经济学没有分析经济政策的制定过程，即政治决策过程。这些理论的共同缺陷在于它们的政治过程和经济过程是截然分开的，国家和政府被看成经济体系外的外生变量，它以促进公共利益为目的。②新福利经济学的影响。20 世纪 30 年代以来，新福利经济学产生了两大影响：一是激发了人们研究在偏好既定条件下不同投票规则有不同结果的问题；二是激发了资源非市场配置的研究，即探讨公共物品和外部性存在的情况下资源优化配置的问题。③政府干预的加强与失误。随着凯恩斯主义的政府干预行为日益增强，各种社会经济弊病凸现，促使人们通过分析非市场的集体决策过程，探讨政府干预失误的原因。

二、公共选择学派的研究对象和方法

公共选择学派的研究重点是公共选择问题。公共选择是指人们通过民主政治过程决定公共物品的选择，这是把个人选择转化为集体选择的一种过程或机制，是对资源配置的非市场决策。皮科克认为，公共选择学派的研究范围包括三方面：初级政治市场、政治供给市场、政策执行市场。在初级政治市场上，政治家把政策卖给选民，选民则为政治家支付选票；在政治供给市场上，官员为实现当选政府的政策目标，将提供不同的行政手段；在政策执行市场上，政策执行将影响特定集团的利益。

公共选择学派的研究方法具有以下特点：

（1）个人主义的方法论。个人主义的方法论认为，一切社会现象都应追溯到个人的行为基础上，都必须从个人角度来分析阐述；个人偏好是经济学分析的出发点和基石，必须把个人目的性放在首位。公共选择学派把个人作为分析的基本单位，把社会存在看成个人（而不是集团或阶级）之间的相互作用，认为应当根据个人来解释社会和政治，而不是根据社会来解释个人。公共选择学派在方法论上的个人主义，体现在他们对社会秩序和个人行为以及对政府和政治的见解上。

在公共选择学派看来，个人是社会秩序的根本组成单位，政府是个人相互作用

的制度复合体；个人通过制度复合体做出集体决策，去实现他们相互期望的集体目标，同时他们也通过制度复合体开展与私人活动相对立的集体活动。在经济市场和政治市场上，个人都是最终决策者。方法论上的个人主义并未限定个人选择所追求的目标是什么，个人主义并不必然就是利己主义或者利他主义。个人选择方案与选择结果也是有区别的，个人选择不能选择总体结果。

（2）政治活动中的经济人范式。公共选择学派的理论基点是把经济人范式扩大到个人在面临"非商品"选择时所采取的行动和态度；他们认为个人参与政治活动的目的是追求个人利益最大化，也以成本—收益分析为根据。公共选择学派把政治制度看作一个市场——政治市场。在政治市场上，单个选民宁愿投票给能给他带来更大利益的政治家；政治家的基本行为动机也是追求个人利益最大化，如权力、地位、金钱等。公共选择学派认为，个人选择是一个相互作用的过程；个人对自身利益最大化的追求是有限制的，这个限制就是宪法规则的约束；在宪法秩序范围内，应当给个人以充分的选择自由，并捍卫这种自由。公共选择理论认为，确保个人最佳选择的前提之一就是最大化他们的选择自由。

三、公共选择学派的主要代表人物

公共选择学派的主要代表人物布坎南和塔洛克于1950年共同执教于美国弗吉尼亚大学，开始合作创建公共选择学派。

布坎南，1919年生于美国田纳西州，1940年毕业于田纳西州中部大学，获理学学士学位，次年于田纳西州大学获硕士学位，后来又进入芝加哥大学，受教于著名自由主义经济学家F. H. 奈特。1948年布坎南获博士学位，次年开始在田纳西大学任教，1955年作为访问学者赴意大利进修，由此受到意大利学派的影响，并对政治决策问题产生了兴趣。1956年到1968年，他在弗吉尼亚大学任经济学教授，同时领导研究政治经济学和社会哲学的托马斯·杰斐逊中心。1968年他任加州大学洛杉矶分校教授。1969年布坎南与戈登·塔洛克在弗吉尼亚理工学院创建和领导了公共选择研究中心，并任该校经济学教授。布坎南还在1963年担任美国南部经济学会主席，在1972年任美国经济学会副主席，在1982年任美国西部经济学会副主席。1977年，布坎南获迈阿密大学法学经济学中心颁发的法学经济学奖。1986年，布坎南获诺贝尔经济学奖。

瑞典皇家科学院对布坎南的评价是："布坎南的贡献在于他将人们从互相交换中获益的观念运用于政治决策领域。"皇家科学院认为，布坎南填补了传统经济学的空白，建立了独立的政治决策理论。布坎南通过对公共选择问题的近40年的研究，成为公共选择理论和非市场决策的经济研究奠基人。

布坎南的主要著作是：《一致同意的计算》（与戈登·塔洛克合著）、《成本和选择》、《公共选择论：经济学的政治运用》（与R. 托里森合著）、《自由的限度：在无政府主义状态和极权主义国家之间》、《民主政治的赤字财政：凯恩斯爵士的政治遗

147

产》(与 R. E. 瓦格纳合著)、《政治活动的经济学》和《自由、市场与国家——1980年代的政治经济家》。

其他代表人物还有安东尼·唐斯、威廉·尼斯坎南、翰·罗尔斯、曼克·奥尔森、查尔森·蒂鲍特、丹尼斯·缪勒等人。由于布坎南是公共选择学派的奠基人和最主要的代表，因此，我们在下面就以他的观点为主来介绍公共选择学派的理论和观点。

第二节　公共选择学派的经济理论

公共选择理论（the public choice theory），又被称为"公共选择"（the public choice）、"集体选择"（the collective choice）、"公共选择经济学"（the economics of public choice）、"新政治经济学"（the new political economy）、"政治的经济学"（the economics of politics）或"政治的经济理论"（the economics of politics）等。它是一个介于经济学和政治学之间的交叉学科，以新古典经济学的基本假设、原理、方法作为分析工具，研究政治市场的运行。与西方主流经济学和政治学相比，公共选择理论的主要特点是：①试图建立一种严谨的、原理式的一般政府理论；②把政治看作一种个人相互交易的市场，并且用新古典经济理论对其进行分析；③分析有关的政治活动，通过这些分析使人们对政府产生怀疑，进而使人们相信要缩小政府活动的范围。

一、投票决策规则理论

投票决策规则是把个人偏好总和成集体决策的方法。它包括：一致同意规则、多数票规则—投票悖论、多数票规则—多维选择、最优投票规则选择。

（一）一致同意规则

一致同意规则（unanimity rule）是指一项决策或议案须经全体投票人一致同意或没有任何人反对，才能获得通过的一种投票规则。一致同意规则实行一票否决制，根据这个规则做出的集体决策可以满足所有人的偏好；如果一项决策使其中的任何人的利益受到损害，它便不能获得通过。因此，一致同意规则可以达到帕累托最优状态。一致同意规则肯定能实现资源配置的帕累托效率，这在维克塞尔的《公平赋税的新原理》一文中被论述，又在布坎南和塔洛克的《一致同意的计算》中被发挥。

从理论上看，一致同意规则似乎是最优的公共选择规则。但是，这种规则由于具有以下明显的缺点而不能被普遍采用：①这种规则的决策成本太高，决策时间太长，为了选择一个所有当事人都满意的方案，需要不断进行协商与讨价还价。②这一规则往往导致威胁和敲诈。如果一个人认识到某项议案或决策可以被他否决的话，那么他就会以抗拒的形式来敲诈那些想使这项议案或决议得以通过的人，从而使他和他的支持者获得好处。

（二）多数票规则—投票悖论

多数票规则（majority rule）是指一项议案须得到超过半数的投票人赞成才能通过的投票规则。"投票悖论"是由 18 世纪 80 年代的法国社会学家孔多塞和数学家博尔塔所观察到的多数票规则的一个重要特征：它不能在多个被选方案中达成均衡，而是在各种选择之间循环。投票结果随投票次序的不同而变化，选择的结果不具有唯一性。例如，假设甲、乙、丙三人面临三种方案 A、B、C 进行投票表决。三个人的偏好有如下顺序。甲：C 优于 B，B 优于 C；乙：B 优于 C，C 优于 A；丙：C 优于 A，A 优于 B。若先比较 A、B 方案，则最终中选结果是 C；若先比较 A、C 方案，则最终中选结果是 B；若先比较 B、C，则最终中选结果是 A。针对投票悖论问题，公共选择学派提出了三种解决方案：

1. 表决程序安排

（1）多数票规则下，如果首先确定一个投票程序，集体选择将会获得确定的结果，而不会发生投票悖论。早在 1785 年，孔多塞就提出，按照预先设计好的程序对各种被选方案进行两两比较，在一对方案比较中挑选多数票支持的方案，最终获胜的那个方案称作"孔多塞获胜者。"

（2）另一种打破投票循环的程序安排称作"序数程序"。在这种程序安排下，每一个投票人首先按照自己的偏好来排列各种被选方案，然后按照偏好次序不同对不同的被选方案进行计数（称为"博尔塔计数"），最后根据一定的投票程序将各个投票人对同一个方案的偏好加总起来，得数最多的方案获胜。例如，有 M 个人对 N 个被选方案进行表决，每个人对这 N 个方案的偏好次序不同。排在第一位的方案给它记为 N 点，排在第二位的方案记为（$N-1$）点，排在第三位记为（$N-2$）点，如此类推，排在最后一位的计为 1 点。通过加总 M 个人分别对 N 个方案的偏好点数，获得最多点数的方案就是获胜者。

（3）还有一种打破投票循环的程序安排称作"淘汰程序"。这种程序安排是：如果要在 N 种方案中进行选择，在每一轮两两比较中都淘汰掉得票最小的方案，获胜的方案再同剩下的方案进行角逐，最后剩下的方案就是获胜者。

2. 单峰偏好与中间人定理

单峰偏好（single-peaked preferences），是指单个当事人的偏好排列像一个只有一个峰顶的高山，只能有最多一个上坡面和最多　个下坡面，而不能像群山那样上下起伏。布莱克指出，同组方案中的个人偏好不同，但均为单峰偏好时，简单多数票规则可以产生唯一的均衡解，它与中间投票人的第一偏好一致，即中间投票人偏好的议案会被通过。布莱克的这个观点后来被称作单峰偏好理论和中间投票人定理（the median voter theorem），也称布莱克定理。

3. 阿玛蒂亚·森的"价值限制定理"。

把布莱克定理一般化的是 1998 年获得诺贝尔经济学奖的印度籍经济学家、英国剑桥大学教授阿玛蒂亚·森。他认为，当参与投票的人数为奇数时，如果这些投票者的选择是价值限制性质的，那么就可以避免投票悖论。所谓"价值限制性"（value restriction），是指在任意三个备选方案中，全体投票人对其中的一个方案达成一致意见，投票悖论就可以消除。这可以有三种选择模式。全体投票人都同意其中一个方案不是最优的、次优的或最差的。

（三）多数票规则—多维选择

中间投票人定理并不是在任何情况下都能成立。如果投票者面对多维（即多种公共物品）选择问题，投票循环就不能消除，而且还会产生投票交易（vote trading）或互投赞成票（logrolling）的问题。在政治市场上，人们对各种可选择方案的偏好强度（intensity of preference）是不一致的，多数票规则无法照顾个人偏好强度，甚至出现损害少数人利益的情况，因此位居少数的投票者可能会采用互投赞成票或投票交易。如表10-1所示：

表 10-1　多数票规则与投票交易

	A	B	C
甲	−5	2	2
乙	−5	6	6
丙	3	2	10
丁	3	−5	−5
戊	3	−7	−7
效用总和	−1	−2	6

对三种方案表决，它们都将以 3∶2 被通过，但根据效率标准，只有 C 有效率。若戊与甲同意"交易"投票：甲否决 B，戊否决 A，则最终结果是 C，二人均可使自己境况变好。但是，投票交易并不能保证有利的方案都能被采纳，投票交易与有效率的资源配置之间没有必然联系。

（四）最优投票规则选择

公共选择作为一种集体行动是要消耗成本的，这种成本称为决策成本。决策成本包括外在成本和决策时间成本：①外在决策成本是指在集体选择中由于集体中其他人的行动而使单个人预期所需要承担的成本。它通常是递减函数，即随着需要赞同的人数的增加，预期外在成本将递减。②决策时间成本是指单个人为了使集体决策得到所需的赞同人数规模而花费的时间和努力。它是递增函数，随着集体人数的增加，需要花费更多的时间去争取投票人的赞同。由此可见，从决策成本最小化的角度看，最优投票规则既不是一致同意规则，又不是一个人说了算的决策规则，而是介于这两者之间的最优多数规则。

二、公共选择理论

公共选择理论的基本出发点是把"经济人假设"引入政治行为分析，提出政治活动中的利益主体总是倾向于选择能给自己带来最大利益的机会，并由此衍生出了政党理论、利益集团理论、寻租理论。

（一）政党理论

两党制是西方民主政治的典型特征，以下主要介绍唐斯的单峰偏好下和双峰偏好下的两党竞争模型。这个模型的思想来源是 H. 霍特林和 A. 史密西斯的空间定点理论。

在 A. 唐斯模型中，政党的政治观点是沿一维的候选人立场自由—保守的维度进行分布。假定选民偏好是单峰的，每个选民都在这个维度范围内有一个最偏好位置。政党或候选人离这个位置越远，这个投票人就越不愿意对他投赞成票。两党为了争取最大多数人的选票，最终必将把政治立场调整到选民最偏好位置。在这种情况下，不论哪个政党上台执政，都不会引起较大的政策变化，从而保证了社会政治稳定；但选民面对的都是相同的政策，也就失去了自由选择的余地。

双峰偏好模型下的两党竞争假设仍是一维的，而选民偏好是双峰的。在初始状态，两党都能够各自获得最多的选民支持。如果政党 A 想获得更多的选票，就必须调整政策立场，但政策调整能否获得更多的选票取决于选民的反应，即选民对政党政策的需求弹性。所以在双峰偏好下的两党竞争模型中，两党的政策立场有明显分歧；不同政党执政将导致不同的政策措施，从而导致政局不稳和社会不安定。

（二）利益集团理论

利益集团（interest group）又称压力集团（pressure group），通常被定义为"那些有某种共同的目标并试图对公共政策施加影响的个人的有组织的实体"。为什么会存在利益集团？对这个问题主要有三种解释，并形成了三种利益集团理论。

1. 大卫·特鲁曼和罗伯特·道尔的传统利益集体理论

他们认为，集团的存在是为了增进其成员的利益，有共同利益的个人或企业组成的集团具有增进共同利益的倾向，个人可以通过代表其利益的集团来实现或增进他的个人利益。这种观点实质上是"个人行动的目的是追求他自身利益最大化"命题的推广。尤其当社会变得更复杂、更动态和政府经常干预经济时，人们对集体行动的需要会提高。于是，理性经济人便通过结成利益集团来追求和实现他们的共同利益要求。

这种传统的理论认为，公共选择是通过许多强大的特殊利益集团的相互作用做出的。这些压力集团可能通过竞选捐款、友情、对特殊议题的较多知识，或者直接的贿赂手段，对政治家产生影响。这些利益集团被假定是立法制度的主要铸造者，这种观点被称作多元论或复数论。

2. 奥尔森的集体行动理论

他认为，从理性原则推导出集体行动的逻辑是错误的，因为集团的基本功能是向团体成员提供不可分的、普遍的利益，这种利益是一种具有非排他性的公共物品。这种集团利益的公有性意味着任何单个成员为这种共同利益做出的贡献或牺牲所带来的收益必然由集团中的所有成员所分享。正是由于这个原因，集团的规模大小与其成员的个人行为和集团行动的效果密切相关。

奥尔森认为，就集体行动的效果而言，对提供的公共物品数量接近最优水平或增进集团利益来说，小集体比大集体更有效。因为集体越大，人均利益越小，越不足以弥补他们为获得公共物品付出的成本，容易出现"逃票乘车"的问题；而且成员数量越大，组织成本就越高，获得公共物品的障碍就越大。因此，大集团不是靠集体利益获得成员支付，而是采用"选择性的刺激手段"来驱使成员采取有利于集团的行动。"选择性刺激手段"指集团有权根据其成员有无贡献来决定是否向他提供集体利益。采用这种手段的集团比没有采用这种手段的集团能更容易、更有效地组织集体行动。

根据奥尔森的分析，利益集团为其成员谋取福利有两种途径：一是使全社会的生产增加，从而使其成员按原有份额取得更多的产品；二是在原有的总产量内为其成员争取更大的份额。通常情况下，利益集团选择第二种方法，这不仅降低了经济效率和人均收入，而且降低了经济增长率，并且带来了许多负面影响。奥尔森的利益集团理论主要是从需求角度来讨论政治行为的问题，后来的公共选择理论家更倾向于从需求与供给相结合的角度来研究利益集团问题。例如：斯蒂格勒模型、佩茨曼模型、贝克尔模型等。

3. 罗伯特·萨利兹伯里的政治企业家理论

他把利益集团的组织者看作政治企业家，他们既为集体行动负担必要成本，又从中获得利润和利益。利益集团向其成员提供两种类型的利益：一是物质利益（material benefit），这是一些有形的、具有排他性的利益；二是观念利益（purposive benefit），这是一种无形的、与意识形态相联系的利益。这种利益与集团行动获得的社会报酬联系在一起，只有献身集体行动的人才能获得这种利益。

（三）寻租理论

布坎南对寻租（rent seeking）所下的定义是："那些本当可以用于价值生产活动的资源被用于只不过是为了决定分配结果的竞争。"斯蒂格利茨认为："'寻租'这个词一般用于描述个人或厂商投入精力以获得租金，或者从政府那里获得其他好处的行为"。托利森则指出："寻租是为了获得人为创造的收入转移而造成的稀缺资源的耗费。"[①]

寻租往往表现为通过游说和院外活动来获得某种垄断限制或特权。寻租不同于寻利：寻利（profit seeking）是一种生产性活动，这种活动会通过生产新产品或重新

---

① ROBERT D TOIIISON. Rent seeking: a survey, in public choice theory II ［M］. Vermont: Edward Elgar Publishing Limited, 1993: 71.

配置资源来创造价值；寻租则是一种非生产性活动，这种活动会通过消费有价值的资源来消灭价值。

布坎南在《寻租与寻利》一文中认为，寻租活动至少可以划分为三个层次：①一旦政府创造出一种人为的稀缺性，寻租便会发生。如果获得租金的权利既不是在所有人中间进行平等或随机的分配，也不是公开拍卖，那么潜在的进入者将通过游说政府给他们以优惠的差别待遇来寻租。②如果政府职位的薪水和额外收入包含有经济租金，并且这些薪水和额外收入高于私人部门类似职位的待遇，潜在的政治家和官员将会花费大量的资源来谋取这种政府职位，从而造成过多的教育和培训、过多的政治竞争支出。③个人或集团为保护对自己有利的差别待遇或避免对自己不利的差别待遇而展开的活动。布坎南认为，在寻租活动的每个阶段寻租者都是受理性动机支配的，但是资源同时在这三个层次上都被浪费了①。

布坎南区分了三种类型的寻租费用：①潜在的垄断者谋求垄断地位所付出的努力和支出；②政府官员接受或抵制潜在垄断者付出的努力；③垄断本身或政府政策作为寻租活动的一种结果而引起的第二方扭曲②。

与寻租相对应的概念是"避租"。一个利益集团进行寻租时，会试图从政治家那里获得有利于自己的限制；另一个集团为了避免这种限制损害自己的利益，会展开反对这种限制实施的活动，这后一种活动被称为避租。寻租和避租都要耗费资源，因而都要造成浪费。

在现实社会中，政治家为了满足自己的需要，将采取独立行动：一方面积极地进行创租（rent creation），政治家通过向私人提供"租金四边形"而获取选票或金钱；另一方面利用各种途径向私人或利益集团进行抽租，政治家通过威胁活动给私人造成损失，即进行政治敲诈以获取利益。

三、非纯公共物品与布坎南模型：内俱乐部理论

非纯公共物品是指介于纯私人物品和纯公共物品之间的物品。达到某一消费数量后具有竞争性的物品，叫作"拥挤的公共物品"，如道路；具有非竞争性但可排他的商品，叫"可排他的公共物品"，如电视频道。俱乐部物品和地方公共物品是非纯公共物品的两种表现形式。麦圭尔给出的俱乐部定义是：俱乐部的成员提供分享集体物品，用其成员的付费支付该商品成本，成员费用按照某一种或多或少的税收规则；或者在某种情况下用有差别的税收规则支付，典型的形式是会费或使用费。现代俱乐部经济理论的真正奠基人是布坎南和蒂鲍特。

---

① ROBERT D TOIIISON, ROGER D CONGLETON. The economic analysis of rent seeking ［M］. Vermont：Edward Elgar Publishing Company，1995：371，56-57.

② J M BUCHANAN, R D TOLLISON, G TULLOCK. Toward a theory of the rent-seeking society ［M］. College Station：Texaw A & M Press，1980：12-14.

（一）内俱乐部均衡的布坎南模型

布坎南的创始性研究解释的是俱乐部自身的均衡问题，不考虑俱乐部与外部的联系，因而叫内俱乐部理论。布坎南假定：俱乐部成员是无差别的，平均分享俱乐部物品和平均分摊其生产成本，不会受到歧视待遇；排斥非成员极为方便，不用耗费成本；俱乐部建立在自愿的基础上；俱乐部的运行不存在交易成本。

对于任何一个俱乐部成员，假定不存在纯公物品，他要同时消费私人物品与非纯公共物品，并力求从中获取最大效用。俱乐部成员的效用，取决于私人物品与非纯公共物品及俱乐部物品的消费，消费量越多效用越大。每位成员可享受的商品数量或质量，可能取决于成员的数量与构成。俱乐部成员在消费时因成员的人数增加而带来效用变化及边际效用，俱乐部成员也要受一定的约束，在自由收入、私人物品价格、俱乐部物品成本和成员数的约束下购买与消费两种物品，以谋求最大效用。

从俱乐部成员的角度考虑，俱乐部欲实现均衡，即俱乐部成员欲获取最大效用，就必须满足如下两个条件：①俱乐部物品与私人物品间的边际替代率与边际转换率相等；②俱乐部成员与私人物品间的边际替代率与边际转换率相等。

在第一个条件中，边际替代率表示俱乐部成员每增加一单位俱乐部物品消费所愿意放弃的私人物品消费量，因而实际上代表俱乐部成员从享用俱乐部物品中获得的用私人物品度量的边际效用；边际转换率表示俱乐部成员在既定收入、成本等约束下每增加一单位俱乐部物品消费所能够放弃的私人物品消费量，这实际上是表示俱乐部成员在消费俱乐部物品时所必须付出的边际成本，该边际成本用私人物品度量。

在第二个条件中，边际替代率是指每增加一单位成员所需要增加的私人物品量，它代表了俱乐部成员因成员数增加而得到的边际效用。边际转换率是指每增加一成员所可以增加的私人物品量，因为成员增加可降低分摊成本，从而节省收入用于私人物品消费；它可以理解为俱乐部成员增加带给某成员的边际成本。

因此，两个条件实质上都要求边际收益与边际成本相等，第一个条件表明私人物品与俱乐部物品的消费必须达到一定的数量；第二个条件表明俱乐部成员数与私人物品数必须达到一定数量。若要达到均衡，就必须同时满足这两个条件，即同时确定俱乐部应提供的最优物品量与应容纳的最优成员数。

（二）最优俱乐部规模的决定

俱乐部最优规模取决于两个方面：产品水平和成员数量。

（1）最优成员数的确定。假如俱乐部的产品规模及成本一定，随着成员数的增加，带来的边际成本为负值，边际效用为正值或零；随后，边际成本上升，边际效用下降至负值；将两者结合起来分析，当边际收益和边际成本相等时，成员效用最大。能满足上述条件的成员数便是俱乐部在产出既定情况下的最佳人数。但是这是一种静态均衡，从动态均衡角度看，随着俱乐部产出规模的扩大，最优成员数势必相应增加。

（2）俱乐部物品规模的确定。假如俱乐部成员既定，随着俱乐部物品规模的增大，每单位俱乐部物品的平均成本与边际成本相等并始终不变，但成员分摊成本会上升；每增加一单位俱乐部物品带给某一成员的总收益上升，但边际收益递减。当俱乐部物品能保证边际成本与边际收益相等时，每一成员都获得最大效用，这是俱乐部物品量达到最优水平。

简言之，布坎南的理论表明，俱乐部成员的效用同时取决于俱乐部物品与成员数。若俱乐部物品太多，则私人物品消费量少，故效用不高；若俱乐部物品太少，则效用同样较低；若俱乐部成员太多，就会因拥挤而减少效用；若俱乐部成员太少，则每人分摊成本较高，也会减少效用。所以，俱乐部中的物品与成员数应适度，并且应当同时决定。

四、官僚主义的代价

公共选择学派把"经济人假设"引进政府行为的分析，揭示了官僚主义的根源。他们认为政府部门出现官僚主义行为方式的原因有二：一是官僚主义行为通常给政府官员带来更多个人利益；二是政府的组织结构特征具有一定垄断性质。

公共选择学派认为，官僚主义代价是社会资源的使用效率低于市场解决途径，原因有三：①政府部门的行为不可能以营利为目的，失去了追逐利润动机的政府官员不会把他们所提供的公共劳务的成本压缩到最低限度，结果使得社会支付的服务费用超出了社会应支付的限度。②政府部门往往倾向于提供超额服务，超出公众所实际需要的程度来提供公共服务，导致公共服务的过剩生产和社会财富浪费。这种过剩生产公共服务的倾向，与政府官员追求个人威信、追求政绩的意愿密切相关。③对政府官员行为的监督往往是无效的。政府官员和政府部门的工作确实也受到选民代表的监督和上级政府部门的监督，但由于向这些监督者提供情况的恰恰是被监督者，因此除了重大的流弊之外，监督者完全可以被监督者所操纵。同时，监督者往往不是被监督者所提供劳务的消费者，对于鉴别劳务的质量既缺乏经验，又缺乏热情，因此政府做出的决定往往拐弯抹角地有利于官僚而不利于公众。

公共选择学派对于官僚主义最后得出了两条结论：①社会中官员越多，"官僚敛取物"就有可能增加越多。因为官员们有直接的理由和便利的地位来进行比其他公民阶层更广泛、更有效的政治活动，结果政府的开支、政府的机构以及官员人数不断膨胀。②政府干预来解决经济问题的这种设想，只有在其他一切手段都证明无效之后，才可以考虑。只有当事实确实证明市场比官僚主义解决方法所付出代价更大时，才能够不得已而为之，采用官僚主义的解决办法。

第三节　公共选择学派的经济政策主张

针对政府失灵问题，公共选择学派提出了制度改革思路。这里的制度是指决策规则或政治制度，最根本的决策规则是宪法。布坎南、塔洛克特别强调从宪法的高度来矫正政府失灵，由此提出了宪法经济学。宪法经济学的要点包括：①宪法经济学是一门研究规则选择的科学；②规则决定政策；③选择规则的标准是一致同意标准；④过程比结果重要；⑤政府失灵的根源是宪法约是失灵；⑥改革重点是宪法改革；⑦政治法律制度应符合契约论的准则。宪法经济学把分析重点放在各种约束规则之间进行选择上，重点是研究约束政府行为的规则。

一、制定经济政策的规则

公共选择学派对制定经济政策的规则有极为明确的结论：应关注约束经济政策制定过程的规则，而不是经济政策的具体内容；应对经济政策制定过程选定规则，严格按照规则制定政策，不能随意变动，即规则决定政策。

布坎南认为，经济政策的目的是改善人们的境况。但个人境况只有自己才能感受到，不存在一个外在客观标准去判断，也不能从结果的好坏去判断。实施相机抉择的政策等同于一部分人（经济学家与政策决策者）把自己的判断和行动施加于他人。这显然不能保证他人的境况可以得到改善。就个人而言，他自己的偏好是在行动的过程中显示出来的，而不是表现为对结果的偏爱；当他选择了这一过程，他也就选择了这一过程将产生的结果，而不管这结果是否完全如愿。因此，改善必须从过程改革中寻找，过程与规则成为衡量经济政策好坏的一个间接标准，只要制定经济政策的过程或约束规则能促进显示出来的个人偏好转化成可观察的政治结果，只要过程或规则是人们一致同意的，这样制定的经济政策就是可取的。政府规则与政策措施是有区别的：政策规则的改革可以有利于所有参与者，而政策措施的改进只有利于某一方。所以，应采取有规则的经济政策，而不是相机抉择的政策。

公共选择学派反对制定具体经济政策还有一个原因：即使经济政策建议总是正确的，总能反映社会的真正长期利益，但它能否为政治决策人接受也大成问题。政府干预经济的理论都假定政府及其代理人（政治家）一心为公、全无私心，事实却与此大有出入。当政治家的利益与选民的利益有冲突时，他不可能采纳好的政治建议；而且考虑到任期的限制，他也存在短见，不会从长远角度制定政策。结果将使政治当事人的决策偏向需求方调整而不是供给方调整，代理人的决策将反映公共支出增加而不是税收减少，偏爱货币扩张而不是货币收缩。总之，政治代理人会拒绝一个以短期损失为代价来确保长期利益的政策建议。进而言之，只要政治代理人心中不存在公共利益，同时缺乏宪法约束，则无论是哪种政治过程，都不会产生好的经济政策，又因为存在着决策独断专行或中间人定理、利益集团等问题，布坎南认为单靠改变经济政策不可能成功。

二、货币宪法论

（一）货币宪法目标：货币单位价值的可预期性

最好的政策是受宪法规则约束的政策，而这个规则应在制宪阶段经一致同意形成；货币政策同样如此，需要根本的规则，即货币宪法。布坎南指出，不管讨论的级别是什么，货币政策最有意义的标准都是货币单位价值的可预期性，亦即绝对价格水平的可预期性。不过，绝对价格水平的可预期性并不意味着相对价格水平的可预期性，在确保绝对价格水平的可预期性条件下，经济当事人对相对价格水平仍存在不确定性。

作为货币政策宪法的标准或货币政策的目标，经济学家经常建议的是保持货币的稳定性。布坎南则认为，货币单位价值的可预期性有着货币的稳定性所不可比拟的优点。可预期性要比稳定性更明确，更易于量化，也更容易操作；可预期性是静态资源配置效率与动态经济增长得以实现的必要条件；可预期性使得货币宪法问题与具体的货币量管理问题得以分开，从而使货币宪法规则更为单_____，更好通过。

（二）实现宪法目标的方法：管理货币体制与自发货币体制

推出货币宪法是为了确保货币单位的价值或绝对价格水平的可预期性。布坎南指出，把价格指数变动的可预期纳入货币宪法有两种办法：①利用价格指数作为操作性标准指导政策变动，将价格的可预期性作为形成指导政策标准的工具。②设计一种私人决策系统，以使合意的货币预期性自动地从系统日常运行中产生，将一种商品作为货币单位基础，其用货币单位表示的价格决定着总体商品价格的未来走向，以保证货币单位的可预期性。这两种办法的主旨都是货币应按公开宣布并有法律保障的规则供给，不能随意变动，这样才能确保货币单位价值的可预期性。

在这两种办法中，管理的货币体制是不可取的，它会引起货币价值的预期失误。即使是最理想的管理体制，也不过是预先确定一套规则，以规定货币当局的任务；但如果赋予货币当局一定的自主权，则有可能偏离预定的规则，更可能导致货币的不可预期性。

自动的货币体制往往采取某种本位制。布坎南指出，最理想的自动货币体制是商品本位制，这个商品应代表经济中所有的商品与劳务的生产情况，其价格应与绝对价格水平或价格指数同步变动。选定这样一个理想商品之后，为确保货币数量的可预期性，货币当局应随时准备按预先既定的价格买卖该商品，这样经济就可在货币的可预期基础上运行，就可以利用竞争机制中分散的与非个人的力量，根据经济需要提供或收回货币。在这样的体制下，根本不需要货币政策，市场机制自动维护货币的可预期性。布坎南也指出，经济中不一定有最理想的作为本位的商品，但是存在着近似的理想商品和劳务。

三、财政宪法论

(一) 财政立宪

财政同宪法一样，应该有根本规则的约束，需要进行财政立宪。财政立宪的观点以布坎南为主要代表，它要从立宪的角度说明什么样的财政体制是合理的。其基本观点是：财政体制的税收与支出采取两种决策方法，公共支出要在财政决策的日常运行过程中做出；税收结构与水平的决策则要先于公共支出结构决策，在日常运行过程之前的立宪阶段做出。财政立宪的主要内容是税收立宪。

公共支出与税收决策的这种区别起因于它们的性质差异：公共支出是不可分的，其规模与构成一旦确定，所有的人都同等共享。税收是完全可分的，要在不同阶层、团体和个人之间分摊，构成一项零和博弈，难以就税收分摊份额达成一致协议；同时集体决策成本极高，不可能经常决策。税制在立宪阶段预先决定和宣布，有助于纳税人在既定税制下预期未来、做出判断、调整行为，从而有助于经济稳定。公共支出是在财政日常运转过程中随时决定的，则存在着一些操纵决策程序来剥削他人的特殊利益集团。

(二) 税制选择

财政立宪的重点是税制选择，税制选择的关键不是特定的税收结构，而在于税收结构的决定过程是否全面反映了经济主体的偏好和价值。从这个意义上说，税制选择必须以不确定性为前提在立宪阶段确定。假设每个人不能确知自己在未来的确切经济地位如收入、能力、财产等，也不能确定自己未来偏爱的公共物品内容和数量，从而不知道自己在每一种税收结构下会承担多少税收份额，那么他会采取一种不偏不倚的立场，支持一个对所有人都最公正的税收方案。在这种情况下，制定的税收结构会受到普遍赞成，即使引起再分配也会被充分认可。

(三) 平衡预算

在预算原则上，布坎南强烈反对周期平衡和充分就业平衡的凯恩斯主义政策，主张保持预算平衡。要保证预算平衡的顺利实现，就必须设立一个具体细致的规则。这个规则可以起到一种特殊的调节机制作用。一旦支出和税收的变化超出了平衡界限，相应的机制就会自动做出反应，促使失衡的预算恢复平衡，以防止出现预算决策的失误。

更具体地说来，这个预算规则包括：调节税率、调节支出、同时调节支出和税率。调节税率以适应支出的方法只有利于公共经济而对私人经济不利，有助于公共部门的扩大；调节支出以适应既定的税收结构更为可取。当预算支出超过收入一定界限时，支出就会自动削减，以控制赤字，从而有效抑制公共部门的扩张，同时产生有利于私人部门的资源配置。引入政府作用之后，如果选择调节支出作为杠杆，则最简单的办法就是，当预算缺口超过预定限额时，全面缩减预算支出项目；或者遵照平衡原则，逐一设置各项支出项目限额，决定是否缩减。

（四）税收支出的限制

税收与支出意味着资源由私人部门流向公共部门，由市场决策转向集体决策，这涉及公私部门资源配置的合理界限问题。根据传统政治理论，公共支出与税收的核实数量应按投票者愿望决定，民主的政治竞争能促成每一位当选政治家充分按照投票者的愿望征收赋税负担与支出，因为官僚被动而无私，不会影响财政开支。财政过程中的税收负担与支出获益对称而中性，不会使特殊利益集团鼓励支出，也不会出现支出获益比税负分摊更为集中的现象。由于不存在财政幻觉，投票者能充分认识到支出项目的全部成本，利益集团的联合就失去了意义，他们不可能利用税收与支出权力来剥夺少数成员。

但布坎南指出，上述观点是错误的，实际情况刚好相反。美国一直经历着公共部门的扩张，公共部门的资源配置量远远超过合适水平，现代民主过程并未实现适度的税收与支出比例，也未能反映选民愿望，反而导致了政府行为的失误和机构膨胀。因此，只有采取立宪限制方法，才能有效约束政府财政部门的税收和支出决策。针对这个问题，布坎南提出了两种方法：程序限制和数量限制。

（1）程序限制是指通过对政治决策的规则和程序的调整来控制税收与支出水平。具体做法有：①特殊的多数决策规则。在财政决策过程中，由于全体一致规则难以达到，就要求赞成票数尽可能地多，这样财政剥削的可能性就越小。②税收—支出的通行性。以宪法形式规定税收负担与支出获益，使之遍及各阶层，从而降低增税热情和减少支出。③支出与税收的同时决策。要求每一笔财政支出都必须有相应的税收为其筹资，同时考虑预算的收支两方面。④预算平衡。⑤各级政府税收来源和政府功能的划分。

（2）数量限制是指以宪法形式明确限制税收额与支出量。具体方法有：①规定支出与税收在 GNP（国内生产总值）中所占份额。②限制税基。③直接立宪限制特定税率。由此可见，与程序立宪限制不同，数量立宪限制不直接限制税收与支出的结果，而是通过决策间接限制。

四、国家的作用

尽管公共选择学派是保守的，但并不完全否定国家的作用；他们只是认为国家或政府应受到宪法约束，以避免政府被利用来掠夺他人，侵犯个人自由。布坎南提出了国家的两种作用：生产性国家与保护性国家。这种国家观与斯密的观点如出一辙，也同新自由主义的观点基本一致。

（1）保护性国家的任务是实施立宪阶段所制定的规则。由于每一个成员都有单方面行动和违反契约协议的动机，所以需要借助国家的作用来促成人们遵守规则。具体地说，保护性国家的作用在于保护个人自由不受他人侵害，不受国家侵害，保护国民不受外来侵略。在布坎南看来，保护性国家最重要的特征是：必须处于它所保护的团体之外，不能追求自己的利益。保护性国家的任务不是制定法律，而是以科学的方法判断规则是否被违反，并对违反者实施适当的惩罚。遗憾的是，完全中立的"外在化国家"是不存在的，人们往往选定一个"内在人"作为执法者，并假想他是外在的。

（2）生产性国家的作用是提供公共物品，合理配置社会资源。生产性国家必须是内在的，并充分反映个人意愿；国家的生产性作用关系到私人与集体之间的社会资源配置。最优配置决策取决于决策规则，因此应当注重国家生产的规则与程序，而不是活动本身。

简要评论

公共选择流派在西方经济学和政治学中有独特地位，其发展势头有增无减。公共选择理论与西方主流经济学不同，它以揭露资本主义矛盾和批判资本主义制度为其特色，目的是要发明一种新的政治技术和新的表现民主的方式来改良资本主义，从而保证资本主义制度的长治久安。

公共选择学派提出了许多有价值、有启发性的思想观点和方法。例如：它对政治与经济的相互关系的论述非常有价值；用经济学的方法和假设来研究政治；认为"政策的程序和宪法而不是政策本身成为改革的重点"；认为"要改善政治，首先必须改革规则"；认为"政府失灵的原因不应当从政治家和政府官员品质上去寻找，而应当从宪法规则上去寻找"；认为纠正市场失灵不是要用政府来取代市场，而是需要另一套规则来纠正市场失灵，因为市场失灵的根源是现行法律——政治规则。

然而，它的一些理论和主张也存在片面性，例如否认政府干预的必要性。在现代市场经济中，政府已成为不可或缺的经济主体，问题已经不是要不要政府干预，而是政府如何进行干预，这种干预是否符合经济运行的客观规律。把希望寄托于宪法改革的设想也有些不切实际，因为法律是统治阶级意志的体现，统治者不会去制定一个束缚自己手脚的法律。此外，让政府的行动遵守政策规则约束的设想也缺乏实现可能性。总之，布坎南为人类设计的这种宪政民主下的无政府社会很难成为一种社会现实。

本章基本概念

1. 投票悖论
2. 单峰偏好
3. 布莱克定理
4. 价值限制定理
5. 寻租

6. 避租

7. 俱乐部

8. 管理货币体制

9. 自发货币体制

10. 保护性国家

11. 生产性国家

本章思考题

1. 公共选择理论的研究对象和方法论特点是什么？

2. 简要说明消除投票悖论的几种方法。

3. 试述唐斯的单峰偏好下和双峰偏好下的两党竞争模型。

4. 利益集团理论有哪些内容？

5. 简要描述布坎南的内俱乐部理论。

6. 在公共物品的供给方面，官僚主义有何代价？

7. 简要说明布坎南的财政宪法论。

第十一章
新制度经济学派

新制度经济学自 20 世纪 70 年代异军突起，成为新自由主义经济学中最富有吸引力且最有助于使传统的经济研究和政治研究发生革命性变化的理论。新制度经济学注重制度分析，注重从现实世界存在的问题出发，侧重从微观角度研究制度的构成、运行以及制度在经济生活中的作用，主张经济自由，反对国家干预。由于新制度经济学是运用新古典经济学而发展起来的，因此它被主流学派普遍接受，其主要理论包括产权理论、交易费用理论、制度变迁等理论。罗纳德·哈里·科斯、道格拉斯·诺斯、奥利弗·威廉姆森、哈罗德·德姆塞茨、兰斯·戴维斯、张五常等人是新制度经济学的代表人物。

第一节　新制度经济学派的产生

一、新制度经济学派的产生和方法论特点

（一）新制度经济学派的形成

制度经济学产生于 19 世纪末的美国，其发展经历三个时期：①19 世纪 90 年代到 20 世纪为创立时期，主要代表人物有 T. B. 凡勃伦，W. C. 米契尔和 J. R. 康芒斯。②20 世纪 30 到 40 年代为"过渡"时期，主要代表者有 G. C. 米恩斯、A. A. 贝利，R. G. 杜戈威、C. E. 埃尔斯等人。③20 世纪 50 年代至今为第三时期，亦称新制度学派时期。这时期存在着两种不同的新制度学派：一派是以 J. K. 加尔布雷斯、K. 博尔丁、R. L. 海尔布罗纳、B. 华尔德等人为代表的近代制度学派，它与旧制度学派一脉相承，继承了旧制度学派的传统；另一派则是本章要介绍的以科斯为代表的新制度经济学派。

近代制度学派关于制度、交易等问题的分析对于新制度经济学产生过重要影响，但两者又有很大的差别：①价值判断标准不一样。近代制度学派以现实的资本主义社会批判者和想象中的未来社会设计者的身份出现；新制度经济学派则是以人类选择的合理性这一基本假设为基础。②从研究对象的把握来看，近代制度学派研究范

围过大，因而丧失了明确的研究对象，没能形成系统的经济理论；新制度经济学派则理智地将古典理论拓展到制度问题研究上。③近代制度学派反对新古典理论，新制度经济学派则利用新古典理论去分析制度与现实问题。④近代制度学派主要以资本主义制度为对象，缺乏一般性；新制度学派具有一般性，其原理对发达国家与发展中国家都适用。

与近代制度学派相比较，新制度经济学与新古典经济学的关系更为紧密。新制度经济学既继承了古典经济学的许多经济思想，又引入了边际理论。新制度经济学与新古典经济学的关系可以概括为：新制度经济学利用新古典经济学和方法去分析制度问题，但是这种利用并不是一种简单的、照搬式的应用，而是一种有修正、有发展的运用。新制度经济学保持了新古典的稀缺性的基本假设和微观经济理论的分析工具，并进行了适当修正。具体表现在：①关于人的行为假设。新古典经济学认为，人具有认识理性且追求效用最大化；新制度经济学的代表人物科斯认为，应该用"现实的人""实际的人"来代替新古典经济学的"理性人"；威廉姆森则强调人们的有限理性和机会主义倾向。②引入了交易费用、产权、制度等重要概念。交易费用范式构成了新制度经济学的理论框架，没有交易费用就没有新制度经济学；在不存在交易费用的情况下，各种制度安排或组织安排就不会提供选择的依据。按照产权经济学的看法，经济学的核心问题不是商品买卖，而是权利买卖。

（二）方法论特点

新制度经济学遵循当代边际主义理论的一般方法，同时进行了研究方法上的一些创新。主要表现在以下两方面：

从抽象的世界到真实的世界。在科斯看来，主流经济学的内容正变得越来越抽象，与真实世界的关系越来越疏远。经济学的正规训练总是详细地介绍核心概念，以及正式工具的运用；正式分析的成长是封闭的，它自身越来越完美，但离现实却越来越远了。以科斯为代表的新制度经济学反对"黑板经济学"，强调对现实问题的关注和研究。因为教师往往"每节课都在黑板上写满公式和教条，而不是只关注现实世界所发生的事情"；没有思想的技术工具应用对公共政策的形式是没有任何价值的[①]。

创立了研究制度问题的新途径，即产权和交易费用理论。这是新制度经济学研究制度问题的基本方法。产权和交易费用理论的建立，为制度结构和经济行为的相互关系提供了一个总体上很严密的解释[②]。迄今为止，新制度经济学所取得的最大进展是分析制度安排被明确描述的、相对简单的环境，研究在这种环境中制度约束对选择行为的影响。新制度经济学不同于新古典经济学的一个区别还在于：它是经济导向的，更接近真实世界，因而它能较好地解释世界。

---

① 科斯，诺斯，梅纳尔，等. 制度、契约与组织：从新制度经济学的角度透视［M］. 北京：经济科学出版社，2003：62.

② 菲吕博顿，瑞切特. 新制度经济学［M］. 上海：上海财经大学出版社，1998：422-428.

二、新制度经济学派的主要代表人物及其著作

新制度经济学的主要代表人物有科斯、诺斯、威廉姆森、德姆塞茨、戴维斯、张五常等人。

科斯 1910 年生于英国，1932 年毕业于伦敦经济学院，1951 年在伦敦大学获得博士学位，后移居美国。他曾在弗吉尼亚大学、芝加哥大学等多所大学任教；1991年因"交易费用和产权对经济制度的结构和运用的分析"获得诺贝尔经济学奖。科斯在其一生的学术活动中始终反对"黑板经济学"，主张经济理论密切联系实际。科斯的代表论著有：《英国的广播业：垄断的研究》《企业的性质》《边际成本争论》《社会成本问题》《经济学中的灯塔》《马歇尔方法论》。其中，《企业的性质》和《社会成本问题》是经典作品，成为新制度经济学的两块基石。他的主要贡献在于对企业理论和交易成本的分析。

诺斯是新制度主义经济学的主要代表人物之一。他于 1942 年、1952 年分别获得加利福尼亚大学伯克利分校的学士和博士学位。他曾在华盛顿大学任教，担任过美国经济史学会会长、西方经济学会会长等职。1993 年他运用经济理论和定量方法分析"经济制度的变迁和组织结构的变化"而获得诺贝尔经济学奖。诺斯的代表著作有：《美国 1790—1860 年的经济增长》《制度变革和美国经济的增长》《西方世界的兴起：新经济史》《经济史上的结构与变迁》等。诺斯的主要贡献是：构建了包括政治、经济和社会因素在内的广泛分析框架，创立了以制度、制度结构、制度变迁、创新为主轴的新经济史理论体系。

威廉姆森生于美国威斯康星州，曾就读于麻省理工学院、斯坦福大学、卡内基梅隆大学，1963 年获得博士学位，1976 年以来一直在宾夕法尼亚大学任教。主要著作有《自由支配行为经济学：厂商理论中的管理目标》《公司控制和企业行为：组织形式对企业行为影响的研究》《市场和等级：分析和反托拉斯的意义》。他的主要研究领域是公司理论与市场问题，他的交易成本研究尤其受到世人瞩目。

德姆塞茨出生于芝加哥，1953 年获伊利诺斯大学学士学位，1954 年获西北大学工商管理硕士学位，1959 年获西北大学博士学位，1963—1977 年在芝加哥大学当教授，1972—1977 年在斯坦福胡佛研究所任高级研究员，1978 年后在加利福尼亚大学洛杉矶分校任经济学教授。他的主要著作有：《产权理论》《为什么要调节公用事业》《产业结构、市场竞争和公共政策》。他对产权理论、交易成本、垄断竞争等理论都有深入研究。

第二节　新制度经济学派的经济理论

产权理论起源于 20 世纪 30 年代，直到 60 年代其理论价值才被人们逐渐认识，此后成为现代经济学中最活跃和使用最广的理论之一。现代产权理论是新制度经济学的理论和方法论基础，也是经济学新自由主义运动的重要传播渠道①。

一、产权的概念和功能

（一）产权的概念

"产权"是"财产权利"的缩写。西方产权经济学家所研究的产权，并不是我们通常所讲的法律意义上的所有权，也不是指对财产进行"占有、使用、处置、收益分配的权利"，他们赋予了产权全新的内涵。

由于经济学派研究产权问题的出发点和着力点不同，他们对产权内涵尚未形成统一定义。德姆塞茨把产权定义为"一个人或其他人受益或受损的权力"②，或者说是界定人们是否有权利用自己的财产获得收益或损害他人的权益，以及他们之间如何进行补偿的规则；阿尔钦则把产权定义为"一个社会所强制实施的选择一种经济品使用的权利"③，或者说是人们使用资源时所必须遵守的规则；还有一种观点认为，产权是指"两种平等的所有权之间的权、责、利关系"，它是用来解决所有者的应得权益被内部化为其他交易当事人权益问题（即外部性问题）的一种制度安排。

尽管产权经济学家给出了不同的产权定义，但他们对产权的理解仍然有一定共识：产权经济学家都把产权视为人们对物的使用所引起的相互关系，也即一种人与人的基本关系，而不是人对物的关系；他们都强调产权是一组行为性权利，或者说是一个权力束；他们都把某一物品所附着的权利数量及其强度视为该物品经济价值大小的决定性因素。产权安排确定了每个人相对于物的行为规范，每个人必须遵守他与其他人之间的相互关系，或承担不遵守这种关系的成本。因此，共同体中通行的产权制度可以描述为一系列用来确定每个人相对于稀缺资源使用时的地位和相互关系。

一个完整的产权包括使用权、收益权、转让权，其中每一项权利又可以进一步细分。例如，一个房屋所有者既可以把它用作居住，也可把它用作厂房；因此房屋

---

① 勒帕日. 美国新自由主义经济学 [M]. 李燕生，译. 北京：北京大学出版社，1985：2.
② 德姆塞茨，阿尔钦. 产权：一个经典注释 [M] //科斯，阿尔钦，诺斯. 财产权利与制度变迁. 上海：上海三联书店，1991：97.
③ 德姆塞茨，阿尔钦. 产权：一个经典注释 [M] //科斯，阿尔钦，诺斯. 财产权利与制度变迁. 上海：上海三联书店，1991：166.

的使用权就分解成两种不同的权利，它既可以由房屋所有者本人行使，也可以全部转让（如出售）或部分转让（如出租）给别人。当使用权全部归所有者本人时，房屋产生的收益由他独享；当使用权非永久性让渡时，收益则在所有者和使用权购买者之间分享。这里又体现了收益权的分界，说明产权不是使用权、收益权、转让权的简单加总。

（二）产权的功能

根据德姆塞茨的观点，产权安排在现实经济生活中相当重要。在一个资源非稀缺的世界，或者是鲁宾孙的世界里，产权是不起作用的。但是，人类社会所面临的是一个资源稀缺世界，每个人的自利行为都要受到资源约束。如果不对人们获得资源的竞争条件和方式做出具体的规定，亦即设定产权安排，就会发生争夺稀缺资源的利益冲突，以产权界定为前提的交易活动也就无法进行。因此，通过建立产权制度，能够让人们知道应该如何获得资源，以及在什么样的权利范围内可以选择资源和使用。所以，德姆塞茨认为："产权是一种社会工具，其重要性就在于，事实上它们帮助一个人形成他与其他人进行交易时的合理预期。"① 换言之，产权制度能够帮助人们了解他与其他人发生关系时他可以做什么，不可以做什么，在交易过程中如何受益、如何受损以及他们相互之间如何进行补偿，从而对自己行为可能给自己带来的收益或损失形成一个合理的预期。

在产权规则能够得到有效实施的前提下，每个交易当事人都将得到他应得的权益（亦即内部化），同时也都将支付应由他承担的成本。所以德姆塞茨认为，产权的一个主要功能就是在于"引导人们实现将外部性较大的内部化的激励"②，激励人们通过生产性努力来增加收益。产权理论认为，一个社会的经济绩效如何，最终取决于产权安排对个人行为所提供的激励功能。

二、产权安排

（一）科斯定理（coase theorem）

新制度经济学研究资源配置问题时，将侧重点放在了交易费用为正的前提下制度是怎样影响资源配置效率的。科斯定理至今尚无规范的表达方式，一种通俗的表达是：只要产权是明确的，并且其交易成本为零或很小，则无论在开始时将产权赋予谁，市场均衡的最终结果都是有效率的。在此条件下，当事人（外部性的生产者和消费者）将受一种市场动力的驱使去就互惠互利的交易进行谈判，促使外部效应内部化。科斯定理指出，拥有有关决定资源使用的产权的人，可以是生产者，也可以是消费者，交易过程总是一样的。"如果定价制度的运行毫无成本，最终的结果

---

① 德姆塞茨. 关于产权的理论［M］//科斯，阿尔钦，诺斯. 财产权利与制度变迁. 上海：上海三联书店，1991：101-104.

② 德姆塞茨. 关于产权的理论［M］//科斯，阿尔钦，诺斯. 财产权利与制度变迁. 上海：上海三联书店，1991：97-98.

（产值最大化）是不受法律状况影响的。"

科斯定理要研究的真正问题是交易成本为正的世界，所以，科斯提出了科斯第二定理，认为一旦考虑到市场交易的成本，合法权利的初始界定以及经济组织形式的选择将会对资源配置效率产生影响。在科斯第二定理中，隐含了产权经济学的许多重要思想，其中最重要的有两个方面：①在交易成本为正的前提下，资源配置的帕累托最优状态是不可能实现的，交易成本是决定资源配置效率的一个重要变量；②在交易成本为正的前提下，产权安排不仅影响产权转让和重组的市场交易，而且还将直接影响资源配置效率。

由于科斯本人并未对其有关思想加以系统概括，因此形成了对科斯定理的众多表述和争议。以威廉姆森为代表的交易费用学派认为，只要产权界定清晰，交易界定明晰，交易成本为零，资源就可能实现有效配置；以布坎南为代表的公共选择学派则认为，有了明晰的产权界定，还必须自由交易，产权可以自由转让，才有可能实现资源有效配置；以舒尔茨为代表的自由竞争学派认为，垄断会造成资源配置效率的递减，引起市场障碍，必须在产权界定明确的条件下引入竞争，排斥垄断，才能实现资源的有效配置。

（二）产权安排的形式与效率

不同的产权安排形式对效率的影响是不同的，从社会所有制的角度看，有三种最基本的产权安排：私有产权，共有产权、国有产权。产权实质上是将一种经济物品的选择权利（即排他性的使用权、收入的独享权、自由的转让权）界定给不同的行动团体，团体成员、团体整体、国家根据可接受的政治程序来行使权利。

在新制度经济学看来，一种产权结构是否有效，主要看它能否为在它支配下的人们提供外部性较大的内部化的激励。德姆塞茨认为：当内部化的所得大于内部化的成本时，产权的发展是为了使外部性内部化，内部化的增加一般会导致经济价值的变化，这些变化会引起新技术的发展和新市场的开辟，从而使得旧有产权的协调功能变差。不过在一个共同体对私有制偏好既定的情况下，新的私有和国有产权的形成会对技术和相对价格形成回应。

在共有产权条件下，共同体内的每一成员都有权平均分享权利。如果对使用共有权利的检查和谈判成本不为零，则他在最大化地追求个人价值时，所产生的成本就可能部分由其他成员承担。共有权利的所有者无法排除其他人来分享他努力的果实，所有成员要达成一个最优行动的谈判成本也可能非常之高，因而共有产权导致了很大的外部性。在国有产权下，由于权利由国家所选择的代理人来行使，作为权利的行使者对资源的使用、转让、最后成果分配都具有充分的权利，就使得他对经济绩效和其他成员的监督的激励降低；国家要对这些代理者进行充分监察的费用又极其高昂，加上选择代理人时也具有从政治利益而非经济利益考虑的倾向，国有产权下的外部性是极大的。

相对而言，在私有产权条件下，私产所有者在进行行动决策时，会考虑未来的收益和成本，并选择能使私有产权价值最大化的方式，来进行资源安排；而且他们为获取收益所产生的成本也只能由他个人来承担。因此，在共有产权和国有产权条件下的许多外部性问题就能够在私有产权条件下被内部化，从而产生更有效的利用资源的激励。

当然，特定社会环境中的实践证明为有效的产权结构，在另一个社会未必有效。因此，一个社会产权结构的选择，以及产权结构的变迁，还要受到以下四方面的影响：①政府对所有制的偏好，它由给政治家带来的收益而定；②特定社会群体对一项具体产权安排的接受程度；③能促进人们将外部性内部化的技术状况和技术创新；④在面对新的获利动机的条件下，原有产权结构的受益者和受损者可能做出的反应。

三、产权保护

（一）产权保护的含义与方式

产权明确有助于降低经济活动的交易费用，从而提高资源配置的效率。但是，在实际的经济活动中，由于机会主义原则的普遍存在，产权常常会遭到有意或无意的侵犯，从而造成产权主体权益的损害。这就需要对侵犯别人产权的经济行为主体进行惩罚，让他赔偿受害人的经济利益，这就是产权保护的内容。对受到损害的产权主体的赔偿方式主要有两种：①法律赔偿。处理这类赔偿的原则，是赔偿金由被告支付给原告。如果被告侵犯或侵害了原告的财产利益，那么被告的财产就可能被没收，并公开拍卖以用于筹集赔偿的金额。②平衡赔偿。处理这类赔偿的原则，是通过某种手段将被告的行为限制在所要求的范围之内，或者使被告行为尽量符合原告的要求。这种赔偿原则通常以禁令的方式阻止被告做某些会有损于原告的事情。

一般说来，被告违反平衡赔偿要求的后果远比支付赔偿金的后果严重，即违反禁令不仅会给原告带来损失，而且会被认为是对法院当局的藐视，这对法院来说是难以容忍的，对被告来说后果是相当严重的。上述就是从法学的观点来讲的处理侵权行为的两种不同规则。产权经济学的观点不同，它认为两种不同赔偿方式的区别在于：法律赔偿是被动的或消极的赔偿，因为它要求被告对原告已经造成的损失进行赔偿；平衡赔偿则是主动的和积极的赔偿，因为它可以用来阻止被告在未来某一个时期侵犯原告的利益。

在前面的科斯定理的分析中可以看到，在产权明确界定和交易费用为零的条件下，通过谈判可以取得资源配置最优的结果，自行解决产权争端及其相应的外部性问题。问题是通常情况下，交易费用都为正，当昂贵的交易费用阻碍了谈判的顺利进行时，产权的法律界定就至关重要了。通常情况下，法律是一般化的产权保护手段。在交易费用不为零的现实世界里，产权模糊的现象随时都会发生；当事人之间的谈判费用很高，达成一致性协议的可能性极小，于是需要以社会契约方式对产权加以确定和保护，以降低交易费用。换言之，现代社会中确认和保护产权的最完备的社会契约形式，就是以国家机器为基石的法律体系；任何产权形式，只要获得法律的认可，就可以合法地加入社会交易过程；法律可以承认、禁止和限制特定产权形式的存在。

（二）国家在产权保护中的作用

既然产权的保护和界定是十分重要的，那么应该由谁来履行这项责任呢？产权经济学家认为，根据微观经济学确立的成本收益分析方法，在各种建立和保护产权的形式中，应当选择收益最大和成本最小的方式来保护产权。如果由单个经济主体来保护产权，那么各经济主体付出的保护费用总和会相当高；而国家制定规则的行为能够保证法律制度的强制性，因为国家拥有军队、警察、司法机构等暴力潜能。国家机器的运行和维持也要支付成本，但由掌握着暴力工具的国家来界定和保护产权，不仅可以使受到法律保护的产权具有合法性和权威性，减少交易过程中的成本，而且可以产生界定和保护的规模效益。

由于国家界定和保护产权具有更高的效率，国家就可以承担界定和保护产权的责任。这样，国家在保护产权的过程保持立场中立就十分重要，但这是很难做到的。国家具有掠夺和契约两重属性，会产生低效率的产权结构，这就是所谓的诺斯悖论：如果国家的暴力潜能在公民之间进行平等的分配，便可产生契约性的国家；如果分配不平等，就会产生掠夺性的国家。每个政府都具有契约性和掠夺性两重性，因而国家行为是双重的，一方面要通过节约交易费用使社会总产出最大化，形成有效率的产权结构，从而使税收收入最大化；另一方面要通过产权结构的竞争与合作来使统治者的垄断租金最大化，限制对其统治地位产生威胁的潜在竞争者力量的发展。基于这种认识，国家将会为不同的利益集团设置不同的产权，使非效率的产权结构难以避免；从长期看，产权结构的低效率必将引起经济衰退和财政收入资源的枯竭，会导致统治者垄断租金的下降。

第三节 新制度经济学派的交易费用理论

交易费用和产权分析是新制度经济学研究制度构成和运行的基本原理。交易费用理论起源于 20 世纪 30 年代，在 70 年代发展活跃起来，许多早期的经济学家、组织学家、法学家的思想都对其发展做出了重要贡献。当然，交易费用理论的最直接渊源是科斯的经典论文——《企业的性质》。

一、交易费用的概念

"交易"这个概念在正统经济学中早已存在，但它的应用范围相当狭窄。直至近代制度经济学的代表人物康芒斯的解释，"交易"概念才被一般化了。康芒斯认为，交易活动是人与人之间的活动；生产活动和交易活动共同构成了全部人类经济活动；交易活动是制度分析的基本单位。在《制度经济学》中，康芒斯将交易分为三种基本类型：买卖的交易，即平等人之间的交换关系；管理的交易，即上下之间的交换关系；限额的交易，主要指政府对个人的关系。

科斯认为，交易费用是获得准确的市场信息所需要付出的费用、谈判和经常性契约的费用。威廉姆森把交易费用分为两部分：一是实现的交易费用，即为签订契约，规定交易双方的权利、责任等花费的费用；二是签订契约后，为解决契约本身存在的问题，从改变条款到退出契约所花费的费用，包括交易偏离准则而引起的不适应成本，纠正事后偏离而做出的努力以及安全保证生效的抵押成本。

在新古典经济学中，企业被简化为一个生产函数，企业的职能仅仅是根据这个生产函数把投入产品转化为产品和服务。在新古典经济学的理论框架下，无法解释企业为什么会存在，如何决定企业的结构和规模边界。在《企业的性质》一文中，科斯通过引入交易费用概念，正式分析了这两个命题。

科斯认为企业和市场是两种替代性的交易制度：市场交易是由价格机制来协调的，企业机制将许多属于市场的交易行为"内化"了；在企业内部，行政命令取代价格机制成为生产活动的协调机制。企业为什么会产生和存在呢？科斯认为，这是因为企业通过"内化"市场交易可以节省交易成本。如果市场交易费用为零，雇主就可以随时到劳动力市场"购买"所需劳动力，而不必长期雇用一个工人；但事实上，雇主每天到市场上"购买"劳力必须支付很高的大成本，如时间、讨价还价的费用，以及可能无法雇到合适工人而给生产活动带来的损失等等。通过把市场交易过程内在化到企业中，建立起长期稳定的雇佣关系，就可以节省交易费。因此在科斯看来，交易费用是企业产生、存在和替代市场机制的唯一动力。

二、威廉姆森的交易费用理论

将交易活动作为经济学的基本分析单位，是早期制度经济学家康芒斯的贡献。威廉姆森继承了康芒斯的这一思想，也把交易视为经济活动中的最小单位，并从契约角度对交易活动进行了细化和一般化。威廉姆森认为，当一项物品或劳动越过技术上可分的结合部（interfere）而转移时，交易就发生了；之所以要把交易活动作为基本分析单位，因为它是经济活动中人与人之间的最基本和最一般的形式。

交易活动是通过各种契约而进行的，因此，研究交易费用的经济学家将组织制度视为契约问题。①他们赋予参与交易的主体两大基本行为特征，即机会主义行为倾向和有限理性。为了区别于正统经济学中的"经济人"概念，基本行为特征假定作为组织制度分析的逻辑起点：在交易过程中，契约人在本性上具有采用损人利己的手段获取私利的机会主义行为倾向；在有限理性条件下，人们对这些行为可能发生的时间和方式做出正确的判断，并采取措施加以预防，需要支付高昂的交易费用。②为节省交易费用，社会需要建立一些组织性框架——规制结构，以有效防止机会主义行为。企业和市场是两种最典型的规制结构，此外还存在各种中间性规制结构，如三边规制结构和双边规制结构等。每一种规制结构都具有不同的激励功能和保障功能，它们分别适用于不同的交易。③交易费用理论要研究的一个重要内容，就是分析什么样的交易在哪种规制结构中的交易费用是最小的。为了解决这一问题，必须描述交易性质，以便把交易活动区分为不同类型。

威廉姆森提出了分析交易性质的三个维度：①资产专用性。它是指为了某一特定的交易而做出的持久投资，它一旦形成就很难转移到其他用途上去。资产专用性越强，为预防机会主义行为所付出的交易费用就越高，交易双方越需要建立一种持久的稳定的契约关系。资产专用性可分为五类：地理区位专用性、人力资本专用性、物理资本专用性、根据用户订单而形成的专用性、商誉专用性。②不确定性。在交易过程中，交易双方都既要面临来自外部环境的不确定性，还要面临来自交易本身的不确定性。交易费用理论特别强调交易过程中的机会主义行为。这种行为的不确定性大小与资产专用性强弱密切相关。资产专用性强，不确定性也就越大，交易双方越需要建立保障机制。③交易频率。它在时间连续性上体现了交易状况，它对组织制度选择的影响主要体现在设立某种规制结构的费用能否得到补偿。频率越高，组织制度的费用也就越能得到补偿。

在对交易性质进行描述的基础上，就可以分析不同交易类型与规制结构之间的匹配问题。根据资产专用性、交易频率与规则结构选择之间的关系，威廉姆森把交易与规制结构之间的匹配关系分成以下四种：

（1）不涉及专用性资产的交易，与市场组织体制匹配。由于资产专用性很弱，交易双方互不依赖，双方都不关心交易关系的持续性，因为各部门随时可找到交易伙伴。双方的关系依靠原先签订的契约做出详细的规定；一旦双方发生纠纷，随时诉诸法院进行裁决。

（2）涉及一定程度的专用性资产，但交易频率不高的交易，与三方规则结构（trilateral governance structure）相匹配。由于涉及非通用性资产投资，交易双方都关注交易关系的持续性与和谐性，希望通过建立某种保障机制来降低交易过程中的不确定性风险。但由于交易频率较低，双方设立专门规制机构的费用难以得到补偿。在这种情形下，交易双方倾向于采取三边规制结构，即当发生契约冲突时，共同邀请第三方来进行仲裁，靠私下的协商解决争端。

（3）涉及专用性资产，且交易频率较高的交易，与双方规制结构（bilateral governance structure）相匹配。双方规制结构是指由交易双方共同组成的对交易进行组织管理的规制结构。在这种规制结构下，交易双方保持各自的独立地位。他们主要通过相互持股、专用性资产投资等方式增加双方的共同利益，均衡双方的交易风险，使双方的交易关系保持较高的稳定性和持续性。

（4）涉及高度专用性资产，且交易频率很高的交易，与一体化规制相匹配。实际上，一体化规制结构就是内部行政管理结构，也就是企业体制。在这类交易过程中，由于资产专用性很强，交易一旦终止，建立新的交易关系将带来很高成本。又由于交易频率很高，交易双方所产生的契约关系发生摩擦的可能性很大，双方所承受的风险也很大。在这一情形下，交易双方对关系稳定性的要求非常迫切，且设置专门机构来对交易进行组织和管理的费用容易得到补偿，通过一体化的方式使市场完全内部化就显得很合算。

三、交易费用理论的主要运用领域——跨国公司理论

交易费用理论为研究组织制度的功能及其选择提供了一种全新的理论和方法，并且被成功应用于许多研究领域。交易费用理论的主要应用领域为纵向联合理论、生产组织理论、劳工组织理论、非营利性组织理论、技术转让理论、跨国公司理论、公司内部组织结构理论、公司融资理论等。下面我们主要介绍交易费用理论在跨国公司理论中的运用。

跨国公司理论就是人们对跨国公司对外直接投资的动机、条件、特征、区位等决定因素所做出的解释和推断，又称为对外直接投资理论。跨国公司理论的发展过程大致分为两个阶段：①20世纪60年代以前的新古典国际资本流动理论。新古典国际资本流动理论应用瑞典经济学家赫克谢尔和俄林提出要素禀赋理论来解释资本的国际流动。②20世纪60年代以后的对外直接投资理论。美国学者斯蒂芬·H.海默在20世纪60年代强调垄断优势理论之后，跨国公司理论的研究才真正转移到对外直接投资问题上来，从而产生了真正意义上的跨国公司理论。

20世纪60年代以来的跨国公司理论学派较多，根据分析方法和理论依据可以分为四类：①以产业组织理论为基础的理论，如垄断优势理论和寡占反应理论。②以贸易理论与工业区位理论为基础的理论，如产品周期理论和边际产业扩张理论。③市场内部化理论，以市场失效理论、交易成本理论为基础。④综合理论，典型代表是国际生产折中理论。其中，市场内部化理论是本书的重点介绍内容。

（一）市场内部化的动机

内部化理论的基本思想是：市场是不完全的，各种交易障碍和机制的缺陷妨碍了许多交易以及大量贸易利益的取得。跨国公司可以通过对外直接投资，将交易活动改在公司所属的企业之间进行，从而形成一个内部市场，部分地取代外部市场，借以克服市场交易障碍和机制缺陷，以获得更大的贸易利益。

内部化理论的基础是市场不完全假设，着重研究中间产品市场的不完全问题。中间产品是指已完成半加工、需要进一步加工的原料和零部件等，泛指为满足企业生产需要而交换的产品。随着生产分工的不断深化和协作的复杂化，知识、信息、专利、技术、管理技能和商誉等信息产品越来越重要，并且成为一类特殊的中间产品。信息产品的研究与开发耗费时间长，费用大，具有自然垄断的性质，卖方多采取差别价格法作价，具有共享性的特点，在市场上交易极容易泄密扩散，具有市场的不完全性；反过来，市场的不完全会影响信息产品专用权价值的实现。

信息产品在交易中一般只发生使用权的让渡，而不发生所有权的让渡。卖方为了维持对信息产品的垄断权并获得多次转让的收益，不愿让渡其所有权。可是买者

担心多次转让的技术必定会有多个使用者（即买方的竞争对手），因此不愿出高价购买一个市场份额小、竞争风险大而没有所有权的技术，从而导致买方不确定性。拉格曼认为，外部市场的不完全影响了信息产品的交易，买方与卖方都难以获得这一交易的贸易利益；不如跨国公司在内部进行交易和保密地、协调地利用这些信息产品，这是促使跨国公司进行横向一体化扩张的重要原因。

中间产品市场的不完全必然带来昂贵的交易费用，使得利用中间产品市场变成不经济行为。内部化理论认为，现实中的市场基本上都是不完全的，信息不对称、伪劣产品、垄断定价以及不履行合同等现象时常可见，市场不完全会增加交易障碍。在这样的市场上，买卖双方都要投入大量的人力、物力和财力来确定交易价格，确定合同双方责权（即交易条件）和监督履行合同，因而交易费用高昂。过高的交易费用使企业利用外部市场来组织生产分工变得很不经济；因此，只要企业能在其内部组织，并且能比外部市场花费较小的费用，企业就会自己来从事这些交易并使之内部化。

（二）跨国公司实现内部化的途径

跨国公司拥有一定的技术知识优势，本来可以有多种途径来利用这些技术知识优势，但由于市场不完全或交易成本过高，因而需要慎重选择对外直接投资的途径。内部化理论认为，对外直接投资是跨国公司实现市场内部化超越国界的重要表现。

建立企业内部市场，关键是要培养三个基本的市场主体：中间产品供应者、中间产品的需求者或购买者、市场的组织管理者。外部市场的组织管理者角色通常由政府和行业协会（或商会）来承担，供给者和需求者分别是独立的企业，由于所有权不同而交易障碍多，但在企业内部市场上，中间产品的供应者和需求者都应当是企业的成员。内部市场是指企业的一个成员与另一个成员之间围绕着企业中间产品转移而形成的交换关系，市场内部化则是指企业在其内部形成中间产品的供给者与需求者。

正因为内部市场是以企业的直接投资为前提的，所以中间产品的供应、需求及其交易活动都被置于同一所有权的控制之下，不存在交易障碍，技术、知识、信息等中间产品能够被广泛、快速、安全和经济地交易。为了在国外形成企业内部中间产品的供给者或需求者，使企业内部市场超越国界，跨国公司就要从事对外直接投资。市场内部化的目的不是实现生产或资本集中的规模经济效益，而是实现外部效应的内部化。例如，通过内部视察，跨国公司可以把中间产品相互依赖的生产经营活动置于统一控制之下，从而有利于协调不同生产阶段的长期供需关系；避免买方的不稳定性，消除市场不完全的各种不利影响，把中间产品的交易成本降到最低水平；通过在内部市场上实施转移价格，谋求市场内部化的收益最大化。

实行转移价格制度是保证内部市场有效运行的重要手段。"转移价格"的同义词有调拨价格、划拨价格、内部价格，它是公司总部高层管理者根据公司的全球战略目标和谋求最大限度利润的要求，用行政手段或制度手段规定的公司体系中的母公司与子公司之间、子公司相互之间进行内部交易所使用的价格。正如拉格曼所说："公司内部的调拨价格起着润滑剂的作用，使内部市场能像外部市场一样有效地发挥作用。"转移价格制度排除了市场供求关系的影响，并且能获取外部市场无法提供的各种便利，如逃避税收、避开风险、增加利润、转移资金等。同时，转移价格是跨国公司内部市场规定的交易条件，买卖双方没有必要去发现价格或讨价还价，因而交易费用受到严格的控制。内部化理论继承了早期的跨国公司理论，从市场内部化的角度来分析跨国公司的对外直接投资行为，揭示了外部市场与跨国公司经营之间的重要联系，极大地补充和完善了跨国公司理论。因此，内部化理论是西方跨国公司理论研究中的一个重要转折点。

第四节　新制度经济学派的制度变迁理论

一、制度变迁理论的基本概念

制度是在特定历史条件下满足人类社会生活需要的行为模式或社会规范体系，也是人们相互作用关系的约束条件。作为权利和义务（或责任）的集合，作为行为规则与活动空间的统一体，制度在满足人的需要的同时也限制了人的需要。制度功能总是在特定的社会环境中体现出来的，因此社会成员需要的变化与制度运行环境的变化都会促成制度变迁。

制度具有三层含义：正式制度（硬制度）、非正式制度（软制度）、实施机制。①正式制度是人们有意识建立起来的并正式确定的各种制度安排，包括政治规则、经济规则、契约，以及由一系列规则构成的一种等级结构。②非正式制度是指人们在长期的社会生活中逐步形成的风俗习惯、伦理道德、文化传统、价值观念、意识形态等对人们行为产生非正式约束的规则。③实施机制是指制度安排的设计、创立、功能实现。

制度变迁是指制度的替代、转换及交易过程。它的实质是一种效率更高的制度对另一种制度的替代过程。诺斯认为，制度变迁是制度非均衡条件下追求潜在获利机会的自发交替过程。

制度均衡是指人们对既定制度安排和制度结构较为满意，无意也无力改变现行制度。制度非均衡则指人们对现存制度的不满意、现存制度易于改变而又尚未改变的状态。它包括两种类型：①制度供给不足。对新制度的需求往往先于制度供给，这种情况实际上是制度供给的时滞问题。②制度供给过剩。相对于社会需要而言，有些多余的、过时的、无效的制度仍然运行，其背景因素是政府行为和既得利益集团。

路径依赖（path dependence）最先是生物学家用以描述生物演进的概念，后来被引入经济学。关于技术演变过程的自我增强机制和路径依赖性质的开创性研究，最先是由 W. 阿瑟做出的。他指出，新技术的采用往往具有报酬递增性质。由于某种原因发展起来的技术可以凭借先发优势，实现自我增强的良性循环，从而在竞争中胜过自己的对手。相反，一种更先进的技术可能因为晚一步，没有能获得足够的追随者而陷入困境，甚至被"锁定"（lock-in）在恶性循环状态之中，难以自拔。

路径依赖是指一个具有正反馈机制（positive feedback system）的系统，一旦在外部性偶然事件的影响下被系统所采纳，便会沿着一定的路径发展演进，而很难为其他潜在甚至更优的系统所取代。路径依赖强调：在动态经济过程中存在着多重均衡，而非传统经济学分析得到的单一均衡；系统中存在着各种外部影响因素（即在传统经济学中被忽视的、偶发的微小历史事件），它们成为影响和决定系统最终走向的重要因素。经济系统究竟向哪个方向发展，是"敏感依赖于初始条件的"（initial conditions sensitive dependence）。沿着既有的路径，经济和政治制度的变迁可能进入良性循环的轨道而迅速优化，被称之为"诺思路径依赖 I"；也可能沿着原来的错误路径往下滑，被称之为"诺思路径依赖 II"。

技术演变和制度变迁的路径依赖性质源自自我增强机制（self-reinforcing mechanisms）。它包括四个方面：规模效应、学习效应、协作效应和适应性预期。路径依赖原理告诉我们"历史是至关重要的"，"人们过去做出的选择决定了他们现在可能的选择"①。承认历史事件的地位，正是路径依赖概念的本质所在。

二、制度变迁模型——诱致性制度变迁与强制性制度变迁

（一）诱致性制度变迁

诱致性制度变迁是指现行制度安排的更替或者是新制度安排的创造是由个人或一群人在响应获利机会时自发倡导、组织和实行的。诱致性制度变迁必须由某种在原有制度安排下无法得到的获利机会所引起。

1. 诱致性制度变迁的特点

（1）改革主体来自基层。诱致性制度变迁以基层的各种行为变迁主体，正是这些基层的行为人和企业看到了潜在的利润，而提出了相应的制度需求，这就为制度变迁提供了方向。这些行为人是新制度的需求者，也是制度安排的推动者和创新者。

（2）程序是自下而上的。由于诱致性制度变迁的主体是基层行为人或企业，所以制度需求的源泉是基层。先是处于基层的主体有制度需求，然后产生对制度需求的认可，即基层政府通过行为人或者企业对制度需求的分析，认识到这种制度的利润可观，从而影响上级政府决策。

（3）具有边际革命和增量调整性质。诱致性制度变迁的策略是在保留核心制度的前提下增加新的制度，或者对外在制度进行部分调整；这是一种典型的边际革命

---

① 诺斯. 经济史中的结构与变迁 [M]. 上海：上海三联书店，1991：1-2.

和增量调整的改革，存量变化与增量创新相互影响，持续扩张新体制、新制度和新机制的覆盖空间。

（4）改革成本的分摊向后推移。诱致性制度变迁在改革成本的分摊上采取向后推移的方式，尤其在改革的初始阶段，那些影响较大、迅速产生巨大私有成本及减少私人净收益的改革措施，要么被化整为零，通过分步实施来向未来分摊巨额成本；要么向后推移，推迟到以后阶段，等到实施的阻力已显著下降，或者大多数社会成员的累积改革收益远远超过这些成本的时候，再来分摊。

（5）改革顺序为先易后难、先试点后推广、从外围向核心突破。一是先解决较容易的制度，再向核心制度突破，由易到难，逐步推进；二是在具体的制度上，一般都是先试点，摸索积累经验，再在面上推广。

（6）改革的路径是渐进的。诱致性制度变迁最显著的特点就是非暴力、非突发式的；它是需求试探性质的，以基层行为人或者企业对制度的需求慢慢诱导制度的出台，以避免社会产生巨大的震荡。

2. 诱致性制度变迁的优点

（1）具有坚实的组织保障机制，改革的速度和路径有可控性。

（2）具有自动的稳定功能，改革震动效应在预期之内。

（3）具有内在的优化演进机制和广泛的决策修正机制，降低了决策失误率。

（4）激励机制持久起作用，保证了源源不断的改革动力。

（5）改革收益外溢性和改革主体的收益性，保证了改革的不可逆性。

3. 诱致性制度变迁的缺陷

（1）改革难以彻底，核心制度难以突破。

（2）强制性制度供给长期滞后，制度需求缺口大。

（3）改革时间较长。

（4）改革成本较大，且有向后积累的趋势。

（5）改革主体可能会出现逐步位移。

（6）导致"双轨制"长期并存，扩大了政府和官员的寻租空间。

（二）强制性制度变迁

强制性制度变迁由政府命令和法律引入和实现。与诱致性制度变迁不同，强制性制度变迁的发生是在不同集团之间进行再分配。强制性制度变迁的主体是国家或政府。国家的功能是提供法律和秩序，并发展规模经济。作为垄断者，国家以比竞争性组织（如初级行动团体）更低的费用提供制度性服务；国家在制度实施和组织成本方面也有优势，能够凭借强制力降低组织成本和实施成本。

由国家推进强制性制度变迁的原因在于：制度供给是国家的基本功能之一；制度安排是一种公共品，而公共品主要由国家"生产"，弥补制度供给不足。虽然强制性制度变迁有不同的类型，各类型也有不同的特点和运用环境，但是从整体上看，强制性制度变迁也有一些相同特征（暴力性的强制性制度变迁除外）：①政府是制度变迁的主体。强制性制度变迁政府看到了潜在的租金或者潜在产出，主动设计和安排制度，政府是制度变迁的推动力量和变迁主体。②程序是自上而下的。因为政府是制度变迁的主体，其程序当然是政府制定后由各级地方或者部门来推行，直到新制度开始起作用。③具有激进性质。无论整体性制度创新，还是单项制度安排，都不是渐进的；而是一出台就一步到位，具有明显的激进性质。④具有存量革命性质。对整体性制度变迁而言，从核心制度的外围开始，逐步深入。

强制性制度变迁的优点，一是推动力度大，二是制度出台的时间短，三是能够保证制度安排较好地运行，四是对旧制度的更替作用巨大。其缺陷主要有：低效性，"搭便车"行为不可避免，制度破坏性大，社会震荡大，风险高。此外，尽管强制性制度变迁可以降低组织成本和实施成本，但它也可能违背一致同意原则；一致同意原则不仅是一个政治范畴，而且是一个经济范畴。

三、国家在产权制度形成中的作用

在新制度经济学看来，西方国家产权制度的演变主要经历了三个阶段：公有产权—排他性私有产权—排他性私有产权。在这个演变过程中，虽然任何国家都曾建立起纯粹的排他性私人产权，但并非所有的公有产权都演变为排他性私有产权。产权的出现是国家统治者的欲望与当事人努力降低交易费用的企图进行协调的结果①。国家在产权制度形成中的作用表现在：

（一）国家凭借暴力潜能和权威在全社会实现所有权

没有政府权威，很难想象所有权会普遍实现。尽管许多民间组织能够为其所有权提供小规模的保护，但是不能解决"搭便车"的问题。与各种民间组织相比，政府能够以更低的成本确定和实行所有权，由此获得的好处大于市场途径的收益。因此，各种经济组织和个人在政府严格确立和实施所有权的条件下，才愿意付出来自交易的收入（即税金）。从这个意义上看，司法和财政所有权的实现是由公众出资的公共品。

（二）有利于降低产权界定和转让中的交易费用

产权界定涉及一系列费用，如度量费用、信息费用等。度量费用非常高的东西将是一种公有财产和资源；投入与产出范围的考核成本将决定不同经济部门的产权结构，因而这种结构依赖于考核技术的水平。一般而言，国家的标准化有利于降低交易成本。

私人所有者之间通过市场契约转让的产权必须是排他性的产权。产权转让过程有两个阶段：在第一阶段发生交换之前的产权界定和管理独占权的费用；在第二个阶段发生主权利交换和契约谈判、行使的费用。

产权经济学的分析表明，完整的产权界定减少了不确定性，并增进了资源的有

---

① 诺斯. 经济史中的结构与变迁 ［M］. 上海：上海三联书店，2003：17.

效配置与使用；排他性产权制度的建立是国有产权转让和交换有效进行的前提条件。建立排他性的产权制度和产权转让都有利于资源配置效率的提高，但过高的交易费用往往限制着这种活动；国家作为第三方当事人，能通过建立非人格化的立法和执法机构来降低交易费用。

（三）国家在产权制度形成中的作用还取决于行政权力介入的方式和程度

在历史现实中，国家参与产权安排和产权变革的方式有三种类型：

（1）产权安排完全是私人之间的一种合约，国家权力的介入仅仅在于承认这种合约安排的合法性和有效性，保护这种合约下的正当产权交易。这种产权安排主要发生在那些分权体制或自由竞争的市场经济国家。

（2）国家干预产权交易，主要有两种情况：其一，如果国家直接成为买者或卖者，那就是强买或强卖，而且，前者的强度比后者更甚；前者是私人产权变成国家产权，后者是国家产权变成私人产权。其二，如果买卖双方都是私人所有者，国家干预方式既可能是限制产权交易价格，也可能是直接干预产权交易活动①。

（3）总之，离开了国家，现代意义上的产权制度就无法建立起来。历史和现实中的低效率产权与国家行为有密切关系。这主要表现在：对产权形式进行选择和歧视，国家的干预和管理制度会造成所有制残缺。针对这个问题，国家干预行为应当被有效限制：国家应为产权的运行提供一个公正、安全的制度环境，提供产权运作的规范，利用法律和宪法约束利益集团，通过重构产权实现对财富收入的再分配。

四、新制度经济学对西方国家兴起的解释

大多数学者都认为，技术变革是西方国家兴起的主要原因。诺斯和托马斯通过考察公元900—1700年的西方经济史，得出了完全不同的结论。诺思指出："产业革命不是经济增长的原因，它不过是一种新现象，即经济增长现象的一种表现形式，一个能说明问题的迹象。经济增长的起源可以远远追溯到前几个世纪所有权结构的缓慢确立过程，该结构为更好地分配社会财富的社会活动创造了条件。"②

早在产业革命之前的一个世纪，经济增长现象不是在当时较为发达的法国和西班牙产生，而是首先在英国和荷兰出现③。在16世纪，荷兰率先建立了资本市场组织而降低了交易费用，从而大大促进了贸易发展，成为世界最大的贸易中心；荷兰的农业发展也是归于土地私有制、劳动力自由流动和市场发育制度创新。到18世纪，英国之所以能取代荷兰成为欧洲经济的中心，也是因为英国较早仿效了荷兰的制度，并在此基础上进行了一系列制度创新活动。在17世纪中叶产生了鼓励创新的第一部专利法，土地使用法的通过消除了封建残余的束缚，股份公司取代了古老的管制公司，证券公司和中央银行等金融制度的创新大大降低了市场交易的成本。这

① 张曙光. 产权关系与国家权力 [N]. 经济学消息报，1995-07-08.
② 勒帕日. 美国新自由主义经济学 [M]. 北京：北京大学出版社，1985：61.
③ 勒帕日. 美国新自由主义经济学 [M]. 北京：北京大学出版社，1985：100.

一系列的制度创新为经济增长设立了一个高效率的制度框架，从而为英国的兴起提供了制度条件。与此相反，法国和西班牙从一开始就没有为经济增长提供高效的产权制度和节省市场交易费用的制度安排，所以错过了经济增长的良机。

诺斯在《西方世界的兴起》一书中，将西方经济增长的主要原因归结为在人口对稀缺资源赋予的压力增加时，那些支配产权的规则发生了变迁。"有效的经济组织是增长的关键因素；西方世界兴起的原因就是财产所有权，把个人的经济努力不断引向一种社会性的活动发展，使个人的收益率不断接近社会收益率。"在诺斯看来，产权不是万能的，但是任何国家的人们在从事经济活动和进行技术创新时都离不开有效的产权制度。"在这两个国家，持久的经济增长都起因于一种适宜所有权演进的环境，这种环境促进了从继承权完全无限制的土地所有制、自由劳动力、保护私有财产、专利法和其他对知识财产所有制的鼓励措施，直到一套旨在减少产品和资本市场缺陷的制度安排。"①

到了1700年，英格兰的制度框架为经济增长提供了适宜环境；产业管制衰减和行会权力下降促进了劳动力流动和经济活动的创新；合股公司、存款银行和保险公司降低了资本市场交易费用，鼓励了资本流动；更重要的是，议会的最高权威和纳入共同法的财产权利把政治权利赋予那些渴望开拓新机会的人，并且为保护和鼓励生产性活动的立法体系提供了基本框架。同时，英国率先建立了鼓励创新和技术发明的专利制度。1624年诞生的《独占法》是英国的第一部专利法。新技术和科技知识发展速度的决定因素是专利制度和知识产权制度。在人类历史上，我们可以看到新技术不断被开发出来，但步伐缓慢，时有间断。其主要原因在于对发展新技术的激励仅仅是偶然的，创新可以被别人无代价地模仿，而发明创造者得不到任何报酬。所以，采用有效的知识产权制度，使技术发明创新者的私人收益不断接近社会收益，才能鼓励创新和发展。可见，高效的产权制度和经济组织是西方国家兴起的根源。

对于中国经济发展问题，"李约瑟之谜"提出，14世纪的工业革命为什么没有在中国发生，虽然当时中国已经具备了18世纪末英国发生产业革命的所有条件。李约瑟"破解"的答案是：中国存在"官僚体制"，此制度的存在目的是维护农业灌溉体系；欧洲是"贵族式封建体制"，这种体制非常有利于商人阶层的产生，在贵族衰落之后，资本主义和现代科学便诞生了。中国的官僚体制最初非常适宜于科学的成长，但它阻碍了重商主义价值观的形成，所以它无法将工匠们的技艺与学者们的数学逻辑推理方法结合在一起，从而使中国在现代自然科学的发展过程中落后了。

林毅夫则认为，实际的原因在于中国的激励结构使知识分子无心从事科学事业，尤其是做可控试验或对有关的自然假说进行数学化这类事情，林毅夫强调真正阻碍科学革命的是中国的科举考试制度和激励结构。

从新制度经济学理论的角度看，"李约瑟之谜"的答案是：中国当时没有建立

179

---

① 诺斯. 西方世界的兴起 [M]. 北京：华夏出版社，1988：19.

起一套有效保护和调动创新积极性的产权制度。中国自夏商周以来，就是国（官）营主导型经济社会，鸦片战争以后至新中国成立前，商品经济的主导形式是官僚资本；在公元前8~6世纪的雅典，就已经出现了维持私有财产制度的文法和改革；到马其顿国王统治希腊各城邦时期，私有财产不可侵犯成为基本律令。总之，中国在14世纪之所以没有发生产业革命，关键就在于没有建立有效刺激人们创新的动机，以及把风险降低到最低限度的产权体系（包括私有产权、专利产权以及知识保护制度）。

简要评论

新制度经济学用经济学方法研究制度问题。人们对它有两种看法。一种说法认为，新制度经济学不过是对新古典经济学的某种修正；另一种看法则认为，以科斯、诺斯为代表的新制度经济学在经济学领域中掀起了一场革命。

新制度经济学的突出特点是把制度作为内生变量引入经济分析，指出了各种产权制度和市场形成的运行成本都大于零的客观事实，把制度的替代、变迁和市场经济形式的演化视为人们对不同制度的成本—收益比较和选择的结果。新制度经济学派给人们提供了一个可供观察的多维镜头，使人们从新古典经济学的静态世界中走出来，为发展中国家的经济转型提供了一个颇具阐释能力的分析框架。

新制度经济学还远未达到完美的程度，仍存在着许多不足之处。例如，科斯的产权理论主要研究具体问题，缺乏对宏观经济问题的解释能力。诺斯扩展了制度分析框架所涵盖的时空范围，但较少涉及不同社会形态间的根本性、突变式制度变革，因而缺乏足够的理论深度。

本章基本概念

1. 产权
2. 科斯定理
3. 产权安排的形式
4. 平衡赔偿
5. 诺斯悖论
6. 交易费用
7. 资产专用性
8. 市场内部化
9. 制度
10. 制度变迁

11. 制度不平衡

12. 路径依赖

13. 锁定

14. 诱致性制度变迁

15. 强制性制度变迁

16. "李约瑟之谜"

本章思考题

1. 新制度经济学派的方法论有何特点?

2. 产权具有什么样的功能?

3. 不同的产权安排形式与效率有何关系?

4. 威廉姆森的交易费用理论包括哪些内容?

5. 什么是诱致性制度变迁和强制性制度性变迁? 请比较两者有何不同。

6. 简要描述国家在产权制度形成中的作用。

第十二章
瑞典学派

第一节 瑞典学派的产生和发展

一、瑞典学派的形成与发展

20 世纪 30 年代，随着资本主义逐渐由自由阶段向垄断阶段过渡，资本主义内在矛盾已日趋尖锐，以致爆发了空前严重的经济危机。同时，金融寡头凭借其掌握的国家机器，加强了对国家经济的干预，以攫取最大限度的利润。在此情况下，新古典经济学所宣扬的资本主义能自动实现充分就业均衡不攻自破，为维护资本主义制度的统治，资产阶级经济学家必须在理论上另辟蹊径。瑞典学派正是为适应这种需要而逐渐形成和发展起来的。

瑞典学派的奠基人纳特·威克塞尔在 1898 年出版的《利息与价格》一书中提出了积累过程原理。他认为，在一个银行信用充分发展的社会经济中，一般价格水平取决于银行提供的贷款条件或贷款利率。然而，这不是决定价格水平的充分条件，确定这一问题的关键在于货币利息率，即市场利息率同自然利息率之间的差异。威克塞尔从区分这两种利息率的差异出发来说明经济周期波动的原因。这就是所谓积累过程原理，即宏观动态的均衡分析。其后，瑞典学派经济学家卡塞尔、达维逊又从不同方面对威克塞尔的理论进行修正并补充完善了宏观动态经济理论。

20 世纪 30 年代，卡尔·冈纳·缪达尔、埃里克·罗伯特·林达尔、埃里克·菲利普·伦德贝格和伯尔蒂尔·俄林等人的努力使瑞典学派初步形成。标志着这一学派形成的主要著作有：

（1）缪达尔在 1927 年出版的《价格形成问题与变动因素》。此书在传统的静态均衡价格理论基础上加进了预期因素，强调企业家对未来的主观预期及不确定和风险等因素在价格形成理论中的重要作用。缪达尔 1939 年出版了《货币均衡论》。此书把一些经济变量区分为事前估计与事后计算两种，进行动态分析。

（2）林达尔在 1929 年出版的《货币政策的目的和方法》。此书企图建立动态分析的期间分析，以代替静态均衡分析。林达尔在 1939 年出版了《货币和资本理论的研究》。他试图对预期因素进行分析，建立一个一般动态理论体系。

（3）伦德贝格在1939年出版的《经济发展理论研究》。作者采用过程分析或序列分析来研究资本主义经济周期波动和增长。

（4）瑞典政府失业调查委员会于1933—1935年发表的《失业委员会最后报告》。参加该委员会撰写的瑞典学派经济学家有缪达尔、俄林、哈马舍尔德、阿克曼等。他们采用瑞典学派的分析方法和观点，得出了需要通过政府干预来消除失业的结论。

60年代以后，瑞典学派的经济理论获得了进一步发展。这时期的主要代表人物是林德伯格。他所著的《新左派政治经济学》《瑞典经济政策》两书全面评述了激进派经济学的理论观点，系统总结了近百年来的瑞典经济政策，既保持了瑞典学派原来的传统，又加强了瑞典学派理论中的社会民主主义经济思想。

二、瑞典学派的代表人物

瑞典学派从形成发展过程来看可以划分为二个时期：①19世纪末20世纪初的理论萌芽时期；②30年代的形成时期；③第二次世界大战后直到现在的发展时期。

1. 瑞典学派的主要奠基人

瑞典学派的主要奠基人有纳特·威克塞尔、古斯塔夫·卡塞尔、大卫·达维逊等。

纳特·威克塞尔（1851—1926年），瑞典学派经济理论的主要奠基人，出生于斯德哥尔摩，17岁时考入乌普萨拉大学数学系，1876年获数学硕士学位，后改学经济学，并于1895年获经济学博士学位。他曾留学英、奥、德、法等国，深受李嘉图、庞巴维克、瓦尔拉斯的影响。他回国后长期任教于隆德大学，1900年成为副教授，1903年升职为教授，1916年退休。他在1893年、1898年用德文先后出版《价值、资本与地租》和《利息与价格》两部书，1901—1905年又将这两本书合并修订为两卷本，以《国民经济学讲义》的书名用瑞典文出版。熊彼特在他的《经济分析史》一书中对该书曾给予高度评价，认为"没有掌握威克塞尔的《国民经济学讲义》第一卷的全部理论的人，不能说已经完成了经济学学生应受的训练"。其第二卷所阐述的货币经济理论，对当代资产阶级经济学的影响更大。

古斯塔夫·卡塞尔（1866—1945年），瑞典学派的奠基人之一，出生于斯德哥尔摩，早年就读于乌普萨伦大学，1895年获斯德哥尔摩大学数学博士学位，后到德国学习经济学。回国后，1904年起任斯德哥尔摩大学经济学教授，至1933年退休。他曾多次出席国际经济会议，并于1929—1932年成为国际联盟金融委员会成员。1922年又被聘为苏联的国家银行顾问。其主要著作有：《社会经济理论》《世界货币问题》和《1914年以后的货币和外汇》。

大卫·达维逊（1854—1942年），瑞典学派的奠基人之一，1877年获乌普萨拉大学哲学博士学位，1890年任该校经济学教授。1878年出版的《资本形成规律的理论概括》，使他一鸣惊人。这本书既沿用古典方法对资本的分析，又是以需求结构为基础的经济理论，从而为瑞典学派经济理论创立提供了重要基础。他的其他著作主要有：《地租理论史概论》《欧洲中央银行》和《所得税的纳税标准》。

2. 瑞典学派的第二代主要代表人物

瑞典学派的第二代主要代表人物是卡尔·冈纳·缪达尔、埃里克·罗伯特·林达尔、埃里克·菲利普·伦德贝格、伯尔蒂尔·俄林等。

卡尔·冈纳·缪达尔（1898—1987 年），瑞典学派的主要代表人物。1923 年毕业于斯德哥尔摩大学法学院，1927 年获经济学博士学位，并任斯德哥尔摩大学讲师，曾留学德国和英国；1929—1930 年又去美国从事学术研究。回欧洲后任日内瓦国际研究院副教授一年；1933 年作为古斯塔夫·卡塞尔的继承人，任斯德哥尔摩大学政治经济学和财政学讲座教授。1953—1938 年兼任瑞典政府经济顾问和瑞典银行理事；1934 年和 1942 年作为瑞典社会民主党成员两度当选为议员；1945—1947 年任瑞典商业部部长；1947—1957 年任联合国经济委员会秘书长；1961 年又回到斯德哥尔摩大学任国际经济学教授，并为该校筹建了国际经济研究所，兼任所长。1962 年起担任斯德哥尔摩的国际和平研究所董事长，1974 年获诺贝尔经济学奖。他的学术活动领域广泛，在其前期即 20 世纪 20 至 30 年代主要研究瑞典学派纯理论问题，后期主要从事制度经济学的研究。他的主要著作有：《货币均衡理论》《价格形成问题与变动因素》《经济学说史中的政治因素》《美国的困境——黑人问题与现代民主》《经济理论和不发达地区》和《亚洲的戏剧：一些贫穷国家的研究》。

埃里克·罗伯特·林达尔（1891—1960 年），瑞典学派的代表人物之一。1919 年获隆德大学博士学位。从 1932 年起先后在隆德堡大学、隆德大学和乌普萨拉大学任政治经济学教授，并任瑞典财政部顾问、国际经济学家协会主席。主要著作有：《货币政策的目的和方法》《货币和资本理论的研究》。他试图建立动态的过程分析，又试图通过预期因素分析和过程分析来建立一般动态理论体系。

埃里克·菲利普·伦德贝格（1907—？），瑞典学派的代表人物之一。1937 年获斯德哥尔摩大学经济学博士学位，1946—1965 年任斯德哥尔摩大学教授，1973—1976 年任瑞典皇家科学院院长，1975—1980 年任诺贝尔奖经济委员会主席。主要著作有《经济发展理论研究》《经济周期和经济政策》等。他试图用序列分析法来考察经济危机和周期问题。

伯尔蒂尔·俄林（1899—1979 年），瑞典著名的经济学家和政治活动家。1919 年毕业于斯德哥尔摩大学，1922 年获该校经济学硕士学位，1924 年获博士学位。1925—1930 年任哥本哈根大学经济学教授，1930—1965 年任斯德哥尔摩大学教授，1934—1939 年任瑞典自由青年联盟主席，1944—1967 年任瑞典自由党领袖，1938—1970 年任瑞典国会议员，1944—1945 年任瑞典商务大臣，1977 年获诺贝尔经济学奖。主要著作有《区域贸易和国际贸易》《就业稳定》等。他提出了禀赋资源学说，这被视为现代国际贸易的重要基础。

3. 瑞典学派的第三代主要代表人物

瑞典学派的第三代主要代表人物是阿萨尔·林德伯克（1930—?）。他于1953年、1963年先后获得斯德哥尔摩大学社会科学硕士、经济学博士学位。1964—1971年任斯德哥尔摩经济学院经济学教授，1968—1977年曾在美国先后担任哥伦比亚大学、加利福尼亚大学伯克利分校、耶鲁大学、斯坦福大学的客座教授。现任斯德哥尔摩大学国际经济研究所教授和所长、诺贝尔奖经济委员会主席。1983年曾访问我国。他的主要著作有：《货币分析研究》《新左派政治经济学》《瑞典经济政策》和《通货膨胀——全球性、国际性和全国性问题》。

三、瑞典学派的特点

瑞典学派是在20世纪30年代资本主义社会经济矛盾相当尖锐并爆发空前严重经济危机的形势下发展起来的。它在一定程度上摆脱了新古典学派的理论框架，具有如下特点：

（1）首创了一分法的经济分析方法。瑞典学派最先把货币变动与经济变动结合起来创立了货币经济论。

（2）倡导动态经济学，企图修补静态经济理论的缺陷；他们的动态经济学与货币经济理论密切联系在一起，称为货币均衡论。

（3）在经济分析方法上，创造一系列新的经济术语和经济范畴。倡导把资本价值、所得、投资、储蓄、成本等经济变量区分为事前数值和事后数值。主张用序列分析来阐释资本主义经济的运动变化过程。

（4）将预期纳入经济分析，强调预期在经济运行中的决定性作用。

（5）着重于纯理论研究，并从经济理论引申出政策建议，主张国家干预经济。它对其他资本主义国家的经济思想有着重要影响，特别是对凯恩斯学派的宏观经济理论和国家干预思想的影响比较明显。

（6）注重国际经济理论和经济制度理论的研究。瑞典是一个高度开放型的国家，同时又是一个社会民主传统很深的国家。瑞典学派经济学家们从国情出发，自然对国际经济理论和社会民主经济制度理论的研究比较注重，并取得了较大成果。

第二节　瑞典学派的经济理论

一、威克塞尔的积累过程理论

威克塞尔（1851—1926年）是一位在近代西方经济学发展史上有着重要地位的经济学家。熊彼特在《经济分析史》一书中将威克塞尔、瓦特拉、马歇尔并称为1870—1914年这段时期在经济学纯理论上做出巨大贡献的经济学家。威克塞尔对斯堪的纳维亚国家和中欧国家的经济学发展产生了重大影响，瑞典和挪威等国的现代著名经济学家几乎都出于他的门下。威克塞尔的经济学理论可分为价值和分配理论、货币利息理论两大部分，前一部分理论的特点是高度娴熟而精炼的综合，后一部分理论以独辟蹊径的创新见长。西方经济学界认为威克塞尔在货币利息理论上的独创性贡献推动了自由放任传统向国家干预主义的过渡。

威克塞尔经济学说的核心内容是威克塞尔累积过程理论，这一理论包括了他的货币利息理论和经济周期理论，反映了他对经济理论最重要的贡献。它是威克塞尔在《利息与价格》一书中提出来的。

该理论假定：①所考察的社会经济处于充分就业均衡状态；土地、劳动、资本等生产资源的数量均是固定的，并且已被全部加以利用，不存在任何闲置的生产资源。这样，威克塞尔是以一个静态均衡经济作为分析的起点。②有组织的信用经济，即全部支付都利用划汇和账面转移进行。③经济波动与自然利率、货币利率的相互偏离有关。④封闭经济体系，各生产单位完全从银行借入资本从事经营活动；促使企业增加投资、扩大生产的因素是利润动机；同时也假定各生产单位的生产时期是无差异的。

货币利率降低立刻从两个方面影响到社会总需求：

（1）从企业的角度看，由于现在货币利率低于自然利率，两者的差额作为超额利润刺激了企业增加投资和扩大生产的愿望。但在充分就业条件下，由银行增发给企业的新贷款所引起的对生产要素的需求就超过了生产要素的可供数量，生产要素的价格必定趋于上涨。

（2）从消费者角度看，货币利率的降低使作为利率函数的居民储蓄减少，消费开支增加。但由于消费品生产在充分就业条件下无法扩大，消费品价格也就上涨了。银行货币利率的降低，货币数量的增加，总需求的过度膨胀，一般物价的上涨，在这个以货币利率变化为起点的经济变动过程中，表面上看似乎由于一般物价水平的上涨吸收了增发的货币量而走到了终点，其实不然。威克塞尔明确地指出："有些人以为利率的一次单独的但是持久的变动，其影响只能限于眼前的冲击，事实上经仔细考虑后，情况往往会显得完全不同。可以假定，低利率的维持，如其他情况无变化，其影响不但是恒久的，而且是累积的。"

银行通过降低货币利率增加的贷款，首先是流入企业，企业利用贷款扩大投资引起生产要素价格上涨。由于不存在闲置资源，生产要素价格的变化必然会造成一部分生产要素从原有生产部门转移到有能力支付高价的生产部门。由于货币利率下降，资本的预期收益按市场利率计算的折现值提高了，资本品生产部门对生产要素的需求更为强烈。如果这时生产要素是从消费品生产部门转移到资本品生产部门，就会导致消费品生产部门的萎缩。但是，由于生产要素价格上升，居民收入增加了（工资、地租等），在货币利率保持低水平时，消费开支会进一步增加，但由于消费品产量非但没有增加反而减少了，消费品价格将进一步上涨。消费品价格上涨后，企业为增产又会增加对资本品的需求，这就促使资本品价格进一步上涨……因此，通过货币利率降低使信用膨胀，使投资增加的同时又推动生产要素价格上涨，导致货币收入增加，消费品价格进一步上涨、投资进一步增加，资本品价格上涨……这种循环，会形成一个经济扩张的累积过程。

在这个累积过程的发展中，社会生产并不会有实际的扩大，但是，原有的社会生产结构（资本品与消费品的生产比例）不断遭受破坏，相对价格体系不断变化，一般物价水平持续高涨，一切处于不稳定状况中的因素都在相互影响，加剧了整个累积过程的发展，使社会经济处于严重的失衡状态。这时，只有银行采取提高货币利率使之与自然利率相等的办法，才能制止这一累积过程的发展。同样，由于技术进步等原因引起的自然利率高于货币利率，也可能发生这种累积过程。此外，与上述向上扩张的累积过程相反，假定货币利率高于自然利率，则会发生向下萎缩的累积过程——经济危机和萧条。

根据威克塞尔的看法，任何货币利率与自然利率的偏离，都会造成累积形式的经济失衡。这时，货币数量不只是影响一般物价水平，它会影响到收入、储蓄、投资、消费、各种商品的相对价格及社会生产结构。当货币利率等于自然利率时，投资等于储蓄，物价水平稳定不变，经济体系处于均衡状态，各种商品的相对价格和产量都是由实际生产领域决定的，货币只作为流通手段和计价单位，不影响除一般物价水平外的其他经济变量，即货币是中性的。

因此，根据威克塞尔的看法，经济达到均衡状态必须具备以下三个条件：①货币利率等于自然利率；②储蓄等于投资；③物价水平稳定不变。威克塞尔在分析价格积累性变动过程中指出，货币利率与商品价格变动之间存在因果关系，并认为二者的变动方向有时一致，有时相反。他说："也许可以认为银行利率或货币利率的变动，有时是商品价格变动的原因，有时是或常常是商品价格变动的结果。在后一种情况下向着同一方向运动，在前一种情况下向着相反的方向运动。"

这就是说：①当由两种利率的差异引起价格变动时，货币利率的变动与商品价格变动的方向相反。即如当货币、银行利率低于自然利率时，刺激资本和商品需求的增加而使商品价格上升；反之，当货币利率高于自然利率时，又会因资本、商品需求的减少而使商品价格下降。②当价格变动引起利率变动时，二者变动的方向相同。即当商品价格上升时，相对而言，货币利率也上升。因为价格上升使生产成本增加，自然利率下降了；反之，当商品价格下降时，由于生产成本减少、自然利率上升，相对而言，货币利率下降。可见，这时物价上涨与利率上升相伴随，物价下跌则与利率下降相伴随。

威克塞尔的累积过程理论纠正了19世纪经济学中的二分法，第一次把价值理论与货币理论在一起。哈耶克曾说过，"只是由于这位伟大的瑞典经济学家，才使得直到这一世纪末叶仍然隔离的两股思潮，终于确定地溶而为一"。除此之外，威克塞尔的累积过程理论实际上已经公开地对"萨伊定律"及资本主义社会的市场机制能自动调节经济达到充分就业均衡的观点提出了质疑。这对于瑞典学派的形成，对于现代资产阶级经济学的货币理论和危机理论，以及凯恩斯的经济理论，都产生了巨大的影响。

二、宏观动态经济理论

20 世纪 30 年代是瑞典学派的形成时期，在威克塞尔理论基础上成长起来的新一代瑞典经济学家缪达尔、林达尔、伦德贝格等人，继承了威克塞尔的理论传统，建立了宏观动态经济理论，并得出了以宏观货币政策和财政政策为中心的国家干预经济生活的经济政策。在这一过程中，缪达尔和林达尔两人对宏观动态经济理论的发展做出了重大贡献。这主要表现在如下四个方面：

（一）一般均衡分析

在经济学说史上，经济均衡分析有局部均衡和一般均衡之分。①局部均衡分析方法的特点是在假定其他情况不变的情况下，只分析一种商品（或生产要素）的价格与其供求状况变化的关系。②一般均衡的分析方法由洛桑学派的瓦尔拉斯所首创，它的特点是假定各种商品的价格和供求状况，都是相互作用、相互影响的，因此，一种商品的价格和供求的均衡只有在所有商品的价格和供求都达到均衡时才能决定。这就是说，任何一种商品的供求都不仅是这一商品价格本身的函数，而且也是所有其他商品价格的函数。瑞典学派就是采取这种一般均衡分析方法。

不过，瑞典学派的一般均衡分析与洛桑学派的一般均衡分析有所不同：①后者仅限于微观的个量分析，以既定的总供给价格和总需求价格为前提，只研究个别厂商、个别家庭或个别商品，而不研究厂商总和、全部人口或总产量；②前者的一般均衡分析，却不仅限于个量分析，还进一步分析了有关总量，即从整个国民经济角度出发，考察生产、消费、储蓄、投资、利息率等这些社会经济总量及其相互关系。

缪达尔的《货币均衡论》在阐述威克塞尔对货币理论的见解时说："'全部商品的供给和需求'，这一概念的确切内容又是什么呢？"威克塞尔没有说清他指的是否只是消费品，但林达尔对威克塞尔的思想给予了更进一步的解释，认为全部消费品的需求就是以货币计算的国民总收入中未被储蓄的一部分。全部消费品的供给也很明显地等于全部社会产品加上存货变动，并减去耐久性实际资本的投资。这说明，瑞典学派的经济理论已对诸如生产、储蓄、消费、投资等经济总量进行分析。

（二）时点和时期分析

瑞典学派经济理论的重要特点和功绩是把传统的静态均衡分析动态化，把静态与动态分析结合起来。时点和时期分析是把这两种分析相结合的重要工具。缪达尔认为，在对经济均衡的分析中，应把时点和时期分开。①时点分析，是指对供求在某一时点上如何达于均衡状态的分析，但只是讨论围绕着一个均衡点而进行的变动。②时期分析是对两个时点之间的间隔的分析。从一个时点到另一个时点，情况是在不断变化的。即一定时点上的均衡将不断被打破，而又在另一时点上重新建立均衡。

从时期分析的角度来看，均衡是暂时的；一个均衡到另一个均衡的变动则是长期的、不间断的。缪达尔还认为，时点分析与时期分析不同，但二者又是有密切关系的。他说，时点分析是时期分析的出发点和"准备的步骤"，在一个时点上的即时分析不仅是完全解决有关动态问题的准备工作，而且是进一步分析这些问题所必要的基础。简而言之，他认为，时点分析是时期分析的出发点和基础，因此，瑞典学派的一般均衡分析的特点是动态分析，但也未否认静态分析。它的功绩在于，把传统的一般静态均衡发展为动态均衡，亦即把一定时点的均衡分析发展为对均衡移动过程的分析。

伦德贝格还把时期分析的方法运用于经济周期波动的理论，提出"序列分析"的概念。他的所谓"序列分析"，就是指要对循序发生的若干事件进行依次分析。他假定资本主义企业的储蓄倾向由外在条件决定、企业经营以盈利为目的，把经济发展的过程分为如下序列：第一，投资增加，消费品生产的扩张；第二，流动资本增加时的扩张过程；第三，固定资本增加时的扩张过程；第四，利息率变动引起的经济变动；第五，经济合理化引起的经济变动。

（三）事前和事后分析

缪达尔在他的重要著作《货币均衡论》一书中在对威克塞尔的动态经济理论进行了分析，提出了"事前"和"事后"的概念。他所说的事前、事后的分析，实际就是在对经济动态的时间分析中加进预期因素的一个概念。在缪达尔看来，既然要对资本主义经济进行动态的分析，就不能不研究预期的问题。因为影响经济变动决定性的因素是预期，而不是现实的情况。

缪达尔就是在研究对经济发展的预期时，提出"事前估算"和"事后计算"这两个概念的。在他看来，对任何经济范畴的时期分析，从预期的角度来看都可分为事前和事后两种类型。事前是指分析时期开始时计划进行的或预计会有的数值；事后是指分析时期结束时已经或实际上实现的数值。缪达尔试图运用这种事前和事后的计算来说明货币均衡的条件。也就是说，作为货币均衡条件之一的储蓄和投资的相等，是经过事前估算的数值与事后计算的数值相一致来实现的；事前估算的储蓄数值，要和事后计算的实际投资量去做比较，方能看出二者究竟是否达到均衡。因此，在储蓄和投资的均衡之间，事实上存在一个事前和事后的时间间隔。如果没有时间间隔的调整，储蓄和投资的相等是难以理解的。根据事前的估算，储蓄与投资相等，这并不等于实际达到均衡，均衡的实现是通过事后计算来达到的。在支出落后或生产落后的条件下，储蓄和投资就不能处于均衡状态；只有经过一段时间，当支出落后或生产落后的情况得到调整之后，储蓄和投资才可能在一定时点上达到均衡。

（四）对货币政策目标的发展

威克塞尔从积累过程理论中引申出的政策目标是通过对货币利率的调节来稳定物价。但后来的瑞典经济学家们认为，威克塞尔的三个货币均衡条件是相互矛盾的，即使实现了货币利率与自然利率的一致、投资与储蓄的一致，也不能实现价格稳定，因此他们便放松了这一政策目标要求，而去追求其他新的政策目标。

首先，缪达尔认为，以货币均衡论为依据的货币政策要完全消除或者最少是缓和商业循环，即货币政策不应像威克塞尔的积累过程理论所要求的那样去实现物价稳定，而主要应在追求消除或缓和商业循环。这是从否定威克塞尔理论中的充分就业假定而得出的必然逻辑结论。因为按照威克塞尔的积累过程理论，在充分就业假定的前提下，当货币利率与自然利率相背离时，积累的变动主要表现在价格水平上，而不是总的产量和就业量上；相反，在非充分就业的情况下，当经济均衡条件不能满足时，积累的变动就会表现为总产量和就业量的波动。因此，实现货币利率均衡的政策目标就应落在消除或缓和商业循环上。当然，缪达尔也并未全盘否定威克塞尔的积累过程理论，因为当货币利率与自然利率相偏离时，毕竟是通过生产变动的中介作用引起价格水平的积累性变动的。尽管他在理论上认为这种生产的扩大或收缩将转化为部门结构的变化，而基本上不涉及总量的波动，然而在现实生活中这是不可能的。因此，缪达尔从对威克塞尔理论的修正中提出以消除或缓和商业循环为货币政策的主要目标，这是对瑞典学派宏观理论政策的一个重要发展。

其次，林达尔认为，货币政策的主要目标应为调整物价，使其和生产力呈反比例。很显然，这也是与威克塞尔把稳定物价水平作为货币政策的主要目标不同的。

综上所述，瑞典学派在修正和发展威克塞尔的积累过程原理的基础上推动着宏观经济理论的发展。这种发展归结起来表现为三点：①强调预期在经济发展中的作用，提出了事前估算、事后计算的方法，同时又把经济发展过程区分为不同时期、序列逐一分析，区分时点与时期，实际是把动态分析与静态分析结合起来，从而大大丰富了威克塞尔积累过程原理的内容，使动态经济分析更加深入、具体化。②将威克塞尔理论的充分就业假定改为非充分就业假定，从而在理论上使原来价格的积累过程转变为总产量和就业量的积累过程，这样，便使瑞典学派的宏观经济理论体系更接近于凯恩斯的宏观就业理论体系。③通过对威克塞尔的货币均衡条件内部矛盾的揭露，进一步说明瑞典学派的宏观经济理论事实上已否定了传统经济学所鼓吹的完全自由竞争会自动实现经济均衡的论点。承认资本主义经济依靠自由竞争是不能实现货币均衡或经济均衡的，因而必须依靠国家干预，实行一定的货币政策来达到实现经济均衡的目标。尽管威克塞尔与后来的瑞典经济学家们的政策目标有所区别，但他们都主张国家干预，实行一定的货币政策。

三、卡塞尔的购买力平价理论

瑞典学派的理论奠基人之一卡塞尔在其1922年出版的《1914年以后的货币和外汇》一书中提出了购买力平价理论。这是一种阐明浮动汇率如何决定的理论，意指两国的货币汇率应以两国货币购买力相等的原则来确定。卡塞尔认为，两国货币之所以能够互相交换，是因为它们在各自国内具有购买力，因而两国货币汇率应该等于这"两种通货的内部购买力之商"。这被后人称之为"购买力平价理论"。

卡塞尔认为，以购买力平价作为汇率决定的基础的可以有两种形式：购买力绝对平价论和购买力相对平价论。

购买力绝对平价论是指汇率由两国货币各自在其本国内所具有的购买力的比率来决定的理论。而所谓货币的购买力是与物价水平的高低呈反比例的。因此，汇率归根结底由两国当时的绝对物价水平的比率来决定。

购买力相对平价论是指在报告期的汇率由于对基期来说物价已发生变动，则须把基期的旧汇率与物价变动后的购买力平价结合起来决定的理论。卡塞尔说，在两国都发生通货膨胀、物价上涨的情况下，"新标准汇率等于旧汇率乘以两国通货膨胀程度之商"。

卡塞尔认为，无论是基期的汇率，还是报告期的汇率，都是指均衡汇率，即一般正常汇率，而非实际的市场汇率。实际市场汇率以此均衡汇率为中心，依两国货币市场供求状况而上下波动。报告期与基期均衡汇率的变动，是同一期间两国物价水平变动或者说两国通货膨胀率变动的反映。这就是说，汇率的变动应该与两国相对物价水平的变动相一致。可见，卡塞尔的购买力平价学说，乃是关于如何决定浮动汇率的理论。

但是卡塞尔又认为，购买力平价虽然是均衡汇率的最主要决定因素，却并不是唯一的决定因素。因为决定均衡汇率的还有外汇市场的投机因素和单向资本流动因素等。因此，卡塞尔在均衡利率的决定上，既反对把购买力平价视为唯一因素的观点，也反对把购买力平价视为各种因素中毫无特殊作用的一个普遍变量，而否认其具有主要决定作用的观点。总之，在卡塞尔看来，汇率在本质上是由购买力平价所决定的。

四、赫克歇尔—俄林模型

(一) 赫克歇尔—俄林模型的产生

瑞典经济学家赫克歇尔和俄林于 20 世纪 30 年代提出了以要素禀赋论为基础的现代国际贸易理论。在 19 世纪的国际贸易论坛上，自由贸易主义与保护主义之争一直很激烈。1929—1933 年，资本主义世界爆发了历史上最严重的一次经济危机，它导致了帝国主义各国之间为争夺国外市场而发生更激烈的关税贸易战。有的国家通过签订协议，采用使进口开支限于出口收入的对外贸易清算制度，以维护本国垄断资本的利益。瑞典是个经济发达的小国，对国际贸易依赖性很强，因此对新的保护主义抬头深感不安，迫切需要有自由贸易主义的理论与政策支持。俄林以宣扬国际自由贸易为宗旨的《地区间贸易和国际贸易》一书，便于 1933 年为适应这种形势的要求问世。俄林在这部著作中以传统的比较优势理论为依据，大谈国际分工和自由贸易的好处。同时又以新的要素禀赋论为基础建立起一整套国际自由贸易理论体系。它既迎合瑞典经济发展的需要，也在很大程度上符合国际资产阶级的要求，因而受到普遍重视并产生了极其广泛深远的影响，成为现代国际贸易理论的开端。

俄林国际贸易理论的产生，直接受益于赫克歇尔的理论。赫克歇尔是俄林的老师，也是瑞典著名经济学家，他在1919年发表了的《对外贸易对收入分配之影响》一文，提出了要素禀赋论的基本观点。在他看来，产生比较成本差异的条件有两点：一是两国要素的禀赋不同；二是不同产品在生产过程中所使用的要素比例不同。俄林接受了这个基本观点，并在自己1922年的博士论文和1924年发表的《贸易学说》予以阐述，最后在1933年的《地区间贸易和国际贸易》一书中，逐渐形成比较全面的、成熟的要素禀赋论。因此，一般都把俄林的国际贸易理论称为"赫克歇尔—俄林模型"，简称"H-O理论"。俄林的国际贸易理论是在承袭李嘉图比较成本论基础上建立起来的国际自由贸易理论，一般认为它暗含着类似于李嘉图比较成本论的假定前提。这些前提是：①国内是完全自由竞争市场。②各种生产要素都已被充分利用。一种产品生产的增加，必须以另一种产品生产的减少为代价；同时因各国都要扩大生产自己占优势的产品出口，互惠互利才能保证双方贸易的发展。③产品在国际间交换与国内市场上的交换一样，要完全地自由竞争、自由流动，否则就不足以促使各国都生产优势产品以获得比较利益，从而也不能使各国通过自由贸易最后实现经济平衡发展。④生产要素在国际间不能自由流动，各国要素禀赋的差异在解释贸易产生的原因和流向时具有特殊意义。⑤供求价格论。这是俄林国际贸易论的理论前提。供求均衡价格论是新古典学派的理论核心，俄林承袭了瑞典学派的一般均衡分析传统，把供求价格论扩展到国际贸易中的商品和生产要素的价格形成。

（二）俄林的要素禀赋论

供求价格论是俄林贸易理论的前提之一。他在《地区间贸易和国际贸易》一书的第一章就特别阐明了两个孤立的地区或国家在同一时间内，所有的商品与要素的价格最终都是由它们各自的供求关系决定的。在他看来，需求方面包含着两种决定因素：一是消费者的欲望、要求和爱好；二是生产要素所有权的分配状况（这影响个人的收入，从而影响需求）。供给方面也包含着两种决定因素：一是生产要素的供给，即要素禀赋情况；二是生产的物质条件，即产品生产中所使用的各种生产要素的比例或密集程度。

假定两个国家同时生产两种产品所面临的这些影响供给和需求的条件完全一致，而所有市场又都是完全竞争市场，那么贸易前两个国家的生产与消费之间的均衡便建立在一组相同的相对价格上；即两国各自生产的两种商品按照供求关系所决定的价格完全相同，又都各自处于生产和消费的最佳状态，因而贸易便不会发生。

然而实际上两国在供给、需求方面都不会相同，因而价格会有差异，贸易就可能发生。这种价格的差异既可能因供给方面的差异产生，也可能因需求方面的差异产生，或因供求双方都有差异而产生，只要供给与需求双方的差异不至于互相抵消，价格的差异就必然存在，从而贸易就可能存在。

因此，俄林的贸易理论实际就是要研究引起产品和生产要素的价格差异的因素。

俄林着重研究了供给方面的因素，即研究要素禀赋的问题。俄林所提出的决定供给方面的两个因素，即要素的禀赋情况与产品生产所使用的要素比例，显然是赫克歇尔提出的产生比较成本差异的两个先决条件。这两个条件会引起供给成本或者说供给价格的差异。综合这两个条件来看，一国拥有某种相对较丰富的资源去生产这种资源密集型的产品，其价格自然就比较便宜。

两国贸易产生的原因就在于两国要素禀赋不同，而贸易的流向则是一国将其拥有相对优势的要素所生产的相对成本优势的产品，流向生产这种产品的生产成本较高的国家。按俄林的说法，"贸易的首要条件，是某些商品在某一地区生产要比在另一地区便宜。在每一个地区，出口品中包含着该地区比在其他地区拥有的较便宜的相对大量的生产要素，而进口别的地区能较便宜地生产的商品"。

（三）赫克歇尔—俄林理论

俄林的两国资源禀赋差异引起了两国贸易的产生和流向。但赫克歇尔、俄林又认为，贸易的结果却可能使两国要素价格趋向均衡。一方面，若一国用其相对数量较多和供给价格相对较低的要素生产的进程继续下去，最终会使该国拥有的要素相对较少，因而价格相对上升；另一方面，一国进口自己相对数量较少和价格相对较高的要素，最终会使其拥有的这种原来稀缺的要素变得相对较丰富，因而价格相对下降，结果使两国的要素价格相等。这就是赫克歇尔、俄林的要素价格均等化原理。

要素价格均等化原理说明，生产要素本身在国际间虽然不能流动，但是通过它所生产的商品进出口的形式是可以自由流动的。这种生产要素的自由流动，不仅使商品形成了统一的国际价格，而且使生产要素价格也趋于均等化，使各国的地租、工资、利润趋于均等化。这就意味着生产要素的更有效利用可以使它在国际间不合理分布的状况趋于改善。

由此说明，俄林的要素禀赋论实际包含了两方面的内容：一方面，各国要素禀赋不同，导致生产要素和产品的价格差异，从而引起各国之间的贸易和一定的贸易走向；另一方面，各国贸易的结果，又会使各国要素的价格趋于均等。如果可以把前一方面的内容称为狭义的要素禀赋论，那么把这两方面内容包括在内，就可称为广义的要素禀赋论。

（四）赫克歇尔—俄林模型的局限性

西方经济学家一般都承认赫克歇尔—俄林模型存在局限性，因为它并不能真正科学地解释现代国际贸易产生的原因和流向。按照该理论，只要知道一国要素禀赋情况就可知其对外贸易的必然流向。一个土地丰富、劳动缺乏的国家，就一定是出口土地密集型产品、进口劳动密集型产品；相反，一个劳动丰富、土地缺乏的国家，就一定是出口劳动密集型产品、进口土地密集型产品。但现实并非完全如此。因此，后来很多经济学家对要素禀赋理论不断进行验证和发展，出现了里昂惕夫之谜和林德尔的需求相似理论。

1. 里昂惕夫之谜

根据生产要素禀赋理论，美国应进口劳动密集型产品、出口资本密集型产品。

里昂惕夫用投入产出法对此进行了验证。他于1947年和1951年先后两次借助于200个行业的投入产出表，对价值160万美元的出口商品和进口替代商品所需要的资本和劳动的比率进行比较，结果发现美国出口商品的资本/劳动比率低于进口替代商品的资本/劳动比率，即出口商品是劳动相对密集型的，进口替代品是资本相对密集型的，与俄林的理论正好相悖，这被称为"里昂惕夫之谜"。里昂惕夫认为矛盾的根源在于美国劳动者素质较高，单位时间的劳动是其他国家的若干倍，若经一定的折合计算，结论应与俄林的理论相符。里昂惕夫之谜引发了人们对人力资源问题的广泛关注。但凯南根据这一理论对美国进出口商品的资本与劳动的比率重新进行计算，结果发现生产要素禀赋理论完全正确，"里昂惕夫之谜"根本不存在。

2. 林德尔的需求相似理论

俄林的生产要素禀赋理论虽可以解释发达国家和发展中国家之间初级产品的贸易格局，但无法解释战后工业品贸易主要在发达国家之间进行的格局。林德尔从需求的角度出发，认为人均收入水平相似的国家需求结构也相似，它们成为贸易伙伴的可能性较大，因此战后工业品的贸易主要在人均收入水平相似的发达国家之间展开。林德尔的需求相似理论在一定程度上弥补了俄林只从供给角度解释国际贸易问题的不足。但林德尔只从需求的角度或者说仅从人均收入的角度来说明问题也是有失偏颇的，因为一国的需求结构除了受人均收入的影响，还受风俗习惯、产业结构和生产的技术水平等多种因素的影响。此外，美国的经济学家弗农还提出了生命周期理论，他放弃了俄林学说中关于各国生产技术水平都相同的假设，从动态的角度考察了技术进步对国际贸易的影响，进一步发展了俄林的学说。

五、北欧经济模型

北欧经济模型，又称斯堪的纳维亚经济模型，或小国开放经济模型。这是北欧经济学家提出的，用世界通货膨胀传递机制的学说来解释开放型的小国经济如何形成通货膨胀。它最先由挪威经济学家沃德·奥克鲁斯特提出，并受到瑞典经济学家伦德贝格的支持，随后又由瑞典经济学家格斯塔·埃德格伦、卡尔·沃尔夫·法克森和克拉斯·艾里克·奥德纳尔在《小国经济的建设》一书中发展而成。后三人姓氏的第一个英文字母分别为 E、F 和 O，因此，这一理论又称为"EFO 模型"。

所谓开放型的小国经济，是假定这个国家与世界市场有密切联系，在世界市场上是价格的接受者，因而其通货膨胀受世界通货膨胀的影响很大。小国开放经济模型把这种小国经济分为两大部分：一是开放经济部门，即与世界市场密切联系的部门，它主要由加工业部门组成，它的产品进入国际市场；二是非开放经济部门，即与世界市场一般没有直接联系的部门，它主要由服务业部门组成，它生产的产品和劳务不进入国际市场。

若以 E 表示开放部门，S 表示非开放部门，π 表示通货膨胀率，πE 和 πS 分别表示开放部门和非开放部门的通货膨胀，πW 表示世界通货膨胀率，λ 表示劳动生产率增长率，λE 和 λS 分别表示开放部门和非开放部门的劳动生产率增长率，ω 表示货币工资增长率，ωE 和 ωS 分别表示开放部门和非开放部门的货币工资增长率，αE 和 αS 则分别表示开放部门和非开放部门各自在国内经济中所占的比重，且 $\alpha E + \alpha S = 1$。

EFO 模型假定开放部门的通货膨胀率等于世界市场的通货膨胀率，即 $\pi E = \pi S$。再假定开放部门的劳动生产率增长率高于非开放部门的劳动生产率增长率，即 $\lambda E > \lambda S$。这样 EFO 模型可表达如下：

$$\pi = \pi W + \alpha S (\lambda E - \lambda S)$$

该模型表示，小国开放经济的国内通货膨胀率，是由外生变量 πW（世界市场通货膨胀率）、$\lambda E - \lambda S$（两大部门劳动生产率之差）和经济结构因素 αS（非开放部门在国民经济中所占比重）所决定的。

根据这一理论模型，可以看出小国开放经济的通货膨胀具有两个显著的特点：一是其通货膨胀率受世界通货膨胀率的影响很大；二是通货膨胀从国际传递到国内与部门结构有很大关系。由于这些特点，对付通货膨胀必须加强开放部门的发展，提高劳动生产率，增加本国出口商品在国际市场的竞争地位，以调节国际收入，缓和通货膨胀。美国经济学家 A. 齐巴利斯特和 H. 谢尔曼指出："正如所谓的 EFO 模式中所指出的，出口部门合同工资的提高相当于受到国外竞争部门的生产力提高与国际价格上涨的影响，它会使国外竞争加剧，国际价格上升，但并不会使瑞典的国际竞争地位恶化。然而，在 1973 年之后，物价的不稳和汇价的剧烈波动，使价格变化预测日趋困难。在 20 世纪 70 年代，模式的通用性变得更加模棱两可，使人犹豫。"

六、社会民主主义的经济制度理论

瑞典是一个社会民主主义传统很深的国家，也是垄断资本主义最发达的国家之一，整个社会阶级明显地划分为资产阶级和无产阶级，他们各自都已高度组织化，即全国绝大多数的受雇职工都参加了总工会，全国绝大多数企业主都参加了雇主协会。这两大阶级性组织既对峙又合作，形成了瑞典社会民主主义传统的组织基础。工会、雇主协会和政府是瑞典的三大权力中心。三者相互矛盾斗争又相互协调，共同维护着社会民主主义的社会秩序，从而使瑞典在西方资本主义国家中成了颇具特色的社会民主主义传统很深的国家。

瑞典的社会民主主义秩序是以其混合经济制度为基础的。这个"混合经济"最主要的成分是：①以生产资料私有制为基础的现代资本主义经济；②与其现代资产阶级国家的某些经济活动相联系的所谓公共经济；③合作经济。前者处于支配的主导地位，后二者处于从属地位，作为一个社会整体的性质，是由其占统治支配地位的经济的性质所决定的，因此瑞典的所谓混合经济的社会毫无疑问是资本主义社会。它与西方其他资本主义国家稍有区别的是公共经济部分在整个国民经济中占有较大

195

的比重，而且还有不完全同于私有制经济的合作经济成分。

与瑞典的混合经济制度相适应，瑞典学派的经济理论也十分重视经济制度的研究，并有日益重视"混合经济"制度的趋向。其中研究较多而又有较大影响的瑞典经济学家有威克塞尔、缪达尔、林达尔、林德伯克等。威克塞尔是所谓"混合经济"最积极的拥护者。他认为，在混合经济中，经济资源的利用能够不断趋于合理，收入分配能够不断趋于平均，人们的生活水平也能不断提高。因为在他看来，一种比较合理的经济制度离不开民主政治制度来保证；在资源配置和收入分配方面要求得合理，也离不开政府的调节和影响。在混合经济下，由于公共经济占有相当比重，就为政府在资源配置、收入分配方面发挥积极作用提供了有利条件和基础。

就资源配置来说，他认为，资本积累在遵循集体主义原则的社会里，可能比在盛行个人主义原则的社会里进行得更加顺利有效，因而更有利于资源的合理配置，所以"混合经济"比单纯私人资本主义经济更好。

就收入分配来说，他认为，经济学家应该重视收入分配的研究，世界上不存在个人收入天然就能有合理分配的格局，往往是社会经济地位低下的阶级一般不能取得他所应取得的收入份额，这就要求有合理的社会对分配进行干预。因此，一个合理的由社会进行分配的经济制度，肯定会使地位低下的阶级的收入状况得到改善，而这样的经济制度就是"混合经济"。他还认为，在混合经济制度下，个人的权利和自由能够得到充分承认和有利保护。

林达尔认为，混合经济有利于政府活动能力的加强，从而使人们的需要更能得到满足。因为政府可以通过税收将一部分私有财产转变为公有财产，调节人们的收入分配，使大家的需要更能得到满足。换言之，为了使人们的需要得到更好的满足，就必须加强政府的力量，因而推行混合经济制度乃是一种合理的选择。当然，这种说法的合理性是以政府是一个为公民社会服务的组织，而不是凌驾于一切之上的官僚机构的假定为前提的。

战后对经济制度的研究最多最深也最具有代表性的，是作为瑞典学派第三代代表人物的经济学家林德伯克。他从维护资本主义制度出发，在对世界各国经济制度特别是对瑞典混合经济制度进行考察之后，提出了所谓三种经济模式的理论，进而在对三种经济模式进行比较分析的基础上，提出了社会民主主义经济制度的选择。

林德伯克提出，经济制度是一个"多维性"的概念，是由多方面因素构成的。他说："一种经济制度就是用来就某一地区内的生产、投入和消费做决定并完成这些决定的一整套的机制和组织机构。"他还认为，作为经济制度的一整套机制和组织机构可分成八方面：①决策"结构"。在决策过程中，关于消费、生产和投资的决定，是由个别消费单位（家庭）和生产单位（公司）做出的，还是由中央权力机构做出的，这是涉及决策过程中的集中程度问题，即决策是由分散化的"结构"做出，还是由集权化的"结构"做出。②资源配置的机制。提供资料、分配资源并协调经济决策的机制，是用市场的方法还是行政管理的方法。③财产所有权，是个人所有制还是集体所有制。④商品分配的机制，是依靠均衡价格还是靠上级指挥调动人们积极性。⑤调动人们积极性的机制，是用经济刺激，还是靠行政命令。⑥竞争与合作。个人与个人之间的关系，是竞争还是非竞争，即是竞争还是合作。⑦竞争与垄断。在各个不同决策单位（公司）之间的关系，是竞争还是非竞争，即是竞争还是垄断。⑧对外关系。作为一个整体的经济制度对外部世界开放的程度，是国际化的经济还是自给自足的经济。

林德伯克进一步认为，包括上述八个方面内容在内的经济制度可以有各种各样的经济模式。不过，在当代世界上实际存在的只有三种经济模式：第一，以瑞典为代表的混合经济模式；第二，以南斯拉夫为代表的市场社会主义经济模式；第三，以苏联为代表的中央集权经济模式。

林德伯克通过对上述三种经济模式的比较分析后认为，最理想的是以瑞典为代表的西方混合经济模式，即所谓社会民主主义经济制度。林德伯克的这种观点既体现了瑞典学派重视混合经济制度的理论传统，同时又大大丰富了传统理论的内涵。

林德伯克的所谓"社会民主主义经济制度"，具体包括五方面内容：

（1）分权和集权的关系。林德伯克分析了经济休制的分权与集权的关系，认为应把两者结合起来，偏废任何一方都是不可取的。他所说的分权或者说分散具有两层含义：一是将决策权分散到个人和企业，由他们自己对消费、生产和投资做出决策；二是在企业内部再分散到个人，使他们对企业有参与民主管理的权利。

林德伯克认为，在现代经济生活中，之所以必须要有分权，这一方面是因为只有实行分权原则，才能及时收集散见于千万居民和生产者之中的消费偏好、技术、市场动向等情报资料。"在高度集中的制度中收集和处理情报所花的费用比市场制度要高"，并且在以中央行政管理方法为基础的制度中，某种未经歪曲的情报实际上是付出任何代价也不可能获得的。另一方面，在分权制度下，决策效应的感受者与决策者是同一人，因此，他能根据市场情况及时做出应做的决策，而不是像在集权制度下"感受者"与"决策者"是两个人，以致决策迟缓，坐失良机。

但是，只讲分权不讲集权也不行。这是因为：第一，某些经济活动是离不开集权的。如国民统计方面的情报带有比较和综合的性质，集权机构比个人和企业更易于收集，而且观察也比较深刻。第二，一些社会公益事业产生的问题是在个人决策之外的问题，如环境污染、公共产品问题，只有依靠中央集权机构来解决。第三，某些宏观经济目标，如社会财富和收入的公平分配、经济稳定等，都要集中规划和处理。因此，他认为，任何经济制度都是集权与分权的某种程度结合。

林德伯克认为分权与集权划分的原则是：普通消费品的消费决策权归于消费者，普通消费品的生产决策权归于企业。国民经济的统计研究、环境保护、公共产品的供应、经济稳定、财富和收入的公平分配等则归于集权机构。

（2）市场调节和中央计划的关系。林德伯克认为，在分工相当广泛的社会里，为了使经济正常运行，必须交流情报、配置资源、协调生产者和消费者的决策，使每一种产品的供应符合消费者和企业的需要。要做到这些，通常都需要采取市场和计划相结合的办法。如果只有中央计划而没有市场机制的作用，即使借助于电子计算机也很难达到上述目的。结果必然是，社会资源配置不当、投入和产出不能均衡、计划调节不够灵活，于是出现商品短缺等现象，形成所谓卖方市场，并产生官僚主义。

在林德伯克看来，官僚主义乃是用行政意志取代市场调节不可避免的结果。因为在企业和消费者与中央计划决策者之间存在许多中间层。情报资料通过中间层一次又一次地过滤后，大部分已经丧失，剩下的也已面目全非并已过时。同时，上层决策者也没有时间和精力来考虑下层存在的许多问题，更无法吸收下层符合实际的真知灼见。而没有中央计划也不能完全解决交流情报、配置资源和协调决策的问题。因为基层企业往往不能了解整个宏观经济情况。听凭市场调节，难免带有生产盲目性。因此，他认为在现代发达的经济中，中央计划离不开市场机制的调节，市场调节也离不开中央计划的指导，需要的是把二者适当地结合起来。

（3）公有制和私有制的关系。林德伯克认为，在所有制问题上应实行社会民主主义方案，即在私有制经济占统治地位的基础上实行部分的国有化。在他看来，私有制是刺激企业主动性、创造性和克服官僚主义所必不可少的，但也需要实行部分国有化。这包含两方面的内容：一是对某些生产所谓公共产品和公共劳务的基础设施，如铁路、邮电、电站等实行国有化；二是收入和消费国有化，即通过累进税制将一部分国民收入纳入国家政府预算，作为社会保险和集体消费基金。

林德伯克认为，实行全盘公有制是行不通的，也是不可取的。这倒不是因为像哈耶克说的那样公有制会带来政治上的独裁，因为：

①对人力资本是根本不能实行国有化的。林德伯克认为，在现代社会中，资本分为物质金融资本和人力资本两种，而且人力资本比物质金融资本发展还快；因而人力资本的收入对收入不平等的影响，比物质金融资本收入对收入不平等的影响还大。但能实行国有化的只能是物质金融资本，而人力资本却不可能国有化。因为人力资本国有化就等于奴隶制，这是人们不能接受的。他认为，要解决人力资本所带来的收入不平等问题，应实行累进税制和发展教育事业。前者可以把一部分高收入转为社会保险福利金，后者可以使大家拥有人力资本。因而前者是治标，后者是治本。

②公有制不能解决权力分配不均的问题。因为在公有制集权经济政治制度下，少数领导人不仅掌握政治、军事权力，而且掌握支配物质资产的经济权力，因而权力分配比私有制下更不平等，使问题更加严重。

③公有制难以发挥主动精神，不易解决创新问题。林德伯克认为，公有制下的创新决策通过两个途径来解决：一是由居于高位的领导人决断，但领导者往往最害怕失去现有地位，最好的办法就是避免去冒险；二是实行议事民主，用选举表决的办法，由多数决议解决。但事无巨细，统统要征得多数同意才能实施，那也是不现实的。总之，在他看来，公有制必然要压制人们的主动性和创新精神。

（4）经济刺激和命令的关系。林德伯克认为，在任何社会中，都必须把经济刺激与指令在不同程度上结合起来，以促使人们去从事工作、生产、储蓄和投资。当然刺激除经济手段外，也有非经济手段，如友谊、威望、慈善心、权力欲、非常时期的爱国心等。但一般来讲，这些非经济的刺激不可能代替经济刺激，也不可能代替指令，所以经济刺激和指令是必不可少的。他认为，经济刺激有两种形式：一是利润差别，二是工资差别。前者有助于加大投资和提高企业管理水平；后者有助于个人提高工作效率和调整就业方向。但他认为，瑞典经验证明，适当缩小工资差别不但不会降低效率，反而有可能提高效率，因为它有助于保持整个社会稳定，防止政治动乱。

（5）竞争与垄断的关系。林德伯克认为，竞争是普遍现象，是经济和社会发展的强大动力，无论企业之间、国际之间、个人之间，都是如此。他还特别指出，企业彼此之间的竞争与中央计划经济并不矛盾，而是相辅相成的。因为企业之间虽然存在竞争，但企业是有严密计划的，这可以被看作分散的计划体系。所谓中央计划，无非是统一协调安排充分就业、经济增长、环境保护、公共消费、基本设施等，而这些都是建立在私人部门普遍经济刺激的基础之上的，目的在于促进私人部门的发展，而且企业间的竞争是迫使企业提高效率、加速发展的强大动力。因此，企业竞争与中央计划的目标一致，二者当然就不存在矛盾。

林德伯克认为，在企业、国家和个人之间虽然存在竞争，但在各自内部总是力图建立起自己的垄断地位；而且自己的垄断地位愈发展，彼此之间的竞争愈激烈。这样，在现代经济发展中，势必存在竞争和垄断两种现象同时并存的趋势。反过来说，如果只有垄断没有竞争，那么必然是效率低下的。这将造成产品短缺、质量粗劣，资源配置也不能得到充分有效利用，甚至会败坏社会风气。如在人力资源配置上，不是出现行政命令，就是搞特权、走后门、裙带风。在一个阶级等级森严的社会中，人们靠遗传和家族关系决定自己的地位，而没有选择职业的自由和充分施展自己才智的机会；相反，在一个没有等级观念的社会，不存在任何种族歧视和家庭出身歧视，人们就有选择职业的自由，可以充分施展自己的才干。

第三节　瑞典学派的经济政策主张

瑞典学派的经济理论是汇集不同时期的瑞典经济学家们的经济理论之总称。这些经济学家的理论虽然各具特色，但都保持着由威克塞尔所开创的瑞典学派的理论传统。其经济政策主张就是以这种理论为依据的，它的基本特征是要求实行国家干预，以维持经济均衡、充分就业和分配公平，进而实行自由的社会民主主义制度，建立所谓"福利国家"，试图使一个资本主义社会和平地转变为一个"自由社会民主主义"社会。

在瑞典学派形成和发展的半个多世纪过程中，他们根据自己的经济政策理论提出过许多具体的经济政策。这些经济政策主张主要有：20 世纪 30 年代经济萧条时期实行的以公共事业投资为中心的反衰退政策及其他经济周期对策，20 世纪 60 年代的保障就业政策、通货膨胀对策、社会福利政策和产业民主化政策等。

20 世纪 20 年代至 30 年代，大规模失业增加。自 1917 年起社会民主党执政，他们对经济危机感到不安。1927 年，瑞典成立了"失业原因和防止失业措施研究委员会"。1931 年，该委员会聘请了哈马舍尔德、缪尔达等著名经济学家从事研究工作。1933 年，瑞典社会民主党政府的财政预算采用了以扩大公共事业为中心的总需求政策，这一政策后来被称为"凯恩斯之前的凯恩斯政策"。1935 年，哈马舍尔德执笔撰写了《失业委员会最后报告书》，概括了委员会几年来的研究成果，对瑞典的经济发展和经济政策做了详细的论述和总结，提出了以宏观货币政策为主，宏观财政政策、商业政策、工资政策为辅的消除失业问题的政策建议。

在这一时期，瑞典学派的经济学家还陆续提出了各种应付经济周期变动的政策和制度，创立了政府预算平衡的长期预算制度，以及作为萧条期公共事业预备费用的公积金制度，还制定了投资税制度和投资基金制度。林德贝克教授把投资基金制度称为瑞典在经济政策方面的"重要发明"。所谓投资基金制度，是指企业在繁荣期将其部分利润以基金的形式冻结在中央银行的特别账户，在萧条期用这种资金来投资可以减税的制度。这种制度在瑞典战后的经济发展中发挥了极其重要的作用。

伦德伯克认为，20 世纪 60 年代以来瑞典的失业和通货膨胀主要是由结构原因造成的。例如：部门、行业和地区发展的不平衡，大量移民的入境以及开放部门和非开放部门的工资、成本、价格的相互关系和变化。瑞典经济学家认识到，在这种条件下只凭凯恩斯、缪达尔的宏观总需求管理政策，不能实现每个劳动力市场的充分就业和有效就业，而且充分就业和物价稳定难以两全。因而除了考虑宏观需求管理政策外，还有必要调整每个劳动力市场的供求关系，实行促进行业间工作变动的职业训练和实行促进地区间劳动力转移的各种政策。

20 世纪 70 年代以后，与世界经济形势一样，瑞典经济情况也开始恶化，于是人们对注重效率的就业政策产生了怀疑，工会要求的不是把劳动力转移到效率高的部门的政策，而是要求实行侧重稳定、公正和保证劳动者生活质量的政策。在这一情形下，1974 年出台了保障就业和促成残疾者就业的政策、新的劳动安全法、工人代表参加董事会等一系列工人参加经营管理和改善劳动环境的政策。在制定这些法律时，全国工会组织掌握主动权，有关保障就业的法律就是以参与制定该法律条文的全国工会组织的律师名字命名的，它被称为"奥门法"。奥门法中的保障就业和促进残疾者就业的政策，提高了劳动者生活的稳定性，并有助于弱者在劳动力市场获得同等的就业机会。

瑞典是一个有代表性的福利国家。在第二次世界大战后，瑞典的社会保障发展是惊人的；公共开支占国民生产总值的比例在 1950 年只是 25%，到 1970 年增至

45%，到 1981 年达 60%。瑞典经济学家认为，一个理想的社会应当把福利普遍地给予社会的全体成员，他们反对那种主张大大削减国家干预和否定国有化的政策建议，认为自由放任的市场经济会使福利国家的活动大大削弱，从而造成收入分配不平等，个人缺乏社会保障。为此，许多瑞典经济学家提出自己的社会模型，例如林德贝克的自由社会民主主义、阿德拉等人的职能社会主义，他们主张对生产资料本身并不实行社会化，只对构成其所有权的职能或权限实行社会化。这些主张都充分反映了瑞典学派的社会民主主义的理论色彩。

20 世纪 70 年代后期，尤其是 80 年代以来，福利国家产生的"瑞典病"（财政赤字增长、生产率增长缓慢以及通货膨胀加剧）越来越严重地折磨着瑞典社会。瑞典学派的一些经济学家对福利国家的前景十分悲观，瑞典学派的经济理论和政策主张也面临着新的考验。

简要评论

瑞典学派是在各个凯恩斯主义经济学流派之外，更多从宏观经济学角度来分析经济问题的西方经济学流派。瑞典学派在很多问题的看法上与凯恩斯主义经济学有相近之处。例如，瑞典学派和凯恩斯经济学都反对传统新古典经济学将货币经济与实物经济分割和对立起来的"二分法"，他们都承认资本主义经济的不稳定性，他们也都主张资本主义市场经济需要政府对经济生活的干预。瑞典学派与凯恩斯经济学派大致上都产生于资本主义经济最为动荡的 20 世纪二三十年代，但是，瑞典学派在某种角度上看，似乎可以说比凯恩斯主义经济学"更凯恩斯"。

瑞典学派的经济理论和分析中有一些独特的、较有价值的东西。比如，瑞典经济学家们始终持批判货币数量论的传统，认为货币数量论丢掉了货币本质职能中一些重要的方面。另外，他们认为资本主义经济不可能长久保持经济的稳定，而在经济波动中，工资收入者始终处于不利地位。瑞典经济学家们还指出，国际间的商品交换对于经济不发达国家是不利的。此外，他们对于通货膨胀在国际间传递的分析，对外汇购买力平价的决定基础的研究和探讨，对于一些制度问题的分析，也都具有特色和参考价值。

在分析方法上，瑞典学派注意将动态的和总量的分析方法与静态的和个量的分析方法相结合，注意运用结构分析，这些将对资本主义经济波动机制的解释推进了一步。尽管他们的分析基本上还是从一般均衡的出发点考虑问题，但其结论和分析方法都有一定的可取之处，与新古典经济学相比有很大的进步。

本章基本概念

1. 积累过程理论
2. 时点分析
3. 时期分析
4. 序列分析
5. 购买力平价理论
6. 赫克歇尔—俄林模型
7. 要素禀赋论
8. 里昂惕夫之谜
9. 混合经济

本章思考题

1. 瑞典学派的理论特点是什么？
2. 简述威克塞尔积累过程理论的内容。
3. 简述宏观动态理论的主要内容。
4. 赫克歇尔—俄林模型的主要内容是什么？
5. 何谓里昂惕夫之谜？
6. 林德伯格认为经济制度分为哪些部分？
7. 社会民主主义经济制度包含哪些内容？

第十三章
法律经济学派

法律经济学派是 20 世纪 50 年代发展起来的重要流派，它在西方经济学的众多学术流派中独具特色。根据学界的普遍观点，法律经济学（economics of law）又被称为"法和经济学"（law and economics）、"法律的经济分析"（economic analysis of law），其研究成果主要集中在经济学与法学的交叉领域。

第一节　法律经济学派的产生和发展

一、法律经济学派的初创时期

20 世纪 50 年代后期到 60 年代初期是法律经济学派的初创时期，但其学术渊源可以追溯到更为久远的古典政治经济学。

（一）法律经济学派的学术渊源

在古典政治经济学的大量研究成果中，社会、法律、经济问题是被整合在一起进行讨论的。从亚当·斯密到李嘉图，从德国历史学派的罗雪尔到美国制度学派的康芒斯，他们在研究经济问题的过程中都涉及大量社会法律制度。

然而，在 20 世纪 20 年代新古典经济学的主流地位确立之后，社会法律制度被视为经济问题分析的前提条件，逐渐在经济学分析过程被边缘化。直到 20 世纪 30 年代的资本主义世界经济大萧条之后，许多国家纷纷出台反垄断法律、政府管制措施、公共事业管理制度等一系列政策，一些学者仍然在进行反垄断法律和公共事业管理制度方面的经济研究，但其学术影响力相当微弱。

在整个初创时期，法律经济学仍然只是新自由主义经济学的重要组成部分之一，但它已经呈现出具有相当独特性的"一体两翼"格局。其中，"一体"指科斯倡导的产权经济学理论和以交易费用理论为基础的新制度经济学；"两翼"指詹姆斯·布坎南倡导的公共选择理论和加里·贝克尔倡导的家庭经济学分析。后两者并不直接涉及法律经济学研究。

（二）法律经济学派的重要先驱：科斯

1961 年美国芝加哥大学的科斯在《法和经济学杂志》(*Journal of Law and Economics*) 上发表论文《社会成本问题》，标志着法律经济学派的正式诞生。由于法律经济学派的众多支持者主要集中在美国芝加哥大学法学院，所以芝加哥大学被学界公认为法律经济学发展的大本营。

科斯在论文《社会成本问题》中提出了著名的科斯定理。其主要结论是：当交易费用为零时，不同类型的初始产权制度安排对最终资源配置效率没有影响；但当交易费用不为零时，初始产权制度将会导致不同的资源配置结果。正是通过引入"交易费用"概念，科斯定理将法律制度安排与资源配置效率结合起来，从而使经济分析方法能够延伸到法律问题领域。

（三）阿尔钦与卡拉布雷西

在法律经济学派的初创阶段，除科斯之外，还有两位重要学者也做出了较大学术贡献。一位美国加州大学洛杉矶分校的阿尔钦，另一位是美国耶鲁大学的卡拉布雷西。1961 年阿尔钦发表论文《关于产权经济学》，运用效率理论和最优化方法研究产权制度问题；同年卡拉布雷西发表论文《关于风险分配和侵权法的思考》，从经济学角度对侵权问题进行系统分析。这两篇论文涉及了法律研究中的两个重要领域，即财产法和侵权法，这标志着经济分析被逐渐运用于法律问题研究之中。

二、法律经济学派的蓬勃发展时期

（一）法律经济学派的重要研究成果

20 世纪 70 年代和 80 年代，法律经济学已经逐渐从新制度经济学和新古典古典主义经济学思潮中独立出来，发展成为具有独立理论体系的新兴学科。这个时期也是法律经济学派的蓬勃发展时期，大量重要研究成果和优秀学者涌现出来。这主要包括：1973 年美国芝加哥大学理查德·艾伦·波斯纳的《法律的经济分析》、1979年韦尔纳·赫希的《法和经济学》、1983 年美国斯坦福大学米契尔·波林斯基的《法和经济学导论》、1998 年罗伯特·考特和托马斯·尤伦的《法和经济学》等。

与此同时，关于法律经济学的研究机构和学术刊物也纷纷涌现出来，主要包括美国爱默里大学的"法和经济学研究中心"和《法律经济学杂志》、美国迈阿密大学的"法和经济学研究中心"和《法与政治经济学杂志》、美国华盛顿大学的《法和经济学研究杂志》、美国纽约出版的《法和经济学国际评论》、英国牛津大学的《工业法杂志》和《法学、经济学与组织研究杂志》等。

此外，美国哈佛大学、美国芝加哥大学、美国斯坦福大学、美国加州大学、英国牛津大学、英国约克大学、加拿大多伦多大学等著名大学纷纷开设法律经济学课程。《哈佛法学评论》《耶鲁法学评论》《哥伦比亚法学评论》《多伦多大学法律杂志》等老牌法学杂志纷纷开辟专栏介绍关于法律经济学的研究成果。

（二）现代法律经济学派的重要人物：波斯纳

在法律经济学派的蓬勃发展时期，美国芝加哥大学法学院教授波斯纳是最重要的学科领袖。1973 年波斯纳出版学术专著《法律的经济分析》，这被视为法律经济学领域的"百科全书"式经典作品，标志着法律经济学的理论体系正式确立。

更重要的是，法律经济学派积极参与美国的立法和司法实践活动，它对美国社会的现实影响力不断增强。例如：1981 年美国总统里根任命波斯纳、博克、温特三位法律经济学专家为美国联邦上诉法院法官；同年，美国政府颁布 1291 号总统令，要求政府制定的所有新规则都必须符合成本收益分析原则。

第二节　法律经济学派的经济理论

一、关于私人财产权的经济分析

（一）私人财产权的法律经济学解释

在法学研究范围内，私人财产权是描述私人对资源进行占有、使用、收益、处分、馈赠、转让以及避免遭受侵犯的一组权力。从法律经济学派的角度来看，关于私人财产权的经济分析主要集中于四个问题：第一个问题是"私人可以拥有什么财产"，第二个问题是"如何建立私人财产权"，第三个问题是"如何合法处置私人财产权"，第四个问题是"如何保护私人财产权"。

需要强调的是，法律经济学派以产权经济学和新制度经济学为基础，运用经济分析工具来探讨法律问题；特别是从科斯定理出发，强调私人财产权的界定和保护需要支付交易费用，而法律实践的最终目标也是改善资源配置效率，因此必须尽可能降低立法和司法过程中的交易费用。

（二）针对"私人可以拥有什么财产"的经济分析

根据法律经济学派的观点，"私人可以拥有什么财产"问题涉及私人物品和公共物品的区分。由于私人物品具有消费上的非竞争性和非排他性，因此通过对私人物品进行产权界定，就能够有效保证资源利用效率。与之相反，如果没有对私人物品进行有效的产权界定，那就有可能导致"公地悲剧"，损害资源配置效率。更重要的是，通过对私人物品进行私人财产权界定之后，不仅可以实现资源优化配置，而且能够对资源使用者产生合理的激励约束效应。

（三）针对"如何建立私人财产权"的经济分析

针对"如何建立私人财产权"问题，法律经济学派的分析工具主要是谈判理论和博弈论。经济学研究中的谈判理论认为，只要参与谈判的各方秉承着"自愿交换"意愿，那么谈判双方就有可能通过谈判活动和相互交换增进各自利益。换言之，谈判活动能够产生"合作剩余"。从法律经济学派的角度来看，"如何建立私人财产权"问题实质上就是通过谈判活动来建立一种"社会契约"，以决定社会资源的配置、利用、分配关系。在自愿交换的环境中，只要建立私人财产权的谈判收益大于谈判成本，那么谈判活动最终将会使谈判双方都能够从中收益，这就能够保证私人财产权被自然而然地建立起来。

在研究"如何建立私人财产权"问题的过程中，法律经济学派提出了两项重要原则。第一项原则是"规范的霍布斯定理"；如果相关谈判活动失败，那么合理的私人财产权安排应当使谈判失败后造成的损害最小。第二项原则是"规范的科斯定理"：合理界定私人财产权有助于促成谈判活动，或者减少谈判活动的成本。

（四）针对"如何合法处置私人财产权"和"如何保护私人财产权"的经济分析

针对"如何合法处置私人财产权"和"如何保护私人财产权"，法律经济学派主要运用经济学中的外部效应概念进行分析。其理论要点有二：其一，私人财产权处置虽然能够增进私人财产权所有者的利益，但必须保证不能损害别人利益。其二，当私人财产权受到不法侵害时，应当根据其侵权行为性质而区分对待，或者采取不同保护措施。具体而言，当侵害私人财产权的行为性质是一种"私害"时，其损害范围仅仅是少数人，那就应当采取禁令以进行"衡平赔偿"；当侵害产权的行为性质是一种"公害"时，其损害范围涉及许多人，那就应当选择损失赔偿或货币赔偿，以补偿受损者的利益损失。

二、关于合同的经济分析

（一）合同的法律经济学解释

以法学理论中的"合同"概念为基础，法律经济学派强调，关于合同的经济分析需要关注三个重要问题：第一个问题是"合同法的目的是什么"，第二个问题是"应该履行什么样的合同"，第三个问题是"如何对待合同执行过程中的违约行为"。

（二）针对"合同法的目的是什么"的经济分析

法律经济学派认为，社会经济环境中的交易活动分为瞬时交易和缓期交易。大多数合同的交易内容是缓期交易。缓期交易也是一种承诺交易，即交易双方承诺将会在未来采取某些行动。由于未来具有不确定性及风险，并且存在着信息不对称等因素，需要以合同形式来"固定"交易双方的承诺，以保证交易活动的顺利进行。

从这个角度来看，合同是一种避免风险和减少不确定性的重要经济形式。签订合同必须考虑两项重要因素：一是尽量减少由不确定性带来的风险损失；二是尽量保证信息交流通畅和交易活动顺利进行。由此可见，合同法的目的就是通过强制措施来保证交易活动的顺利进行，即保障交易双方的合法权利，使他们能够追求自己的合法私人目标。

（三）针对"应该履行什么样的合同"的经济分析

什么样的合同应该被人们严格履行呢？根据法律经济学派的观点，法律不应当强制要求人们执行所有合同，法律只应当强制要求人们执行那些具有效率的合同。什么是"具有效率"呢？按照经济分析中的专业术语"帕累托效率"来看，在至少保证合同签订双方利益都不减少的前提条件下，如果能够通过合同修改来增进其中一方利益，那就说明原来的合同没有实现签约双方的利益之和最大化，因此这份合同就是缺乏效率的。与之相反，如果在至少保证合同签订双方利益都不减少的前提条件下，无法通过合同修改来让其中一方得到更大利益，那就说明原来的合同已经实现了签约双方的利益之和最大化，因此这份合同就是有效率的。

用法律经济学的概念范畴来说，有效率的合同就是一份具有"完备性"的合同，它能够很好地保证签约双方顺利完成交易，从而通过交换活动实现自身利益目标。法律经济学派进一步指出，一份具有"完备性"的合同需要满足两项条件：一是合同签订者必须具备个人理性，即签约者清楚地知道合同内容及其影响，并能够清楚而自由地表达自己的意愿；二是签订合同的社会经济环境应当类似于完全竞争环境，即签约者没有遭受胁迫或者威胁。

（四）针对"如何对待合同执行过程中的违约行为"的经济分析

法律经济学派认为，正是由于现实世界中缺乏"完备性"合同的两项条件，合同执行过程中可能存在着法律纠纷；换言之，缺乏个人理性和缺少完全竞争环境可能导致合同执行过程中的违约行为。通常情况下，合同签订者在违约时可能提出两种辩解意见：一是立约抗辩，也就是说，合同签订者认为在签订合同时存在着不清楚合同内容、不知道合同规定行为的法律影响、受到外部力量胁迫等因素，因此这份合同是"不完备"的，它不受到法律保护。二是履约抗辩，也就是说，在合同执行过程中存在着天灾、战争等意外情况和不可抗力因素，导致签订合同的某一方无法履行合同，因此要求撤销这份合同，或者豁免违约者的责任。

根据法律经济学派的观点，法院应当根据效率原则来判定诉讼涉及的合同是否具有完备性，以此作为判断违约方抗辩理由是否成立的重要依据。当然，如果法院判定这份合同具有"完备性"，那就会要求违约方承担相应法律责任。法院可能强制要求违约方必须继续履行合同，或者强制要求违约方必须赔偿受害者的实际损失和满足其他赔偿诉求。

三、关于侵权行为的经济分析

（一）侵权的法律经济学解释

法学理论认为，侵权是一种对他人造成损害的失职行为，认定侵权行为需要三项构成要素：一是被告没有履行法律规定或合同约定的义务，即被告存在着过失；二是原告受到伤害或遭受损失，并且这种伤害能够进行具体衡量；三是被告的过失行为与原告损失之间存在着因果关系。

根据法律经济学派的观点，侵权不仅是一种对他人造成损害的失职行为，更重要的是，侵权行为的结果无法提前预料，也就是说受害人无法在合同中提前约定赔偿责任问题。法律经济学派进一步指出，侵权行为的发生是"始料不及"的，因此侵权行为的伤害责任和赔偿几乎无法在合同签订过程中进行提前约定。换言之，关于侵权责任和赔偿进行事前谈判的成本非常高昂。

（二）侵权行为的责任归属

根据传统法学理论，侵权行为的责任归属通常遵循两种原则：第一种原则是严格责任原则，即只要发生侵权行为，无论其产生原因是什么，施害者都必须承担全部责任。第二种原则是疏忽原则，即只有在侵权行为符合一定法定标准条件下，施害者才需要承担侵权责任；并且侵权责任的程度应当视侵权行为的情节而定。

从法律经济学派的视角来看，在侵权行为的责任归属过程中，"疏忽原则"所涉及的"法定标准"是一个相当重要的问题。根据卡拉布雷西的观点，侵权责任界定的法定标准应当遵循基本原则：侵权行为的预防费用、事故费用（损失）、行政费用之和应当降到最低限度，即侵权责任的法定标准应当使相应社会成本最小化。如果运用经济学的边际分析工具，当侵权行为预防的边际成本等于预防的边际收益时，所确定的侵权行为预防标准能够实现社会成本最小化，此时相应侵权责任界定的法定标准也是最佳求解。

（三）侵权行为的赔偿问题

法律经济学派认为，侵权行为的赔偿问题应当遵循享德原则。具体而言，无论侵权行为造成的损失有多大，无论损害赔偿金是补偿性质还是惩罚性质，都应当充分考虑社会效率和法律执行效率。根据科斯定理和经济学中的外部效应解决思路，如果能够通过将侵权赔偿造成的损害进行"内部化"，那就能够促使人们严格遵守侵权责任的法定标准，或者更加谨慎地采取行动，以增加侵权行为的预期成本，有效减少侵权行为发生的可能性。

第三节　法律经济学派的研究拓展

20世纪90年代之后，法律经济学派进入平缓发展时期，没有出现较为突出的理论创新者，也没有出现具有突破性的新学术专著。该领域中的大多数研究仍然停留于对过去研究成果的丰富和深化，特别是对一些重要论著的研究工作进行深入挖掘。尽管如此，20世纪90年代之后的法律经济学派仍然存在着一些新研究动向。

一、法律经济学派的研究领域调整

（一）法学、经济学、哲学等多学科融合

20世纪90年代以来，法律经济学派的研究领域逐渐拓展，"经济哲学"的色彩越来越强。特别是由于法律经济学派的研究对象往往是一些具体社会经济现象，它们涉及法学、经济学、哲学、政治学、管理学等多学科知识，因此法律经济学派的研究领域逐渐拓展到社会制度和法律制度框架等领域，演化形成了"经济法理学"等子学科。

（二）对法律经济学派过去研究成果的综合性研究和反思

在法律经济学派的发展过程中，不同学者往往从不同角度来切入这个研究研究

领域，或者重点关注法律经济学领域中的某些问题，这就使得法律经济学派过去的研究成果缺乏完整的系统性总结。针对这个问题，一些法律经济学派的研究者们逐渐关注对该学派的过去研究成果进行综合性研究。例如：美国学者麦克罗和曼德姆的《经济学与法律：从波斯纳到后现代主义》指出，法律经济学派中的不同学术传统存在着显著差异，某些研究活动具有互补性，而某些研究活动具有竞争性，因此需要进行综合性研究和反思。

需要特别说明的是，在"法和经济学"思潮的影响下，芝加哥大学的法和经济学派、公共选择学派、制度主义与新制度主义的法和经济学派、现代共和主义、批判法学等不同学术传统的研究成果都对法律经济学派的发展具有一定贡献，其研究成果也是法律经济学的重要组成部分。

（三）突破"法律的经济分析"的局限性

法律经济学派的一些学者认为，"法律的经济分析"与"法和经济学"具有显著差异，法律经济学派的研究领域应当由"法律的经济分析"拓展到"法和经济学"。例如：美国学者麦乐怡在《法和经济学》中指出，"法律的经济分析"是运用经济学分析工具来讨论既定社会制度中的法律问题；而"法和经济学"则需要重视经济哲学、政治哲学、法律哲学的相关关系，认真分析各种社会制度运行模式的差异，探究不同社会制度背景下的法律制度与经济系统的关系。

由此可见，现代法律经济学派的研究者们正在试图突破"法律的经济分析"的局限性，争取将更多意识形态因素、社会制度、经济环境纳入法律经济学派的分析范畴，从而逐渐探索和发掘出一种思考"法和经济学"关系的新方法。

二、法律经济学派的研究方法改进

（一）继续推进"模型化"的研究方法改进

在传统法学的理论研究中，大多采用事件描述和案例分析的研究方法；随着法律经济学派的不断发展，经济学的大量分析工具被引入法律问题的研究过程。其中最重要的研究方法改进就是法律问题的"模型化"。当然，一些学者曾经对此表示担心，他们担心模型化工具将会增加法律经济学问题研究的"门槛"，从而不利于法律经济学派的整体发展。

然而，更多学者认为，"模型化"和"形式化"的研究方法有助于法律经济学派的发展。例如：考特和尤伦认为，法律经济学不能停留在事件描述和案例研究层面，而应当综合运用统计分析、微积分、博弈论等多种分析工具，以探究法律经济问题背后的社会经济制度原因。

（二）比较分析的兴起

法律经济学派的一些学者认为，应当重视不同社会经济制度中的法律安排比较，以寻求"公平"的社会运行模式。因此，他们强调不同法律制度安排之间的比较分

209

析。当然,这些法律经济学派的学者们并不是否定经济学理论和分析工具在研究法律经济问题中的具体运用;而是强调在分析社会问题和法律问题时,应当"有限度"地运用经济学分析工具,以使法律经济学派的研究成果更具有"哲理和人性"。

简要评论

20世纪50年代以来,法律经济学派逐渐兴起,帮助经济学分析将研究领域拓展到传统法学领域以及社会经济制度方面。更重要的是,它慢慢发展壮大成为当代西方经济学的重要流派之一。我们对其简要评论如下:

其一,法律经济学派运用经济学的分析工具,探讨一系列法律问题产生的社会经济背景以及它们可能导致的社会经济影响。这就在事实上拓展了传统经济学的研究范围,使经济分析方法逐渐渗透到传统法学的研究领域。

其二,法律经济学派重视法学、经济学、社会学、政治学、管理学等多学科知识的融合。特别是针对现实世界中的各种法律问题,法律经济学派力图从不同学科视角来考察这些问题,因此得到了一些具有相当学术价值的研究成果。

其三,法律经济学派强调不同学术传统之间的比较分析,通过对比不同社会经济制度环境条件下的法律制度安排,法律经济学派着眼于解释不同类型法律制度安排的运行效率差异。

其四,法律经济学派的最主要缺陷就是数量化分析和模型化分析较少。虽然现代法律经济学派努力推进"模型化"方法在法律问题中的运用,但从法律经济学的研究实践活动来看,大量研究成果仍然主要来自事件描述和案例分析。换言之,在目前法律经济学派的研究成果中,定性分析较多,而定量分析较少。当然,法律经济学派的一些学者已经开始关注这个问题,并努力倡导法律经济学派的研究方法改进。

本章基本概念

1. 私人财产权
2. 合同
3. 侵权行为
4. 赔偿责任
5. 比较分析

本章思考题

1. 简述法律经济学派的产生和发展过程。
2. 阐述私人财产权的法律经济学解释。
3. 阐述合同的法律经济学解释。
4. 阐述侵权的法律经济学解释。
5. 法律经济学派的新近研究拓展有哪些方面？

第十四章
新经济地理学派

20世纪90年代以来，在新产业组织理论、新贸易理论、新增长理论的基础上，新经济地理学派迅速发展壮大，逐渐成为西方经济学领域的重要流派之一。新经济地理学派强调将"报酬递增"和"垄断竞争"引入新古典经济分析之中，从而改变了关于传统国际经济学问题的许多理论认知和观点。

第一节　新经济地理学派的发展过程和代表人物

一、新经济地理学派的产生和发展

（一）新经济地理学派的理论渊源

新经济地理学派的理论渊源可以追溯到19世纪古典经济学的农业区位研究。1826年德国学者冯·屠能在其专著《孤立国》中提出，在由城市及其周边农村地区组成的孤立国中，需要高度关注农业生产的区位选择问题。换言之，农地到城市的空间距离，与农作物种类具有密切关系。具体而言，那些距离城市较近的农地，由于其地租较高，应当种植一些单位产值较大或运输成本较高的农作物；那些距离城市较远的农地，由于其地租较便宜，可以种植一些单位产值较小或运输成本较低的农作物。

1909年德国学者阿尔弗雷德·韦伯出版专著《工业区位论》，探讨工业生产的最优区位问题，提出将生产成本和运输成本最小化作为工业企业进行最优区位选择的重要依据。

1933年德国学者克里斯塔勒出版专著《德国南部的中心地区》，指出城市将会逐渐形成以中心地带为核心的层级结构，以容纳更多的城市经济活动。

1940年德国学者奥古斯塔·勒施出版专著《区位经济学》，阐述地区经济结构的最佳模式是六边形的市场区域形态。

（二）新经济地理学派的正式产生

20世纪50年代和60年代，一些学者开始关注经济地理研究领域的大规模集聚现象。1954年加拿大学者哈瑞斯提出，企业的最优区位选择取决于"市场接入程度"，而"市场接入程度"可以用"市场潜力"来衡量，"市场潜力"则由特定地区的周边区域的购买力及其距离来综合计算得到。哈瑞斯强调，企业倾向于选择"市场接入程度"较高的地区，而大量企业进入该地区又会提高其市场接入程度，从而形成循环影响结果和累积效应。

1966年美国学者普拉德出版专著《美国城市产业增长的空间动态：1800—1914》，从区域动态增长趋势出发，阐述了类似于哈瑞斯的经济思想。更重要的是，哈瑞斯和普拉德都认为，城市地区将会吸引更多企业进入，这将会增强该地区的区位优势，进而吸引更多企业进入，从而形成一种累积循环效应。正是在此基础上，新经济地理学派正式产生。

（三）新经济地理学派的加速发展时期

20世纪90年代之后，新经济地理学派进入加速发展时期。其主要代表人物是美国学者保罗·克罗格曼、日本学者藤田昌久、美国学者安东尼·维纳布尔斯。新经济地理学派的这三位学者在1999年合作出版了新经济地理学派的里程碑式著作——《空间经济：城市、区域和国际贸易》。该书总结了过去20多年的新经济地理学派研究成果，将区位选择理论、新贸易理论、基础经济理论结合起来，重新建立推理严密而精致的新经济学地理学派的理论框架。以此为基础，克鲁格曼等人努力推动新经济地理学派逐渐发展为经济学领域的重要流派之一。

二、新经济地理学派的代表人物

（一）美国学者克鲁格曼

保罗·克鲁格曼1953年出生于一个美国中产阶级家庭。他在纽约郊区长大，然后到麻省理工学院继续经济学学习。在大学二年级时，克鲁格曼得到著名经济学家诺德豪斯的赏识，并受邀担任其科研助手。大学毕业之后，克鲁格曼继续在麻省理工学院攻读博士学位。1977年取得博士学位之后，克鲁格曼到耶鲁大学学担任讲师；1980年克鲁格曼转入麻省理工学院担任副教授，并于1984年晋升为教授。此后，克鲁格曼陆续在斯坦福大学（1994年7月—1996年7月）、麻省理工学院（1996年8月—2000年6月）、普林斯顿大学（2007年7月至今）任教。

1991年克鲁格曼获得克拉克青年经济学奖章，这是麻省理工学院经济系历史上获此殊荣的第五人。1991年麻省理工学院出版社出版克鲁格曼的专著《地理和贸易》，1995年麻省理工学院出版社出版克鲁格曼的专著《发展、地理和经济理论》，1999年麻省理工学院出版社又出版了克鲁格曼、藤田昌久、维纳布尔斯的合著《空间经济：城市、区域和国际贸易》。

（二）日本学者藤田昌久

藤田昌久于1966年毕业于日本京都大学工学部土木工程专业，1972年在美国宾夕法尼亚大学获得区域科学博士学位，1973年担任日本京都大学运输工程系讲师，1976 年任教于美国宾夕法尼亚大学区域科学系，1981 年担任美国宾夕法尼亚大学区域科学系副教授，1986 年晋升为该校教授，1994 年担任美国宾夕法尼亚大学经济系教授，1995 年担任日本京都大学经济研究中心教授，2003—2007 年兼任日本贸易振兴机构亚洲经济研究所所长，2007 年至今担任甲南大学教授。

藤田昌久的主要代表作包括：1989 年出版的专著《城市经济理论》、1999 年与克鲁格曼、维纳布尔斯合作出版的专著《空间经济：城市、区域和国际贸易》、2002 年与比利时学者蒂斯合作出版的专著《集聚经济：城市、产业区位与区域增长》等。

（三）英国学者维纳布尔斯

英国学者维纳布尔斯曾经担任英国牛津大学国际经济学教授，后为英国伦敦大学经济和政策学学院教授、英国国际发展部首席经济学家、英国财政部顾问。其主要代表作有：1999 年与克鲁格曼、藤田昌久合作出版的专著《空间经济：城市、区域和国际贸易》、2006 年与纳瓦瑞蒂合作出版的专著《世界经济中的跨国公司》等。

第二节　新经济学地理学派的经济理论

一、中心—外围模型

（一）中心—外围模型的基本思想

中心—外围模型着眼于阐释在生产规模报酬递增的前提条件下，运输成本高低如何影响企业地理分布的集聚程度。通常情况下，如果运输成本较高，那么各种企业将会倾向于待在原来地区，因此企业地理分布将会呈现出分散均衡状态；如果运输成本较低，在生产规模报酬递增的条件下，某些地区的平均生产成本较低，因此大量企业将会集聚在这些地区，从而使得企业地理分布收敛于集聚均衡状态。

根据中心—外围模型的基本思想，企业地理分布的集聚程度或分散程度主要受到两项因素影响：第一项是历史习惯，第二项是人们的预期。具体而言，从历史习惯来看，即使存在着某些历史偶然因素，但社会经济发展的历史习惯可能使企业地理分布具有一定惯性，这就导致企业地理分布的集聚均衡状态或分散均衡状态呈现出自然演进特征。从预期因素来看，如果所有人都预期企业地理分布将会呈现分散均衡状态，那么人们将会待在原来的地方而不愿意迁移，结果就会使得企业地理分布"真的"呈现出分散均衡状态。反之，如果所有人都预期企业地理分布将会呈现集聚均衡状态，那么人们将会迁移到集聚均衡状态的中心地区，结果使得企业地理分布"真的"呈现出集聚均衡状态。

需要注意的是，中心—外围模型描述了一种极端状态。它将国民经济体系简单分为两个部门：一是工业生产部门，其生产要素（工人）可以在地区之间进行自由流动，并且工业生产技术具有规模报酬递增特征；二是农业生产部门，其生产要素（农民）被固定在土地上而无法自由流动，并且农业生产技术具有规模报酬不变特征。随着工业产品和农业产品的运输成本变动，从事工业生产的大量企业有可能发生迁移，而农业生产部门基本保留在原地；结果使得工业生产部门可能呈现出不同类型的地理分布特征，进而形成聚集均衡状态或者分散均衡状态。

中心—外围模型进一步阐释了在一个存在着运输成本的世界中，为什么企业地理分布有可能呈现集聚均衡状态，也可能呈现分散均衡状态。

（1）集聚均衡状态的形成原因。通常情况下，从事工业生产的企业具有规模报酬递增的技术特征，并且工业生产要素（工人）可以在地区之间自由流动。为了降低运输成本，企业将会集中到市场需求较大的地区去建厂，而将企业产品运输到那些市场需求较小的地区，使得大量企业集聚在某个地区，在企业地理分布上呈现出集聚均衡状态。

（2）分散均衡状态的形成原因。在运输成本较高的情况下，虽然大量企业将会集中在市场需求较大的地区，但它们不愿意将企业产品运输到那些市场需求较小的地区，这就使得市场需求较小的地区仍然可能存在生产该产品的某些企业。与此同时，市场需求较大的地区往往可能集聚着大量企业，因此市场竞争相当激烈；而市场需求较小的地区则可能面临着市场竞争较弱的局面。正是这些"分散力量"的存在，导致企业地理分布可能呈现出分散均衡状态。

中心—外围模型在阐释运输成本对企业地理分布的影响机制的基础上，强调这种影响机制可能跟企业生产技术特征具有一定关系。具体而言：①如果工业生产部门具有生产规模报酬不变的技术特征，那么在运输成本存在的条件下，企业倾向于在两地分别建厂，分别为当地提供工业产品，满足当地市场需求。②如果工业生产部门具有生产规模报酬递增的技术特征，那么企业生产行为具有不可分性，这意味着企业在两地分别建厂将会支付双倍的固定成本；此时企业将会选择集中在其中一个地区建立生产规模较大的厂房，而将部分工业产品运输到另一个地区。

中心—外围模型进一步强调，现实世界中的生产规模报酬递增特征往往跟专利制度具有密切关系。由于专利制度的保护作用和限制作用，一旦拥有专利保护的某个企业被限制在某个地区建厂，那么它就只能将产品运输到另一个地区；相应的，另一个地区的消费者就只能购买该企业运输过去的产品，而无法直接从当地直接购买产品。

（二）积聚力量与分散力量的影响因素

在中心—外围模型中，企业地理分布呈现出集聚均衡状态和分散均衡状态，而这两种状态则取决于两种力量即积聚力量与分散力量的对比关系。根据新经济地理学派的观点，积聚力量与分散力量的影响因素主要有三项：

第一项影响因素是消费者偏好。本书主要讨论消费者对工业品和农产品的偏好程度。消费者对工业品的偏好程度可以用两项指标来衡量：第一项指标是工业品支出占消费总支出的份额。工业品占消费总支出的份额越大，人们越愿意流动到企业较多的地区，以降低生活费用，从而使企业地理分布的积聚力量越强；反之，则企业地理分布的分散力量越强。第二项指标是不同种类工业品之间的相互替代性。如果不同种类工业品之间的相互替代性较小，则人们只有在工业品种类较多的地区才能获得足够多的工业品种类的选择可能性，这就使得人们更愿意流动到企业较多的地区，以增加消费选择可能性，从而使企业地理分布的积聚力量更强；反之，则企业地理分布的分散力量更强。

消费者对农产品的偏好程度指标主要是农产品支出占消费总支出的份额。农产品支出占消费总支出的份额越大，再考虑到农民是分散居住的，那么企业地理分布的分散力量越强；反之，企业地理分布的积聚力量越强。

第二项影响因素是生产技术，主要表现为规模经济强度。如果规模经济强度越大，则生产技术的规模报酬递增特征越明显，那么企业分别在两地建厂的机会成本越高。在这种情况下，企业更愿意集中资源在两地之中的某一地区建厂，以得到规模报酬递增带来的更多收益，从而使得企业地理分布的积聚力量更强。反之，则企业地理分布的分散力量更强。

第三项影响因素是运输成本。运输成本影响着积聚力量与分散力量的对比关系：如果运输成本较高，则企业地理分布的积聚力量将会比分散力量更强。如果运输成本较低，则企业地理分布的分散力量将会比积聚力量更强。

（三）后向关联效应与前向关联效应

在新经济地理学派的中心—外围模型中，企业地理分布在调整过程中存在着两种效应：后向关联效应与前向关联效应。根据新经济地理学派的观点，企业地理分布的调整过程是：由于历史偶然因素，A 地的工人数量比 B 地更多，这就使得 A 地的工业品种类比 B 地更多，同时 A 地的市场需求比 B 地更大；因此 B 地的工人将会流动到 A 地。

在这个过程中，A 地的工人数量增大将会增大 A 地的市场需求，从而给上游企业带来更多利益，这就是后向关联效应。紧接着，越来越多上游企业将会流动到 A 地，以争取后向关联效应给上游企业带来的好处。

同样在这个过程中，随着大量工人从 B 地流动到 A 地，会导致 A 地的工人数量增加而导致每个工人的单位工资下降，从而使得上游企业可能以较低价格出售产品给下游企业，这种由于要素供给增大而给下游企业带来更多利益的情况就是前向关联效应。在这种情况下，越来越多下游企业将会流动到 A 地，以争取前向关联效应给下游企业带来的好处。

需要强调的是，在后向关联效应和前向关联效应的影响下，积聚力量或者分散力量的作用机制并不是一次性完成的，它们将会形成循环累积效应。例如：当 A 地的积聚力量比分散力量更强时，人们将会从 B 地流动到 A 地；这就使得 A 地的积聚力量被进一步强化，将会有更多人愿意从 B 地流动到 A 地。

二、新国际贸易模型

（一）新国际贸易模型的基本思想

新国际贸易模型建立在新经济地理学派的新贸易理论基础上，它与传统国际贸易模型的最大差异是引入了规模报酬递增和不完全竞争。沿着中心—外围模型的基本研究思路，新经济地理学派强调的后向关联效应和前向关联效应在新国际贸易模型中仍然存在着影响。

其一，在中心—外围模型中，假定农民被固定在农业生产部门和特定土地上；但在新国际贸易模型中，这项假定条件被放松，即农业生产部门劳动力可能流动到工业生产部门，以获得更高工资率。在这种情况下，该国的工资总额和市场需求将会增加，从而实现后向关联效应；此时劳动力由农业生产部门转移到工业生产部门，将会实现前向关联效应。

其二，虽然工人无法在不同国家之间进行自由流动，但工人可以在一国内部工业生产部门的不同行业之间进行自由流动。类似于中心—外围模型的描述，劳动力将会在不同地区的企业之间进行流动；新国际贸易理论强调，劳动力在工业生产部门的不同行业之间进行自由流动，将会使得一些行业的劳动力供给增加而实现前向关联效应，同时使得该行业所有工人的工资总额和市场需求增加，从而实现后向关联效应。

（二）南方国家与北方国家的收入差距

大多数经济学家认为，在 20 世纪 60 年代和 70 年代，全球化扩大了南方国家（经济落后国家）与北方国家（经济发达国家）之间的收入差距；而在 20 世纪 80 年代之后，全球化则缩小了南方国家与北方国家之间的收入差距。针对这种现象，1995 年克鲁格曼和维纳布尔斯运用新国际贸易模型建立了一个两国—两产业模型进行分析。

新经济学地理学派的克鲁格曼和维纳布尔斯建立两国—两产业模型，假定 1 个南方国家和 1 个北方国家，两个国家都分别存在着规模报酬不变的农业部门和规模报酬递增的工业部门；两国之间的农产品贸易成本为零，而工业品在两国之间进行贸易时则需要支付一定贸易成本，特别是不同国家之间的物品运输费用。

在工业生产发达的国家中，中心—外围模型中的前向关联效应和后向关联效应仍然发挥着重要作用。具体而言，一个最终工业品生产发达的国家将会对中间产品产生巨大需求，从而吸引生产中间产品的大量工业企业到这里建厂，这就会形成后向关联效应。一个中间工业品生产发达的国家将会为最终产品生产提供大量中间产品和生产要素，从而吸引生产最终产品的大量工业企业到这里建厂，这就会形成前向关联效应。

其实，即使在工业生产不发达的国家中，前向关联效应和后向关联效应也有可能引起劳动力的自由流动。虽然劳动力流动不能发生在不同国家之间，但劳动力流动可能发生在工业生产部门的不同行业之间，也可能发生在国家内部的工业生产部门和农业生产部门之间，由此将会改变该国内部的工资总额和实际工资率。

回到南方国家与北方国家的收入差距问题，基于两国—两产业模型，新经济地理学派描述了三种情形。

第一种情形：当南方国家与北方国家之间的贸易成本很高时，南方国家与北方国家之间不会发生国际贸易，双方都处于自给自足状态。随着南方国家与北方国家之间的贸易成本降低，南方国家与北方国家之间就可能发生国际贸易，从而引起两国之间的收入差距变化。

第二种情形：在南方国家与北方国家之间的贸易成本较低的条件下，在国际贸易开始初期，虽然北方国家仍然存在着工业生产部门和农业生产部门，但北方国家的工业生产部门比南方国家大，而北方国家的农业生产部门比南方国家小。更重要的是，在国际贸易过程中的前向关联效应和后向关联效应作用下，北方国家的全部农民将会逐步从农业生产部门流动到工业生产部门，这就使得北方国家只存在工业生产部门，而南方国家则存在着工业生产部门和农业生产部门，因此南方国家与北方国家之间的收入差距将会逐渐扩大。

第三种情形：在南方国家与北方国家之间的贸易成本较低的条件下，随着国际贸易的不断扩大，南方国家的低工资率具有较大比较优势，从而吸引北方国家的一些工业企业迁移过去；并且由于工业生产部门能够提供较高工资，这就使得南方国家的一些农民逐渐转变为工人，劳动力由农业生产部门流动到工业生产部门，这就在客观上使南方国家的工业生产规模扩大，并且使南方国家与北方国家之间的收入差距逐渐缩小。

（三）美国内部与欧盟内部的专业化程度差异

在探讨 20 世纪欧洲经济一体化的过程中，学者们观察到一种有趣现象：欧盟内部不同国家之间的专业化程度比美国内部不同地区间的专业化程度更低。针对这种现象，克鲁格曼和维纳布尔斯运用新国际贸易模型，探讨了不同产业间关联与产业内部关联的差异问题。

在克鲁格曼和维纳布尔斯建立的模型中，假定整个经济系统由两个发达地区构成，它们都没有农业部门而只有工业部门；并且其工业生产部门存在着规模报酬递增特征，工人可以在两个地区之间进行自由流动；工业品可以在两地区之间进行贸易交换。

继续运用新国际贸易模型的基本思想，后向关联效应和前向关联效应仍然在两地区之间的贸易活动中发挥着作用。这意味着，工业部门的每个企业既能够生产满足消费者需要的最终产品，也能够生产用于制造最终产品的中间产品。

与此同时，模型假定企业在生产过程中倾向于运用本行业的中间产品，而只在迫不得已情况下才使用其他行业的中间产品。这就使得行业内部的前向关联效应和后向关联效应比行业之间的前向关联效应和后向关联效应更强。

根据新经济地理学派的观点，正是这种行业内部和行业间的产业关联效应差异使得不同地区之间的专业化分工成为可能。具体而言，当两个地区之间的贸易成本较高时，这两个地区之间不会发生贸易；每个地区内部将会存在着工业品生产的各个行业，不同地区之间的专业化分工不会发生。

当两个地区之间的贸易成本较低时，这两个地区之间将会发生贸易交换。由于行业内部的关联效应比行业之间的关联效应更强，因此地区间贸易结果将会导致一个地区倾向于生产某种产品，而另一个地区倾向于生产另一种产品。这就是地区之间的专业化分工。由此可见，两个地区之间的贸易成本降低将会导致这两个地区之间的专业化分工，使之由"不可能"变成"可能"，甚至成为"必须"。

回到美国内部与欧盟内部的专业化程度差异问题，相对于美国内部而言，欧盟内部不同国家间存在着语言、生活习惯等方面的差异，导致欧盟内部的不同国家间的专业化程度较低。

三、中心—外围模型与新国际贸易模型的动态化：引入资本积累

（一）动态化模型的基本思想

新经济地理学派认为，中心—外围模型和新国际贸易模型是静态模型，将这两个静态模型进行动态化的重要因素是引入资本积累。换言之，在新经济地理学派的动态化模型中存在着三个生产部门，即农业部门、工业部门、研发部门。

219

其中，研发部门提供的产品是"资本"，其具体形态就是"专利"。每一单位资本代表着一种专利，每一种专利可以被用于生产某种工业品。更重要的是，随着研发部门生产的专利数量不断增加，工业部门生产的工业品种类也会随之增加，而工业品种类的增加将会带来消费多样化和消费者福利增进。由此可见，研发部门的生产活动（知识创新）具有溢出效应。

根据新经济地理学派的观点，随着空间距离增加，资本积累的溢出效应将会逐渐衰减。这意味着研发部门对本地工业品的专利知识能够完全知晓，但对外地工业品的专利知识只能部分知晓。换言之，对于本地研发部门而言，本地工业品的溢出效应不需要打折，而外地工业品的溢出效应需要打折。

进而言之，在企业集聚程度较高的地区，工业品种类较多，资本积累的溢出效应较强，这就使得研发部门的研发成本也会较低，新产品创新的速度也会越快。

需要注意的是，一方面企业的地区集聚程度较高对地区社会经济发展存在着两种影响。

一方面，如果企业的地区集聚程度较高，那么整个地区的经济系统将会获得较高的研发效率，带来工业品种类增加，使得消费者福利水平上升。这种情况被称为"动态效率"。

另一方面，在整个地区的经济系统保持着高增长率的条件下，中心地区的资本积累速度比外围地区的资本积累速度更快，因此中心地区的技术进步比外围地区的

技术进步更快，从而使得中心地区与外围地区的消费者福利存在差异。这种情况的考察指标是空间平等。

在新经济地理学派的动态化模型中，动态效率与空间平等之间的权衡结果，往往决定着某个地区的企业集聚程度。进而言之，这个权衡结果的影响因素又涉及国家经济发展程度、国家意识形态、初始技术基础等诸多方面。

（二）"穷者愈穷，富者愈富"现象

基于动态化模型，日本学者藤田昌久和比利时学者蒂斯建立了一个两地区（中心地区—外围地区）的动态模型，以探讨不同地区之间的经济增长差距问题。在藤田昌久和蒂斯建立的两地区动态模型中，假定存在着三个生产部门，即农业部门、工业部门、研发部门；假定存在着两种劳动力，即熟练劳动力和非熟练劳动力。这两个地区拥有数量相同的非熟练劳动力，并且他们不能在地区之间进行自由流动；熟练劳动力可以在不同地区之间进行流动，但必须支付一定的流动成本。

农业部门使用非熟练劳动力和规模报酬不变的生产技术，并且农产品可以在地区间进行自由贸易。工业部门使用非熟练劳动力和规模报酬递增的生产技术。研发部门使用熟练劳动力，并且研发部门的产品（专利技术）存在着技术溢出效应。

随着空间距离增大，研发部门的技术溢出效应将会逐渐衰减。因此，对于研发部门而言，本地知识资本的溢出效应将会比外地知识资本的溢出效应大。再考虑到每个熟练劳动力都拥有一定知识资本，所以某地的熟练劳动力越多，其研发企业的生产效率也将会越高。换言之，熟练劳动力的空间分布特征将会影响当地研发企业的生产效率。

藤田昌久和蒂斯认为，经济系统的空间分布特征可能存在着两种极端情况：第一种情况是集聚均衡，即所有工业企业和研发企业都集中在中心地区，而外围地区只有农业部门和非熟练劳动力。第二种情况是分散均衡，即中心地区和外围地区都拥有相同数量的工业企业、研发企业。

在进一步研究的过程中，藤田昌久和蒂斯指出，对称均衡是不稳定的，地区间空间分布的演化结果将会形成集聚均衡。这决定着整个经济系统的空间分布特征。

基于集聚均衡的空间分布结果，藤田昌久和蒂斯从两个不同层面探讨其消费者福利状况：

其一，从绝对福利水平来看，由于集聚均衡能够带来最大程度的资本积累溢出效应，因此研发部门的生产效率将会达到最大程度，它能够提供最大的资本积累和最高的技术水平，这就使得中心地区和外围地区都能够从中获得比分散均衡更高的绝对福利。

其二，从相对福利水平来看，随着空间距离增大，资本积累的技术溢出效应将会衰减，而集聚均衡更有利于中心地区的资本积累和技术创新；相对于外围地区而言，中心地区的资本积累和技术水平更高。这就使得中心地区与外围地区之间的经济增长速度存在着差异。

　　进而言之，由于不同地区之间的经济增长速度存在着差异，所以中心地区的消费者福利增长较快，而外围地区的消费者福利增长较慢。因此，中心地区与外围地区的消费者福利增长速度存在着差异，这就再次验证了区域经济学中的"马太效应"，即"穷者愈穷，富者愈富"。

第三节　新经济地理学派的研究拓展

一、新经济地理学派的三项理论缺陷

　　新经济地理学派的主要学术贡献是建立了一个具有生产规模报酬递增和垄断竞争的基本框架，并以此探讨了区域间、城市间、国家间的贸易问题。客观上来讲，这种简洁的基本框架确实有利于得到明确结论；但基本模型的过度简洁和"漂亮"可能损害其现实解释能力，而无法解释现实世界中的一些现象。简而言之，新经济地理学派的理论曲线主要表现为以下三个方面：

　　其一，根据新经济地理学派的理论假定条件，所有企业都采取"垄断竞争"形态。在这种情况下，每个企业都能够根据市场环境变化来进行自由的垄断定价，并且每个企业的定价行为是相互独立的，不会产生相互影响。这意味着市场环境变化将会影响每个企业的定价决策，但每个企业的定价决策都不会影响其他企业的定价决策和市场环境。那么人们就会产生疑问：市场环境变化的原因是什么呢？企业行为变化对现实世界中的市场环境真的没有影响吗？由此可见，模型假定所有企业形态都是"垄断竞争"的，这样可以使得理论分析具有便利性，但却缺乏理论严密性，也不符合现实世界情况。

　　其二，在新经济地理学派的三个重要基本模型中，假定每个企业都只能选择一个地址来建厂，这种假定缺乏充分的理论依据，也不符合现实情况。具体而言，从理论上来讲，企业的厂址选择是固定成本与运输成本的权衡结果，因此企业有可能选择一个地址来建厂，也可能选择多个地址来分别建厂。从现实情况来讲，企业选择多个地址来分别建厂的情况大量存在。

　　其三，新经济地理学派的动态化模型能够较好地解释不同地区间的经济增长程度差异，强调空间地理上的企业集聚将会面临动态效率与空间平等之间的两难矛盾；但它并未对这个两难矛盾提出具有建设性的政策主张。

二、新经济地理学派的两大发展趋势

　　随着世界经济发展和技术进步，目前新经济地理学派呈现出两大发展趋势。

（一）大模型

经典的新经济地理学派模型具有高度抽象化和理想化特征，其前提假设舍弃了许多在模型中难以处理的现实因素。然而，随着计算机技术的进步，当代新经济地理学派开始采用大模型方式，将更多现实因素纳入理论模型，以尽可能模仿真实场景。具体改进体现为：

其一，由两地区模型扩展到多地区和连续空间，并且将经济生产部门拓展到多部门系统。

其二，引入关于地区差异性的更多因素，不仅关注不同地区间、不同部门间的差异性特征，而且关注微观经济主体在生产技术、区位选择偏好、要素需求方面的差异化。

其三，探求不同地区产品市场和要素市场的更加丰富的联系，特别是引入不同地区之间的市场摩擦因素，考虑人口跨地区流动的迁移成本、城市内部的通勤成本、资本要素跨地区配置的流动障碍等。

其四，引入具有特定概率分布特征的随机性，突破变量之间的确定性关系，以考察现实世界中的随机因素和不可观测因素。

（二）大数据

21世纪之后，宏观经济数据和微观经济数据的可获得性大大增强，研究者不仅能够较容易地获得国家、区域、城市层面的宏观经济数据，而且能够较容易地获得企业、家庭层面的大量微观经济数据。更重要的是，随着计算机技术的迅速发展，经济分析过程中的数据处理能力大大增强。正是在这种情况下，新经济地理学派运用计算机技术，引入更多理论参数，建立了更加复杂的模型分析系统，增强了对现实世界的解释能力和预测能力。

简要评论

自19世纪到21世纪，关注经济地理问题的经济学研究不断拓展，由农业区位选择到工业区位选择、国际贸易等一系列问题。新经济地理学派也在这个过程中不断发展壮大，特别是在经济全球化背景下，其学术贡献与理论缺陷都相当突出。主要体现在以下三方面：

其一，新经济地理学派运用新国际贸易模型，在中心—外围模型基础上引入生产规模报酬递增因素，在新国际贸易理论基础上引入垄断竞争的企业形态，从而较好地解释了国际贸易的产生和发展原因。

其二，新经济地理学派将中心—外围模型和新国际贸易模型进行动态化，引入运输成本因素，从而较好地解释了企业地理分布特征的形成原因，特别是阐释了企业建厂的区域选择依据，以及为什么会出现大量企业集聚在某个地区的趋势。

其三，随着大数据的可获得性和处理能力不断增强，新经济地理学派也在与时俱进。他们在大数据和大模型基础上将原来的理论模型丰富化，引入更多分析参数，使之能够更好地解释现实世界。

本章基本概念

1. 集聚均衡
2. 分散均衡
3. 后向关联效应
4. 前向关联效应
5. 动态效率
6. 空间平等

本章思考题

1. 简述新经济地理学派的发展过程。
2. 请运用中心—外围模型，解释前向关联效应和后向关联效应。
3. 请运用新国际贸易模型，解释南方国家与北方国家之间的收入差距。
4. 请运用新国际贸易模型，解释美国内部与欧盟内部的专业化程度差异。
5. 简述新经济地理学派对中心—外围模型和新国际贸易模型进行动态化的基本思路。
6. 简述新经济地理学派的理论缺陷和未来发展趋势。

第十五章
行为经济学派与实验经济学派

自 20 世纪 50 年代开始，行为经济学派与实验经济学派兴起。由于行为经济学派与实验经济学派的许多理论观点相当接近，甚至其研究对象往往相同，因此本书将行为经济学派和实验经济学派融合在一起进行介绍。

按照一些学者的观点，行为经济学派与实验经济学派存在着一些差异：行为经济学派强调对人们行为特征的描述和分析，特别是将心理学观点引入经济学分析；实验经济学派则强调以"实验"作为经济研究的主要方法。然而，20 世纪 70 年代之后，行为经济学派与实验经济学派的融合趋势越来越明显，它们都以实验为主要研究方法，围绕人们的经济行为进行解释、预测、控制。

第一节 行为经济学派的发展过程、代表人物和经济理论

一、行为经济学派的发展过程

（一）行为经济学派的理论渊源

对人类行为的经济分析传统可以追溯到亚当·斯密的古典经济理论。亚当·斯密在专著《道德情操论》中提及"损失厌恶"等个人心理现象，并注意到它们对人类行为的影响。然而，自英国学者杰文斯、意大利学者帕累托等人之后，心理因素与行为分析逐渐分离。特别是在英国学者波普尔提出的证伪主义和美国学者弗里德曼倡导的"实用主义"方法论被经济学界广泛接受之后，行为分析所依赖的心理学基础逐渐消失，主流经济学的行为分析完全建立在事先设定的"理性假定"基础上。

从 20 世纪 40 年代开始，一些经济学家开始重新关注经济行为分析中的心理问题。其中，美国学者乔治·卡托纳关注消费者行为的心理基础，提出了通货膨胀的心理预期假说，由此拓展了预期产生原因的认识，重新建立了通货膨胀目标理论。美国学者赫伯特·西蒙则提出了有限理性假说，强调经济主体在进行决策时面临着复杂环境的约束和自身认知能力的限制，从而很难做出理性选择。

20 世纪 80 年代之后，美国学者理查德·塞勒将进化心理学引入经济分析，强调大多数经济主体并不是完全理性的，也无法做到"凡事都从自私自利的角度出发"。20 世纪 90 年代，美国学者戴维·莱布森则开始尝试将经济运行规律与心理分析结合起来，探讨经济体系中的人类行为复杂性，强调人性中的情感、非理性、观念引导成分。

（二）行为经济学派的正式确立

直到 20 世纪 90 年代末，行为经济学派才得以正式确立。美国学者丹尼尔·卡尼曼和美国学者阿莫斯·特维尔斯基将实验心理学和认知心理学的最新研究成果引入经济分析，以效用函数为模型基础，探讨不确定条件下的人们判断和决策，从而彻底改变了主流经济学中的个体选择模型。以此为起点，越来越多的经济学研究者注重将心理因素与经济分析结合起来，推动了行为经济学派的正式确立。

2001 年美国经济学联合会将克拉克奖颁发给美国加州大学伯克利分校的美国学者马修·拉宾，以此表彰他以实际调查数据为依托对不同环境中的人类行为进行比较，表明行为经济学派逐渐得到美国经济学界的认可。

特别是 2002 年卡尼曼获得诺贝尔经济学奖，使得行为经济学派作为当代西方经济学主要流派之一的重要地位被再次确认。根据瑞典皇家科学院的公布结果，卡尼曼获得诺贝尔经济学奖的理由是"将心理学研究融合到经济学中，特别是关于不确定条件下的人类判断和决策"。

（三）行为经济学派的继续发展

行为经济学派的重要理论研究成果是关于行为金融方面的探讨，它将传统主流经济理论分析中的抽象人性假定抛弃掉，转而强调人性的情感因素和不确定性。其中，理查德·塞勒强调，金融市场上的经济主体行为受到心理因素的深刻影响，人类行为的基本特征是有限理性而非完全理性。

美国学者罗伯特·希勒是当代行为经济学派的重要代表人物，也是行为金融理论的主要奠基者。在 2000 年初全球股市高速上涨的情况下，希勒出版了专著《非理性繁荣》，解释美国股市泡沫形成的经济、文化、心理、社会等诸多方面因素，并成功预测 2008 年的美国次贷金融危机。

二、行为经济学派的代表人物

美国学者丹尼尔·卡尼曼 1934 年出生于以色列，1954 年在以色列希伯来大学获得心理学与数学学士学位，1961 年获得美国加州大学伯克利分校的心理学博士学位。此后，卡尼曼陆续任教于以色列希伯来大学、加拿大不列颠哥伦比亚大学、美国加州大学伯克利分校，并从 1993 年起担任美国普林斯顿大学心理学和公共事务教授。卡尼曼还是美国科学院院士、国际数量经济学会会员、实验经济学家学会会员等。

美国学者阿莫斯·特维尔斯基 1937 年出生于以色列，1965 年获得美国密歇根大学心理学博士学位，此后长期任教于美国密歇根大学。然后回到以色列希伯来大

225

学，从此开始他与卡尼曼的长期合作；后来又到美国斯坦福大学任教。卡尼曼和特维尔斯基的最重要学术贡献是提出"前景理论"，对传统主流经济学的风险决策理论进行修正。

美国学者理查德·塞勒1945年出生于美国新泽西州，1967年在美国凯斯西储大学获得学士学位，1970年在美国罗彻斯特大学获得文学硕士学位，1974年在美国罗彻斯特大学获得哲学博士学位。此后塞勒任教于美国罗彻斯特大学、美国康奈尔大学，并从1995年起担任美国芝加哥大学行为科学与经济学教授。塞勒还是美国经济学会会员、美国科学院院士，并参与了西蒙领导的一个委员会，主要任务是向总统科学顾问提交关于经济问题的研究报告。2017年，任教于美国芝加哥大学的塞勒获得"诺贝尔经济学奖"。

美国学者马修·拉宾1963年出生，1984年获得美国威斯康星大学经济学与数学学士学位，1989年获得美国麻省理工学院经济学博士学位，曾师从美国加州大学伯克利分校的美国学者乔治·阿克洛夫。此后任教于美国加州大学伯克利分校，并于1999年晋升为经济学教授。2001年美国经济学会授予拉宾克拉克奖，以表彰他在行为经济学领域的基础理论贡献，特别是将拖延和偏好反转等因素引入经济分析。

美国学者罗伯特·希勒1946年出生于美国底特律市，1967年在美国密歇根大学获得学士学位，1972年获得美国麻省理工学院经济学博士学位，此后任教于美国耶鲁大学。他兼任的职务很多，如2005年担任美国经济学会副主席，2006—2007年担任美国东部经济学会主席，还有耶鲁大学Cowles经济学研究基金会研究员、美国国家经济研究局研究员、美国人文与科学院院士、计量经济学会会员、纽约联邦储备银行学术顾问，以及英国剑桥大学、美国斯坦福大学等多所学术机构的客座教授。希勒在1996年获萨缪尔森经济学奖，2009年获德意志银行奖，2013年获诺贝尔经济学奖。

三、行为经济学派的主要理论

（一）行为经济学派对传统经济学的质疑

传统经济学的重要假定条件之一是个人理性，但行为经济学派认为，经济主体的行为往往难以体现理性。原因主要有两点：其一，现实世界中的经济主体面临着各种个人无法克服的外部困难，这限制着经济主体的信息搜集能力和信息处理能力。其二，经济主体自身存在着一些认知缺陷，使其选择结果偏离个人利益最大化的理性选择结果。

进而言之，传统经济学中的经济主体行为假定是高度抽象的，但现实世界中的经济主体行为则受到多重因素影响。经济主体不仅要考虑自身经济利益，还要考虑公平、互惠、社会地位等社会因素，并且受到本能、偏见、歧视、嫉妒等心理因素影响。唯有综合考虑多重因素，才能更好地解释现实世界中的经济主体行为。

（二）前景理论和启发式认知偏差

20世纪90年代卡尼曼和特维尔斯基提出前景理论和启发式认知偏差更精确地

描述了现实世界中经济主体的风险决策行为，对金融学、管理学、投资学、消费经济学等领域产生重要影响。其主要内容包括两部分：

1. 前景理论

1952年法国学者阿莱提出了阿莱悖论，描述经济主体在现实金融世界中的实际选择结果与传统经济学的理性分析结果存在着背离，并据此获得1988年诺贝尔经济学奖。直到20世纪90年代，卡尼曼和特维尔斯基提出前景理论，才较好地解释了阿莱悖论。前景理论认为，由于现实世界存在着有限理性、有限自制力、有限智力，因此经济主体无法做出完全理性的选择，其行为往往受到个人偏好、社会规范、观念习惯等多重因素影响。

前景理论主要包含三个重要论断：其一，当面对收益时，经济主体倾向于规避风险。其二，当面对损失时，经济主体倾向于追求风险。其三，收益与损失的衡量是相对于某个参照系而言的。

2. 启发式认知偏差

卡尼曼和特维尔斯基的另一项学术贡献是提出启发式认知偏差。启发式认识偏差强调，经济主体的决策行为往往是依据一定思维定式的直观判断，因此常常存在着系统性偏差。它主要表现在二个方面：

（1）代表性偏差。经济主体往往以所关注情况中的代表性模式为参照系，对比所考察事物与代表性模式的相似程度做出判断。然而，人们往往忘记了代表性模式的特殊性，也忽视了它仅仅代表过去的情况；或者关注直接观察到的现象，而忽视以前情况存在的特殊条件。用数学语言来描述，这就是重视条件概率，而忽视了先验概率。

（2）易得性偏差。人们往往更相信熟悉的信息和认知，以信息的易得性来替代其准确性，而错误地认为这些信息比其他信息更加可靠。例如：在"9·11"事件之后，许多人不敢乘坐飞机；但事实上，飞机的事故率是所有交通工具中最低的。

（3）锚定效应。人们在进行判断或选择时往往以某些特定数值或特定时点为参照系，而这些特定数值或特定时点往往会导致估计偏差。

（三）自我约束问题

美国学者马修·拉宾认为，由于自我约束的限制，经济主体往往存在着"拖延"和"偏好反转"等行为特征，因此无法做出理性选择。马修·拉宾进一步指出，人们行为的"自我约束"有三种类型：一是成熟型，即充分意识到自我约束限制，并倾向于通过行为调整来准确预测将来。二是幼稚型，即根本没有意识到自我约束限制，并错误地采取行动和预测未来。三是偏幼稚型，即能够意识到自我约束限制，但低估这个问题可能造成的影响。

马修·拉宾将自我约束限制运用到时间不一致偏好的分析上，提出了贴现效用模型。根据贴现效用模型，相比于未来收益，人们更倾向于获得现在的收益，这就是解释人们常说的及时行乐。换言之，人们往往需要在未来消费和现在消费之间进行权衡，这决定着贴现率的高低。

（四）心理账户和行为生命周期假说

心理账户是美国学者理查德·塞勒的重要学术贡献。心理账户理论强调，人们将会为不同来源的收入建立不同的"心理账户"。这意味着，辛苦劳动挣来的钱与意外之财在人们心目中具有不同分量，由此使得人们对待这两种不同来源收入的态度也存在着差异。换言之，根据收入来源的不同，人们将会把它们归入不同的心理账户；而由于不同心理账户的边际消费倾向不同，不同来源的资金不具有完全替代性。

行为生命周期假说是美国学者理查德·塞勒的另一项重要学术贡献。传统经济学中的生命周期假说认为，人们将会估计一辈子的全部收入，然后通过合理安排跨时期的储蓄行为和消费行为，以实现整个生命周期的消费效用最大化。与此不同，行为生命周期假说认为，由于现实世界中的经济主体拥有不同的心理账户，因此往往难以衡量不同心理账户中相同资金的跨时期消费效用。

（五）投机性泡沫和非理性繁荣的动因

20世纪90年代后期，美国学者罗伯特·希勒出版专著《非理性繁荣》，深刻阐释人们的非理性因素对金融市场的影响。其主要观点有两项：

1. 投机性泡沫

根据传统经济学的观点，股票价格是未来收入的贴现值，股票价格波动与股票真实回报率变动应当保持一致。然而，希勒认为，股票价格并不取决于未来收益的相关信息，而更可能是投资者投机行为的结果。特别是20世纪末期的美国股市大牛市，完全是由投资者疯狂购买而形成的"投机性泡沫"，而不是由股票真实价值及其相关信息引起的可持续增长。

2. 非理性繁荣

希勒强调，在现实世界的金融市场中，人们往往认为自己知道得很多，实际却知道得很少；人们喜欢在自己不熟悉的事情上发表意见，并依据这些意见采取行动。根据信息经济学的观点，如果人们的意见得到他人的认可和响应，人们将会更加相信自己的观点，从而产生非理性行为，进而导致金融市场的非理性繁荣。

通常情况下，非理性繁荣可能有四个原因：①引发性事件。如互联网兴起、国际竞争的胜利、生育高峰、媒体变革、分析师的乐观预测、共同基金发展等。②反馈性机制。正反馈机制将会放大社会经济繁荣的真实情况，进而导致人们对金融市场变动的错误判断。③新时代的经济思想。由于新闻媒体的推波助澜，人们错误地认为金融市场上产生了新时代的经济思想，从而不顾历史教训而采取盲目行动。④心理依托。其中，数量依托强调股票价格是否正确衡量，道德依托则关注人们对金融市场的直觉和情感因素。

（六）噪声交易者风险

1990年美国学者安德瑞·西勒弗发表论文《金融市场中的噪声交易者风险》，

构造了包含噪声交易者和套利限制因素的资产定价模型，对传统经济学的有效市场假说提出挑战。其主要观点如下：

1. 噪声交易者

西勒弗认为，在现实世界的金融市场中，一些交易者并不是根据期望收益和风险判断来进行资产买卖的，他们可能做出非理性预期，并采取非理性交易行为，而他们将会给金融市场交易带来"噪声"。由于"噪声"的存在，金融资产价格与金融资产的真实价值之间往往存在着显著差异。当然，金融资产价格将会呈现出回归价值的可能趋势：当资产价格比资产价值更高时，资产价格将会下降；当资产价格比资产价值更低时，资产价格将会回升。

2. 套利限制

西勒弗进一步指出，由于现实世界中的金融市场无法满足有效市场的严格假定条件，因此现实世界中的金融市场往往是无效的，它面临着套利限制。这是对"封闭式基金之谜"的重要解释，它强调个体投资者的金融交易行为受到各种心理因素影响。

与套利限制相关，有效市场的严格假定条件主要表现在三个方面：①非理性交易者数量较少，否则理性交易者将无力纠正市场错误，而非理性交易者将会成为金融市场运行的支配者。②只有理性交易者才能在金融市场上进行卖空。③非理性交易者有调整自身行为的机会，以纠正其对金融市场的错误认识和错误行为。

（七）行为金融学理论

1. 行为金融学的产生

20世纪80年代之后，越来越多经济学研究者怀疑有效市场理论，从而推动了行为金融学的产生。1979年卡尼曼和特维尔斯基发表专著《前景理论：风险决策分析》，正式提出前景理论。此后，塞勒探讨了股票回报率的时间序列、投资者心理会计等问题，希勒探讨了股票价格的异常波动、股市中的"羊群效应"、投机价格、流行心态等问题，美国学者奥登探讨了趋向性效应，美国学者里特探讨了IPO的异常现象，卡尼曼探讨了反应过度与反应不足的切换机制等。这些研究成果极大地推动了行为金融学的持续发展。

2. 行为金融学的主要观点

行为金融学的主要研究领域仍然属于微观经济学，它主要针对金融市场中的证券投资者进行分析。行为金融学与传统金融学的区别主要体现在三个方面：

（1）认知驱动偏差

人们对金融市场的认识往往受到过去信息影响，甚至认为"过去的业绩是对未来业绩的最好预测指标，所以在基金投资上要选择有五年最好业绩的基金"。然而，行为金融学认为，这些过去的信息往往是片面的，它可能引导人们做出错误判断和错误选择。

229

（2）架构依赖

传统金融学认为，金融研究架构是独立的，金融研究者能够站在金融研究框架之外，以透明和客观的态度来审视金融市场变化，并据此采取行动。然而，行为金融学则认为，金融研究者、金融市场参与者、金融研究框架是相互依赖的，人们在金融市场中的决策过程将会成为重新构建自身金融研究框架的重要依据。例如：如果人们曾经遭受过股票交易损失，那么人们就会对金融损失具有很强的风险规避心理。

（3）无效市场

传统金融学认为，市场是有效的，但行为金融学则反对这种观点。行为金融学强调，由于金融市场参与者受到各种心理因素的影响，因此现实世界中的金融市场往往是无效的。

此外，行为金融学还针对现实世界中的金融市场提出了许多观点。例如：1974年卡尼曼和特维尔斯基提出了效力幻觉，1985年美国学者德本特和塞勒提出了输家—赢家效应、魅力股—价值股等概念，1995年美国学者洛克伦和里特探讨了新股发行的价格反转问题，1996年美国学者伊肯伯里、兰金、斯蒂斯探讨了股票分拆的影响，1999年美国学者迈克利和沃马克探讨了证券公司分析师的各种评论影响等。

第二节　实验经济学派的发展过程、代表人物和经济理论

20世纪60年代以来，实验经济学派逐渐兴起。实验经济学是运用实验方法来进行经济问题研究的重要学科分支，它强调在可控实验条件下对经济现象或微观主体经济行为进行实验，并以实验结果为基础来补充和完善传统经济理论。实验经济学的出现否定了长期以来人们认为经济学是非实验科学的观点，以新的研究方法和分析技术拓展了经济研究。

一、实验经济学派的发展过程

（一）实验经济学派的理论渊源

实验经济学派的理论渊源可以追溯到20世纪30年代关于消费者个人选择的实验。1931年，美国学者瑟斯顿开始对消费者个人选择的效用函数进行实验。他让实验参与者对一组商品（帽子、大衣、鞋子）进行选择，并依据选择结果记录来描述消费者选择的无差异曲线。对于瑟斯顿的实验方法和实验过程，美国学者弗里德曼进行了严厉批评，认为实验对象的选择结果并未体现其真实偏好，并且实验场景与真实场景相差太大。大约20多年后，卢西斯和哈特综合考虑多方面因素，重新进行了瑟斯顿的实验。

1944年美国学者冯·诺依曼和美国学者摩根斯坦出版专著《博弈论与经济行

为》，提出了期望效用理论和人际互动的博弈论。1953 年，法国学者阿莱通过实验方法质疑传统经济学的理性分析结果，提出了阿莱悖论，并据此获得 1988 年"诺贝尔经济学奖"。

（二）实验经济学派的产生

1942 年，美国学者爱德华·张伯伦首次将市场实验引入哈佛大学课堂，并建立了一个实验性市场来检验竞争性市场的均衡条件。受此启发，当时还是哈佛大学研究生的弗农·史密斯在 20 世纪 50 年代开始进行市场实验研究，并在 1956 年首次进行了成功的市场实验，取得了大量具有重要学术价值的实验结果。

1964 年，美国学者贝克尔、德克鲁特、马夏克在其研究成果中阐述了实验研究与经济理论的紧密联系。1962 年，弗农·史密斯发表论文《竞争市场行为的实验研究》，标志着实验经济学派的正式诞生。2002 年，弗农·史密斯获得了诺贝尔经济学奖。

20 世纪五六十年代的实验经济学研究成果主要集中在市场理论和博弈理论方面。其原因主要有两点：一是实验经济学的理论存在着缺陷，理论层面的高度抽象和严格假定条件无法在实验过程中进行验证。二是实验技术不够成熟，无法支持经济实验的具体要求。

（三）实验经济学派的成熟期

20 世纪 70 年代之后，实验经济学派进入成熟期。20 世纪 70 年代，美国学者查尔斯·普洛特和迈克尔·莱文开始关注公共选择问题，强调政治议程对公共选择结果的影响。这意味着实验经济学的研究领域逐渐扩展到公共选择和政治经济学。

这一时期实验经济学派的重要转变体现在四个方面：①实验经济学的主导理论体系发生变化，逐渐摆脱传统经济学的抽象分析和严格假设条件，转而将实验结果引入一般均衡理论、工业组织理论、社会选择理论、公共选择理论等。②行为经济学和理性预期理论出现，填补了实验经济学派的理论分析缺陷。③计算机和网络技术的广泛运用使得研究复杂现象的经济实验获得了技术保障。④实验经济学派的研究方法被广泛应用于公共经济学、信息经济学、产业组织理论，从而推动了经济理论和经济实践的互动。

（四）实验经济学派的兴盛

20 世纪 80 年代以来，实验经济学派的研究框架基本成型，大量工作集中在研究成果推广和实验技术改进方面。与此同时，实验经济学派逐渐成为西方经济学流派中的重要分支。实验经济学的研究成果也成为各种学术期刊的重要内容。如《美国经济评论》《计量经济学》《政治经济学杂志》等主流学术期刊纷纷开辟实验经济学专栏，1998 年《实验经济学杂志》创刊。

关于实验经济学的学术专著陆续出版。如：1991 年弗农·史密斯出版专著《实验经济学论文集》，1995 年美国学者达文和霍特合作出版专著《实验经济学》，美国学者卡戈尔和埃尔文·罗斯合作主编专著《实验经济学手册》。

231

关于实验经济学的研究团体和实验室大量涌现。例如：弗农·史密斯主持的美国亚利桑那大学经济学实验室，美国学者查尔斯·普洛特主持的实验经济学和政策学实验室；美国学者约翰·雷亚德主持的加利福尼亚社会科学实验室；美国学者约翰·赫伊和格拉汉姆·鲁姆斯主持的英国约克大学实验经济学中心。

二、实验经济学派的代表人物

1. 弗农·史密斯

弗农·史密斯 1927 年出生于美国堪萨斯州威奇托，1955 年获得美国哈佛大学博士学位，此后陆续任教于美国普渡大学、美国马萨诸塞大学、美国亚利桑那大学、美国乔治·梅森大学。1962 年，弗农·史密斯发表学术论文《竞争性市场行为的实验研究》。2002 年，弗农·史密斯获得诺贝尔经济学奖。

2. 泽尔腾

德国学者莱茵哈德·泽尔腾出生于德国不莱斯劳，1951 年考入德国法兰克福大学数学系，1957 年获得数学硕士学位，1961 年获得法兰克福大学数学博士学位。此后泽尔腾陆续任教于美国加州大学伯克利分校、比勒菲尔德大学、波恩大学。1994年，泽尔腾获得诺贝尔经济学奖，获奖理由是"非合作博弈理论中开创性的均衡分析"。

3. 普洛特

查尔斯·普洛特毕业于加州理工大学。其学术贡献主要有三个方面：一是对实验经济学方法的改进和推广；二是基于经济学和政治科学理论的实验经济学研究；三是针对政策案例进行实验经济学研究。

4. 埃尔文·罗斯

美国学者埃尔文·罗斯出生于美国，1971 年获得美国哥伦比亚大学运筹学学士学位，1973 年获得美国斯坦福大学运筹学硕士学位，1974 年获得美国斯坦福大学运筹学博士学位。此后埃尔文·罗斯陆续任教于美国伊利诺斯大学、美国匹兹堡大学，1998 年至今在美国哈佛大学工作。2012 年，埃尔文·罗斯因在机制设计方面的研究成果而获得诺贝尔经济学奖。

三、实验经济学派的主要理论

（一）针对个体选择行为的实验

这种类型实验的基础理论是期望效用理论，它由冯·诺依曼、摩根斯坦、萨维齐等人创立，实验目的主要是探讨不确定条件下的个体偏好，其实验内容主要是个人期望效用或者彩票问题。

1. 关于阿莱悖论的实验

1953 年法国学者阿莱对传统经济学中的期望效用理论产生怀疑，并以此为依据设计了两组关于彩票选择 A 和 B 的实验。这两组彩票选择方案分别提供两个方案给人们进行选择，我们可以将这四个方案分别称为 A_1、A_2、B_1、B_2。按照传统经济学的个人选择偏好一致性、独立性、传递性等公理化假设，如果人们的选择结果是 A_1 比 A_2 更多，那么应当相应出现 B_1 比 B_2 更多。

然而，实验结果却显示：在面对 A 组实验时，人们倾向于选择 A_1；但在面对 B 组实验时，人们倾向于选择 B_2。这意味着，阿莱的实验结果与传统经济学的理性分析结果出现矛盾，由此产生"阿莱悖论"。

2. 关于偏好逆转的实验

偏好逆转指个体偏好在选择行为和定价之间的不一致现象。最早的偏好逆转实验由利希特斯顿和斯洛维齐在 1971 年设计。他们设计了两组问题：第一组问题是人们在两种彩票之间进行选择，彩票 A 有较小概率获得较大收益，彩票 B 有较大概率获得较小收益；第二组问题是人们需要直接购买彩票 A 和彩票 B，并为此支付货币。

实验结果显示：在面对第一组问题时，人们倾向于选择彩票 B；但在面对第二组问题时，人们倾向于为彩票 B 支付货币。这意味着人们的显示性偏好与货币支付意愿之间存在着矛盾。这种现象在 1979 年被格勒斯和普洛特重新进行的实验证明；而且他们发现，如果在实验过程中引入真实货币激励，那么偏好逆转的发生概率将会显著增加。

3. 关于前景理论的实验

1979 年卡尼曼和特维尔斯基提出前景理论，强调人们在面临收益时的风险态度是风险厌恶，而在面临损失时的风险态度是风险偏好。这个理论推翻了期望效用理论中的个人选择偏好一致性公理。

根据这两位学者的实验结果，现实世界中的个人选择行为与传统经济学中描述的个人选择行为具有显著差异。这些差异主要表现在三个方面：一是风险态度；二是非贝叶斯预期的形成；三是选择过程对问题构想、表达方式的敏感程度。此后，这些研究成果被大量运用于金融市场分析，并由此演化产生了行为经济学的重要分支：行为金融学。

（二）针对博弈行为的实验

在传统博弈行为分析中，参与者被视为完全理性且具有超强计算能力的个体；但实验结果表明，由于参与者行为的相互影响，因此他们之间的博弈结果与传统经济学的理性选择结果存在着显著差异。

1. 关于囚徒困境的实验

几乎所有进行博弈行为实验的学者最初都受到"囚徒困境"的吸引。"囚徒困境"实验的结果表明：如果两个囚徒都从追求利益最大化角度出发，那么他们的各自的理性选择结果将会形成"大家都不坦白"的博弈均衡结果；但这个结果未必是大家共同选择的最优解。如果两个囚徒之间能够协商一致并且采取协调行动，他们将会形成"大家都不坦白"的博弈均衡结果，这将使得大家都能从中获益。

233

2. 关于最后通牒的实验

最后通牒实验最初源自 1957 年美国学者谢林的设想，后来学者们将之设计成"最后通牒"实验，并用于检验讨价还价理论。这项实验的主要内容是：两个博弈参与者（出价者与回应者）对 10 美元的分配方案进行讨论。当出价者提出向对方分配 X 元时，如果回应者同意该方案，那么谈判成功，出价者将会获得（$10-X$）元；如果回应者不同意该方案，那么谈判失败，出价者和回应者都会一无所获。

实验结果表明：出价者与回应者最可能接受的方案是平分 10 美元；因此在多次实验过程中，出价者提出的分配方案的平均出价是 4~5 美元。这意味着，人们在博弈选择过程中，不仅要考虑自身经济利益最大化，还要考虑公平、尊重等多种因素。

3. 关于公共物品的实验

在关于公共物品的实验过程中，人们将会从公共池中获得固定收益，并且可以选择对公共物品提供私人捐赠。根据传统博弈论的分析结果，如果博弈次数是有限的，那么博弈均衡结果将会是没有人愿意提供捐赠。但多次重复的博弈次数是否会对人们的捐赠意愿产生影响呢？

奥地利学者恩斯特·费尔对这个问题进行了实验。实验结果表明：如果将公共物品和捐赠行为设计为多次重复博弈，那么人们将会通过学习增加捐赠意愿。接着，费尔还进行了具有惩罚条件的公共物品博弈实验。他进一步发现，如果引入惩罚条件，人们对公共池的捐赠意愿将会大幅度增加。

（三）针对市场理论的实验

1. 垄断竞争理论和实验

1933 年，美国学者爱德华·张伯伦提出垄断竞争理论，探讨市场环境对市场经济主体行为的影响，以区别于传统经济理论中的完全竞争市场假设条件。随后，张伯伦借助哈佛大学课堂进行实验，模拟垄断竞争的市场环境，让学生参与者进入这个市场环境，分别充当需求方和供给方，以此考察市场的需求结构和供给结构变化。1948 年张伯伦报告的实验结果系统性地偏离了传统经济学中的竞争市场理论预测。

2. 双向拍卖实验

在张伯伦的实验结果基础上，20 世纪 60 年代弗农·史密斯进一步设计了双向拍卖的市场环境，以考察市场拍卖机制、市场价格波动、市场出清之间的关系。在弗农·史密斯的实验过程中，由于受试者在刚开始时不熟悉对方的交易行为和交易意愿，因此市场价格波动幅度往往很大，甚至无法实现市场出清；但随着双方交易经验的不断积累，受试者的购买行为和供给行为将会逐渐趋于一致，市场价格波动幅度变小，增加了市场出清的可能性。

弗农·史密斯的双向拍卖实验意味着在买方报价、卖方报价、交易价格都是公开信息的条件下，通过市场交易过程的多次试错，市场价格波动幅度将会逐渐下降，从而保证出现合理的拍卖价格和拍卖活动成功。

3. 关于市场理论的其他实验

在爱德华·张伯伦提出垄断竞争理论和相关实验之后，一些学者纷纷运用经济实验方法对市场理论展开深入研究。例如：1960 年美国学者西格和福瑞克对张伯伦的实验进行改进，让受试者可以选择不同交易数量，并且第一次将真实货币激励引入实验过程。此后，真实货币激励成为实验经济学的标准条件。

针对市场理论的实验方法还被广泛应用于资本市场、国际贸易市场的分析过程。例如 1988 年弗农·史密斯对资本市场进行了实验模拟，在控制市场信息结构的条件下，考察价格泡沫从产生到破灭的整个过程。

第三节 行为经济学派和实验经济学派的研究拓展

一、行为经济学派和实验经济学派的宏观领域研究

行为经济学派和实验经济学派的研究成果主要集中在微观领域，他们特别关注个体选择行为和个体之间的博弈行为。但近年来行为经济学派和实验经济学派逐渐开始关注宏观领域问题，着眼于建立复杂的宏观经济实验体系，并为政府部门出谋划策。

（一）家庭消费和储蓄

根据传统经济学的分析，在家庭选择完全理性的条件下，无论政府减税还是退税，它对家庭消费的影响都是相同的。然而，在现实世界中，政府减税和退税对家庭消费的影响却存在着差异。按照行为经济学派的解释，人们将会把减少的那部分税收视为自己本来就应该得到的，因此它对家庭消费的影响程度较小；而政府返还的税金则被人们视为意外之财，因此它对家庭消费的影响程度较大。

为什么会出现这种现象呢？2004 年，理查德·塞勒运用双曲线型贴现模型对这种现象进行了实验模拟。在短期贴现率比长期贴现率更高的条件下，塞勒探讨了拖延行为与家庭储蓄之间的关系。实验结果表明，虽然人们只愿意从现有工资中提取较少部分工资作为家庭储蓄，但他们愿意从未来工资中提取较多部分作为家庭储蓄；因此在家庭储蓄计划方面，政府部门可以有意识地采取政策措施来刺激家庭未来的储蓄，以提升家庭储蓄的整体水平。

（二）劳动力市场

根据新古典经济学的观点，非自愿失业是不可能存在的，失业的原因主要是劳动力市场存在着摩擦因素。但根据行为经济学派的观点，某些雇主希望找到更能干的工人，并且让这些工人更努力地干活，因此他们将会为工人支付超过市场出清水平的工资，即效率工资。由于效率工资比劳动力市场出清工资更高，因此劳动力市场往往存在着大量非自愿失业。

针对这种现象，劳动经济学的实验研究进行了验证。与此同时，劳动经济学的实验研究还关注两个重要议题：一是劳动力市场中的搜寻与匹配问题，特别是跨时期劳动力就业中的个体选择问题；二是劳动与闲暇的替代可能性，特别是工资变化对劳动力市场供给的影响。

（三）货币政策有效性

新古典经济学家认为，如果人们能够实现理性预期，那么任何货币政策对产出和就业不会产生影响；因为当货币政策调整导致货币供给量发生改变时，理性经济主体将会根据工资和价格变动的可能性同比例地调整名义工资，从而保持实际产出、实际工资、实际就业保持不变。

显然，这种观点与现实世界的真实现象不一致，并且与中央银行对现实世界的调节作用存在着矛盾。针对这种情况，行为经济学派运用拇指法则探讨了理性预期条件下的货币政策有效性问题，提出货币供给量变化与产出水平存在着密切关系。

（四）货币幻觉

货币幻觉指通货膨胀时期的家庭名义收入将会增加，人们会以为自己的实际购买力上升；但如果通货膨胀是普遍性的，那么价格与家庭名义收入将会同比例增加，家庭实际购买力就没有变化。针对这种现象，费雪、凯恩斯、熊彼特等人却没有提出合理解释。

真正为货币幻觉现象提供合理解释的是行为经济学派和实验经济学派。他们通过大量实验证明，货币幻觉是经济主体在认知和决策过程中的一种非理性行为，其原因是人们依靠直觉判断和经验法则来采取行动，而忽略了那些暂时性或较微小的因素。

二、行为经济学派和实验经济学派的未来发展趋势

行为经济学派和实验经济学派是经济学演进发展的结果，他们并非对传统主流经济学的全盘否定。恰恰相反，虽然行为经济学和实验经济学修正了传统主流经济学的个人行为理性假定，但其理论基础和方法论基础仍然保持着主流经济学传统；虽然行为经济学是对各种市场异常现象的探讨，但它仍然需要构建完整而具有逻辑一致性的理论框架。正因此，行为经济学派和实验经济学派呈现出两大未来发展趋势：

（一）发展田野实验

实验经济学起源于实验室的可控实验，但实验室环境与现实世界存在着很大差异，这就使得实验结果受到许多学者的质疑。实验经济学派的最新发展趋势是越来越重视田野实验而非实验室实验。通常情况下，实验室实验需要设置无背景的实验环境，并且选取特定类型的学生。与之不同，田野实验则在实验室实验基础上更多关注社会情景变化、参与者多样性、环境因素变化等。毫无疑问，田野实验比实验室实验更加复杂，也更加缺乏可控性；但与实验室实验相比，田野实验的实验结果

更具有现实性和解释能力。

2019 年，诺贝尔经济学奖被授予实验经济学派的三位学者，即美国学者阿比吉特·巴纳吉、埃斯特·迪弗洛、迈克尔·克雷默，以表彰他们将田野实验方法应用于减轻全球贫困的研究成果。由此可见，田野实验既能够保持实验经济学的研究传统，又能够从现实世界中收集大量数据，从而使实验经济学派的研究成果成为实验室与现实世界的重要桥梁。

（二）提高行为经济学理论的一般性和可处理性

美国学者斯蒂格利茨认为，经济学理论的规范性需要确立三个标准：一是现实一致性；二是一般性；三是可处理性。行为经济学修正了传统主流经济学的个人选择理性假定，从而更具有现实一致性；但在一般性和可处理性方面，行为经济学始终面临着理论挑战。

事实上，行为经济学是传统主流经济学的发展演化结果，它不仅需要增强与现实世界的一致性，而且需要增强理论层面的一般性和可处理性，以此保证预测的精确性。换言之，如何在增加行为假设的前提条件下不降低理论模型的可处理性？如何在保证经济主体行为互动性的前提条件下增强理论模型的预测准确性？这将会成为行为经济学派未来发展的重要趋势之一。

简要评论

行为经济学派和实验经济学派是当代西方经济学的重要流派之一，其主要特点是：

（1）行为经济学派和实验经济学派丰富了传统主流经济学的研究范式，增加了经济行为分析的变量，从行为角度来探讨经济现象。从研究方法层面来看，行为经济学派和实验经济学派的主要贡献体现在两方面：一是强调个体研究方法，特别注重从个体行为角度来分析宏观经济现象的形成原因和影响，以建立宏观经济学的微观基础。

（2）行为经济学派和实验经济学派突破了传统主流经济学的个体行为假定前提。但并未完全否定个体选择的理性特征，只不过是关注到个体选择存在着非理性的方面。

（3）行为经济学派和实验经济学派充分考虑了个人选择的各种因素尤其是心理因素对个人选择的影响，以探讨人们在面对未来不确定性时的现实决策过程，并特别关注外部环境变化引起人们偏好发生的改变，如偏好逆转对个人选择的影响等。

（4）行为经济学派和实验经济学派的个体行为分析更符合现实世界。他们将社会因素、政治因素、历史因素引入到经济研究，从而使得经济分析更加具有现实解释能力。

本章基本概念

1. 启发式认知偏差
2. 代表性偏差
3. 易得性偏差
4. 锚定效应
5. 心理账户
6. 套利限制
7. 噪声交易者
8. 偏好逆转

本章思考题

1. 简述前景理论的主要内容。
2. 简述行为生命周期假说的主要内容。
3. 投机性泡沫和非理性繁荣的原因有哪些?
4. 简述行为金融学的主要研究对象。
5. 简述"阿莱悖论"实验的主要内容及其结果。
6. 简述"偏好逆转"实验的主要内容及其结果。
7. 简述"最后通牒"实验的主要内容及其结果。
8. 简述"双向拍卖"实验的主要内容及其结果。
9. 行为经济学派和实验经济学派的宏观领域研究有哪些研究成果?
10. 行为经济学派和实验经济学派的未来发展有哪些重要趋势?

参考文献

[1] 埃克伦德·赫伯特. 经济理论和方法史 [M]. 北京：中国人民大学出版社，2001.

[2] 方福前. 当代西方经济学主要流派 [M]. 3版. 北京：中国人民大学出版社，2019.

[3] 傅殷才. 新保守主义经济学 [M]. 北京：中国经济出版社，1994.

[4] 傅殷才. 制度经济学派 [M]. 武汉：武汉出版社，1996.

[5] 耿作石. 当代西方经济学流派 [M]. 北京：中国人民大学出版社，2019.

[6] 胡代光，厉以宁. 当代资产阶级经济学主要流派 [M]. 北京：商务印书馆，1982.

[7] 胡代光. 米尔顿·弗里德曼和他的货币主义 [M]. 北京：商务印书馆，1980.

[8] 胡代光. 西方经济学说的演变及其影响 [M]. 北京：北京大学出版社，1998.

[9] 蒋自强，等. 当代西方经济学流派 [M]. 上海：复旦大学出版社，1996.

[10] 卡特·麦道克. 理性预期：八十年代宏观经济学 [M]. 上海：上海译文出版社，1988.

[11] 厉以宁. 理性预期学派 [M]. 武汉：武汉出版社，1996.

[12] 厉以宁. 论加尔布雷思的制度经济学说 [M]. 北京：商务印书馆，1979.

[13] 罗伯茨. 供给学派革命 [M]. 上海：上海译文出版社，1987.

[14] 卢现祥. 货币学派 [M]. 武汉：武汉出版社，1996.

[15] 卢现祥. 瑞典学派 [M]. 武汉：武汉出版社，1996.

[16] 卢现祥. 西方新制度经济学 [M]. 北京：中国发展出版社，2003.

[17] 缪勒. 公共选择理论 [M]. 北京：中国社会科学出版社，1999.

[18] 斯皮格尔. 经济思想的成长 [M]. 北京：中国社会科学出版社，1999.

[19] 谭力文. 弗莱堡学派 [M]. 武汉：武汉出版社，1996.

[20] 王健. 新凯恩斯主义经济学 [M]. 北京：经济科学出版社，1997.

[21] 王志伟. 现代西方经济学流派 [M]. 北京：北京大学出版社，2002.

［22］文延东. 公共选择学派［M］. 武汉：武汉出版社，1996.

［23］吴易风，王健. 凯恩斯学派［M］. 武汉：武汉出版社，1996.

［24］吴易风，王健. 公共选择理论［M］. 北京：中国人民大学出版社，2000.

［25］晏智杰. 西方市场经济理论史［M］. 北京：商务印书馆，1999.

［26］章嘉琳. 供给学派［M］. 北京：经济科学出版社，1984.

［27］张军. 现代产权经济学［M］. 上海：上海人民出版社，1994.

［28］尹伯成. 供给学派［M］. 武汉：武汉出版社，1996.

当／代／西／方／经／济／学／流／派

后 记

当代西方经济学流派是经济学教学的重要内容之一。在 20 多年的教学生涯中，本书作者始终认为，经济学专业的本科学生不仅需要熟练掌握现代经济学的各种基本理论和数据分析工具，更应当了解这些重要知识的来龙去脉。本书的最重要特色是简洁精炼，即用较少篇幅来说明经济学中的最重要学派；本书特别适用于低年级本科生，使其用较少时间就能够了解重要经济学流派的基本观点和学术渊源，以拓展他们的眼界。

本书是《当代西方经济学流派》的第四版。相对于第三版而言，第四版删去了第三版的第五章非均衡学派、第十二章新制度学派、第十四章激进政治经济学派、第十五章独立的重要经济思想，增加了奥地利学派、法律经济学派、新经济地理学派、行为经济学与实验经济学派。对于其他章节，第四版也在第三版基础上进行了修订。

在众多当代西方经济学的学术流派中选取介绍内容时，本书的重要标准有两个：一是兼顾微观经济学和宏观经济学，二是兼顾西方经济学和马克思主义政治经济学。这也是读者们在阅读本书过程中需要把握的基本特点。

本书是集体劳动的结晶。参与《当代西方经济学流派》（第一版）写作任务的作者有：缪一德（第二章、第三章）、杨海涛（绪论、第一章）、李雷（第四章、第五章、第十四章）、李家鸽（第六章、第七章）、李雁（第八章、第九章）、刘新霞（第十章、第十一章）、汪新宇（第十二章、第十三章、第十五章）。《当代西方经济学流派》第二版、第三版、第四版分别由缪一德和杨海涛担任主编，在缪一德教授的指导下，杨海涛教授对全书内容进行了修改、增补，最终定稿。

本书在编写过程中，参阅了大量相关文献资料，在此谨向这些文献资料的作者表示深深的感谢。最后需要特别强调的是，西南财经大学出版社的张岚编辑为本书出版付出了大量时间和精力，特别在此表示衷心感谢。

杨海涛

2023 年 9 月于成都光华园

241